高校法学教育与教学实践研究

陈 洁 ◎著

中国出版集团
中国民主法制出版社

图书在版编目（CIP）数据

高校法学教育与教学实践研究 / 陈洁著. — 北京：中国民主法制出版社，2023.7
ISBN 978-7-5162-3314-6

Ⅰ. ①高… Ⅱ. ①陈… Ⅲ. ①法学教育－教学研究－高等学校 Ⅳ. ①D90-42

中国国家版本馆CIP数据核字(2023)第131453号

图书出品人：刘海涛
出版统筹：石　松
责任编辑：刘险涛　吴若楠

书　　名/高校法学教育与教学实践研究
作　　者/陈　洁　著
出版·发行/中国民主法制出版社
地　　址/北京市丰台区右安门外玉林里7号（100069）
电　　话/(010) 63055259（总编室）　63058068　63057714（营销中心）
传　　真/(010) 63055259
http://www.npcpub.com
E-mail:mzfz@npcpub.com
经　　销/新华书店
开　　本/16开　　　787毫米×1092毫米
印　　张/13　　　字　数/210千字
版　　本/2023年8月第1版　　2023年8月第1次印刷
印　　刷/廊坊市源鹏印务有限公司
书　　号/978-7-5162-3314-6
定　　价/68.00元
出版声明/版权所有，侵权必究。

（如有缺页或倒装，本社负责退款）

前言

在我国社会发展速度不断加快的过程中,国家的经济和科技水平得到了良好的提升,也正是在这样的背景下,人们逐渐开始意识到人才培养对于国家发展所起到的关键性作用。特别是,高校内部培养的都是社会中的栋梁之材,因此更是需要高校内部教育工作能够顺应时代的发展,不断地与时俱进,完善教育工作开展的效果,才能够达到最佳的教育标准。

法学作为一门应用性学科,其实践教学是法学教育体系的重要组成部分,它直接关系到高等教育法学人才培养目标的实现问题。在此意义上,法学实践教学的质量决定了法学高等教育的质量。本书从法学教育的基本原理和职业入手,首先,让读者对法学教育有了初步认知;其次,对高校法学教育的改革做了简要阐述,主要针对法学的教学模式做了系统论述;最后,针对法学教学的课程理论和实践教学做了理论阐述,并且对高校法律人才培养模式的改进进行了探索,本书可为从事高校法学教育专业的教学人员提供参考。

在本书的策划和编写过程中,曾参阅了国内外有关的大量文献和资料,从中得到启示;同时也得到了有关领导、同事、朋友及学生的大力支持与帮助。在此致以衷心的感谢。本书的选材和编写还有一些不尽如人意的地方,加上编者学识水平和时间所限,书中难免存在缺点,敬请同行专家及读者指正,以便进一步完善提高。

目录

第一章 高校法学教育概述 1
　第一节 法学基本理论 1
　第二节 法学教育与法律职业 3
　第三节 法学教育的一般原理 21
第二章 高校法学教育教学的改革 26
　第一节 我国本科法学教育培养目标 26
　第二节 法学教育改革目标的实现 39
　第三节 高校法学教育改革模式构建 42
　第四节 网络环境下的实践教学方法改革 48
第三章 高校法学的教学模式 54
　第一节 高校法学教学新模式的探索 54
　第二节 双主体教学模式的革新 75
　第三节 法学模式的发展 94
第四章 高校法学实践教育课程理论 102
　第一节 法学教育的实践原理 102
　第二节 法学实践课程的内涵 107
　第三节 建构主义学习理论与法学实践教学 112
第五章 高校法学实践教育的路径探析 119
　第一节 法学实践教育原理分析 119
　第二节 我国法学实践教育模式改革与创新 129
　第三节 法学教育实践教学模式系统化建设 138
　第四节 法学教育实践教学形式多元化发展 149
第六章 法律人才的培养模式 164
　第一节 基层法律人才与法律人才培养模式比较 164
　第二节 构筑基层法律人才培养模式 178
　第三节 基于我国法律本科教育的应用型人才培养模式改进 191
参考文献 198

第一章 高校法学教育概述

第一节 法学基本理论

一、法学的本质

关于法学的本质问题，近代法学界有不同观点，有以下四种代表性的观点。

（一）法学是实证科学

近代自然科学的兴起和迅速发展及其对人类社会发展的巨大历史作用，使一些人对自然科学顶礼膜拜，他们认为自然科学的理论和方法同样可以用来研究人类社会，并且认为只有这样才能获得精确可靠的知识，包括法学在内的一切学科都应当向自然科学看齐，建成像自然科学那样的实证科学。在法律研究中，近代许多法学家采用机械物理学、生物进化论等自然科学的理论来解释法律现象。

（二）法学是形式科学

这是基于将科学分为经验科学和形式科学分类而对法学做出的界定。这种分类认为，经验科学包括自然科学、社会科学，以搜集、分析和处理具体的经验事实为主要内容；形式科学包括逻辑学、数学，以讨论普遍的形式演算为主要内容，它关注思维的、语言的纯形式方面，不涉及其内容或价值取向。

（三）法学是人文科学

很多人文科学的主张者都将法学划入人文科学的范畴。人文科学以文化为研究对象，而文化包括了法学、史学、哲学、政治、经济学等学科的一切对象。英国《大不列颠百科全书》也将法学归入人文科学之列。在中国，虽然很少有人明确将法学归入人文科学之列，但近年来法学界有些学者按照人文科学的研究思路来进行法学研究。

（四）法学是社会科学

中外学术界，尤其中国学术界，通常都将法学划入社会科学的范畴。《牛津法律大辞典》《中国大百科全书》等都将法学归入社会科学之列，我国出版的各种法理学教材几乎不约而同地将法学归入社会科学之列。《中国大百科全书》对法学的解释是，"法学，又称法律学、法律科学，是研究法这一特定社会现象及其发展规律的科学，属于社会科学的一个学科"。

上面对法学是什么科学的回答，实际上道出了法学的不同维度。每一维度各有其特定的观察视角、分析方法和研究特色，它们实际上是相互补充的。人类迄今为止拥有的知识，按照构成和存在方式的不同，大致可以归结为以下三种不同形态，即有关社会的、有关人文的和有关自然的，各种知识门类都被归入这三种形态。因此，按照这一对知识形态的概括，人们一般将科学划分为自然科学、社会科学和人文科学。在这一分类标准下，我们倾向于把法学界定为一种存在于社会科学和人文科学之间的知识形态。法学以法律现象为研究对象，考察法的产生、发展及其规律，各种法律规范、法律制度的性质、特点与相互关系，研究法的内部联系和调整机制，法与其他社会现象的联系、区别及相互作用，因此具有社会科学的性质。同时，法律又是人们生活意义的规则体现，是规则与意义的交结，法学要解决不同民族、不同国度人们生活所面临的问题，要为人们在规则下生活提供精神导向，因此又具有人文科学的性质。

二、法学研究的对象和体系

（一）法学研究的对象

法学的主要研究对象是法、法律现象。法学始终与法律相关、与法律现象相关，所涉及的问题主要是法律问题，因而不同于自然科学和其他人文社会科学。当然，法学的研究内容非常丰富，涉及法律现象的方方面面。正因为如此，有学者认为，法学既然是以法的现象及其规律作为研究对象的一门系统的科学，就必须对其研究对象进行全方面的研究，既要考察研究法的产生、发展及其规律，又要比较研究各种不同的法律制度以及它们的性质、特点及相互关系；既要研究法的内部联系和调整机制等，又要研究法与其他社会现象的联系、区别及相互作用;既要对法进行静态分析,又要对法进行动态研究。还有学者认为,法学研究的内容是法律的内在方面和外在方面,包括法律的事实、形式、价值。西方社会法学、规范法学和自然法学三大法学流派研究的重点大体对应于此三者。

(二)法学研究的具体目的

法学研究的目的即法学家研究工作的主观目标。总体来看,法学研究有以下三大目的,各家的侧重点各有不同:①伦理目的,即为了发现或探究法律的一般规则和原则,为公正安排社会关系及解决社会纷争找到合理的交往模式或法律框架;②科学目的,即法学研究追求的是发现法律规律,认识法律的本来面目;③政治目的,即法学研究是为了给统治者的统治出谋划策,或者相反,证明、揭露法律的毛病,从而在政治上否定它。一般来说,法学研究的三大目的不同程度地存在于法学家所追求的目的之中。虽然,西方有些法学家追求法学研究的价值中立,但这实际上却难以完全做到。

(三)法学的体系

法学(学科)体系是由法学各个分支学科构成的有机联系的统一整体,法学内部的许多分支是近现代法学发达的产物。如何划分法学的分支学科,并没有一致的标准和做法。

按照当今我国多数学者的观点,法学学科可以具体划分为理论法学、应用法学和边缘(交叉)法学三部分。理论法学分为法理学和法律史学,而法律史学又分为法律思想史(中国法律思想史和西方法律思想史)和法制史(中国法制史和外国法制史);应用法学分为比较法学、国内法学(含宪法学、民法学、刑法学、行政法学、经济法学、诉讼法学等)、国际法学(含国际公法学、国际私法学、国际经济法学等)、外国法学(含外国的部门法学);边缘(交叉)法学主要是法学与其他社会科学、自然科学、人文科学相互结合的产物,如,法医学、法律心理学、法律经济学、法律社会学等。

第二节 法学教育与法律职业

一、法学教育概述

法学教育几乎是与法律相伴而生的,大体上它与法律发展同步而互动,有力地推动了法律和法学的发展。法学教育是法律发展的基础，是法学进步的阶梯。一般来说，任何法律专家和法学专家都必须接受法学教育，并且只有其中的优秀者才可能为法律和法学的发展做出重要的贡献。

（一）法学教育的意义

法学教育是教育的重要构成部分。这里的法学教育特指由专门学校或其院、系、专业所进行的关于法的专门化教育。它不同于社会一般的非专门化的法律教育。社会一般的法律教育包括普法宣传、中小学法律知识教育、普通高校非专业化的法律教育、执法机关在执法活动中对有关当事人和其他公民所进行的法律教育等。法学教育与一般法律教育的区别在于所传授的法律知识是否具有较高的理论性，相关理论是否具有系统性和全面性，以及教育者与受教育者对于法律的认识是否具有专门性。法学教育的目的在于为国家和社会培养精通法律的管理人才、为法学教育和法学研究培养法律理论人才、为立法与执法培养法律实践人才，以及培养和提升社会民众的法律意识。

1. 培养管理类人才

法学教育一直以来都担负着培养法律专业人才与培养国家和社会管理人才的双重任务。就管理人才的培养来说，国家和社会的管理者必须具有一定的法律修养。这就对他们的法律知识培养以及法律意识的确立与提升提出了要求。法学教育正是为此服务并实现这一目标的最好途径。

依法治国是我国的治理方略，是发展市场经济的客观需要，是社会文明进步的重要标志，是国家长治久安的重要保障。依法治国的主要内容就是广大人民群众依照宪法和法律规定，通过各种途径和形式管理国家事务、管理经济文化事业、管理社会事务，保证国家各项工作都依法进行，逐步实现民主的制度化、法律化，使这种制度和法律不因外因影响而改变。这些管理都是由特定的管理者来进行和完成的，都必须依法进行。因此，一定的法律修养就成了管理者必备的知识基础。

从法学性质上讲，法律科学也是管理科学。国家和社会从存在开始就从未离开过管理，而且都需要管理。国家和社会管理都是由一定的管理者来完成的，管理者用于管理国家和社会事务的规范和手段是多样的，但法律规则和法律手段是最基本的规范和手段之一。系统的法律知识主要是由法学教育传播并由此而使人接受的。国家和社会管理者必须具有良好的法律修养。

当代世界各国，许多政治家都是系统学习过法律的，接受过系统的法学教育。即使那些非法学专业毕业的政治家，大多数也都具有良好的法律知识、法治观念和法律修养。尤其那些杰出的政治家，他们都能较好地遵守法律，依法执政或依法行政。一般来说，国家和社会管理者都只有在接受了良好的法学教育之后，才可能很好地运用法律开展管理工作，有效而良好地进行管理，其具体原因有以下三点：

第一，法律是国家和社会管理的规范。国家和社会管理的规范包括政策、道德、纪律和法律等。这些规范各有特点，各有不尽相同的适用范围，无法评价也不能评价孰优孰劣，但与政策、道德、纪律相比较，法律在国家和社会管理上具有独特的优势。法律能够以自己明确而具体的规定指引人们的行为，告知人们具体的权利和义务，使人们能够清楚地知道，依照法律应做什么，不能做什么，以及必须做什么。政策、道德和纪律都不具有法律所具有的那种明确具体的性质，无法普遍而准确地指引人们的行为。法律的这一性质使其在国家和社会管理的众多规范中具有独特的地位。法律比政策、道德、纪律具有更大的强制性和强制力，即国家强制性和国家强制力。法律具有国家强制性是由国家强制力保障实施的。对于法律，任何人都只有服从与遵守的义务，而没有违反的权利。任何人一旦违反法律的规定，就应当承担法律责任，受到相应的法律制裁。这种责任和制裁是由国家强制力做保障的。国家强制力以警察、法庭、监狱作为自己的后盾，通过一定程序直接施加于违法者身上。法律的国家强制力使违法者受到应有的惩罚，迫使其服从法律，使其他人引以为戒，自觉地遵守法律。政策、道德、纪律也具有自己的强制性和强制力，但这种强制性和强制力与法律是不同的，它们的强制力都不是国家的强制力。政策、道德具有的往往是感召性和感召力。政策、道德、纪律都具有舆论谴责、良心责备等强制力量。纪律有纪律处罚做保障，但无论如何，它们在强度上都不及法律的强制性和强制力。

第二，法律是国家和社会管理的手段。国家和社会管理的手段中主要有教育手段、经济手段、行政手段等，这些手段都离不开法律手段。教育手段是国家和社会管理中必不可少的，教育更是经常而必需的。但是在管理活动中的教育必然包括有关的法律教育在内。经济手段和行政手段都是国家和社会管理手段的重要组成部分。但是，经济手段和行政手段都有一个何以合法的问题，它们要具有足够的权威性和强制力，也还必须依赖法律。经济手段和行政手段只有得到了法律的认可或者转化为法律手段，才可能具有法律的权威与效力。

第三，法律是国家和社会管理的保障。国家和社会管理者都是一定国家权力的行使者。法律对于他们的意义主要表现在以下两个方面：一是法律为国家和社会管理者的管理行为提供法律根据。国家和社会管理者的管理权是由法律所赋予的，法律规定了其权力的性质、内容及范围。法律是其行使管理权的根据，也是其权力的制度来源。没有相关的法律规定，任何权力都可能是非法的。法律不仅是管理者拥有权力的根据，而且也是其行使权力的根据。管理者的管理行为必须依照法律规定的程序和内容来行使，依法行使的权力便具有法律上的效力，否则就将承担法律责任。法律使国家和社会管理具有合法的性质和法律的保障，熟知相关法律是国家和社会管理者完成其管理工作的基本要求。二是法律对国家和社会管理者的管理行为实施法律约束。任何国家和社会管理者行使的权力都是有限的，都有一定的范围，这个范围是由法律来确定的，超越这一范围的管理行为就是非法。法律在对管理者授权的同时，也约束着权力的行使。这种约束是一个国家和社会民主的保证，是国家和社会管理者忠于人民的保证，是国家和社会管理者不至于非法管理甚至违法犯罪的保证。国家和社会管理者对法律的了解，既是其从政的素质要求，也是其合法从政的根本保障。由于法律是国家和社会管理的重要规范和重要手段，由于法律对于国家和社会管理者的重要意义，良好的法律知识就必然应当是国家和社会管理者必备的基本素质，所有的国家和社会管理者都应当具有良好的法律修养。

2. 培养法律理论型人才

在广义上，法律理论人才包括一切具有较高法律理论修养、能够从事法律理论工作的人。为了更准确地描述法学教育的目的，这里所讲的法律理论人才是从职业人才的专门化角度来定义的。

（1）培养法学教师

法学教育除了为国家和社会培养管理者以外，还必须为法学教育本身的发展而培养法学教育者——法学教师。一个社会，法学教师的学术水平和教学状况直接影响着法律教育的状况和法律文明的程度，直接影响着这个社会能否实现法制和法治。法学教师是一个社会法律和法学发展的重要基础和基本保障。法学教师是法律知识的传授者也是法律知识的创造者。历史上许多法学教师既是教育工作者又是研究工作者，他们教学的过程也是创造的过程。法学教育的发展离不开他们，法学研究的发展也同样离不开他们。应当说，中国法学研究除了一部分是由附设在社会科学研究机构中的法学研究所（室）的科研人员承担以外，大部分都是由法学教师在教学的同时承担的。

一些其他学科的学者进入了法学教育的领域，他们通过自己对法律的学习或接受法学教育成为法学教师，他们为法学教育的发展做出了贡献。但随着时间的推移，不能再依赖非法学教育来培养法学教师，法学教师的培养责任理所当然地应当由法学教育自己来承担。因此，为法学教育的持续发展而培养法学教师是法学教育的重要任务。

（2）培养法学研究人员

法学研究人员与法学教师之间是交叉关系，大量的法学教师同时也是法学研究人员。法学教育除了培养法学教师这一类法学研究人员之外，还有培养专门研究人员的任务。这些研究人员主要存在于我国的社会科学研究机构的法学研究所（室）之中。他们研究的内容主要是自己所属部门工作中的一些具体法律问题，其目的是为自己所在机关的工作提供法律服务。

一个社会并不需要所有学习法律的人都去从事研究法律的职业，都成为法学专家。但一个社会不可缺少法学专家。他们对于法律的精深研究是一个国家法律乃至社会进步的基础与动力，是一个国家法治的理论保障。

3. 培养法律实践型人才

法律实践人才是指具有法律专门知识，从事或有能力从事立法、执法和社会法律服务工作的人，其中包括立法工作者、执法工作者和社会法律服务工作者三种。法律实践人才需要接受法学教育，法学教育对于法律实践人才的成长来说是必不可少的，社会根本就不应该存在那种没有接受过法学教育的法律实践人才。那种认为法律实践人才无需接受法学教育的说法是极其错误的，培养法律实践人才是法学教育最繁重的任务，法学教育是由法学教育机构来承担的。

自古以来，学校都是培养法律实践人才的场所。尤其专业化的高等法学教育，必须由专业化的法学教育机构来进行。之所以如此，是由法学本身和社会对法学的要求所决定的。法学是一门艰深的学问，人类为此进行了千百年的探索，积累了大量的知识和理论。从事法律学习的人根本就不可能一蹴而就。在全世界的所有国家，法学几乎都被作为需要长时期学习的科学。有许多国家学习法学的学生都被要求具有大学本科以上学历，或必须经过比学习其他社会科学更长的学习时间。法律实践人才是社会所需要的，社会需要其明辨是非、解决纷争、化解矛盾、维护正义、制裁违法。社会的需要就决定了其应当由社会的优秀人员来担任，应当由具有高深而专门的法律知识的人来担任。

（1）立法工作者的培养

立法工作者在广义上包括以下两种意义上的立法工作人员，一是指从事法律的起草等技术性工作的专门人员。他们可以是纯粹的立法专家，而不必是立法机构的组成人员。二是指依法从事法律的制定、修改或废止的国家立法机关的构成人员。他们是代表机构成员，在其他国家称为议员，在我国称为人民代表。这两种意义上的立法工作者都应当懂得必要的法律知识，包括立法技术等。尤其从事法律起草等技术性工作的专门人员，其应主要由法律专家构成，每一位主要成员都应当具有必要的法律知识。

世界在不断发展变化，法律要适应变化的形势，应不断发展与更新，立法工作也应不断及时适应。对于一个国家和社会来说，法律的立、改、废始终是一项至关重要的工作。由于立法对一个国家或社会有深刻而重大的影响，而立法本身是一项复杂的技术工作，因而应由具有一定法律知识的人来进行，甚至必须有职业的法律专家介入并担负重要责任。职业法律专家只能来自法学教育。其实不仅是法律专家，就是一般立法工作者的培养也必须由法学教育来承担。法学教育应把培养立法工作者作为自己的重要任务。

（2）法律适用官员的培养

法律适用是指国家特定机关或组织将规范性法律文件的规定运用于具体的人或事件的专门活动。这些机关也就是相应的法律适用机关，其中代表该机关进行法律适用活动的工作人员，即法律适用官员。法律适用官员中有法官、检察官、警察，还有监察官员、海关官员、税务官员和其他行政官员等。培养法律适用官员是法学教育最经常、最主要的任务。如果说法学教师、法学研究人员和立法工作者的社会需求都较少的话，那么法律适用官员的社会需求却十分普遍，而且数量庞大。我国目前需要大量合格的法律适用官员。

（3）法律服务人才的培养

法律服务人才是指具有法律专门知识，并运用自己的法律知识为社会提供法律服务的社会工作者，包括仲裁员、律师、公证员等。我国民事和商事仲裁机构不是国家机关，它是根据法律规定和当事人自主选择，对平等主体的公民、法人和其他组织之间发生的合同纠纷和其他财产权益纠纷进行裁决的社会法律服务机构。机构可以在直辖市和省、自治区人民政府所在地的市设立，也可以根据需要在其他设区的市设立，由其所在地的人民政府有关部门与商会统一组建。我国仲裁机构在目前有国家机关或准国家机关性质，在仲裁机构的进一步发展中，其社会法律服务机构性质将会日益得到更充分的体现。

律师是专门为社会提供法律帮助的职业法律服务人员。他们运用自己的法律知识为社会的公民、法人和其他社会组织处理法律事务，提供诉讼和非诉讼的法律服务。律师在我国改革开放的初期，依然具有国家工作人员的性质，随着律师事业的发展，我国律师逐渐具有了社会法律服务者的性质，并已经开始在很大程度上实现了这种转变。

公证员是在我国公证机构对一定法律关系和法律事实予以证明，而提供公证法律服务的专门人员。我国公证员在目前还具有一定的国家机关工作人员的身份，随着我国公证制度的改革与完善，公证机构将越来越具有社会法律服务机构的特点，公证员也将逐步向社会法律服务人员转化，而不再具有国家机关工作人员的性质。

4. 对民众法律意识的培养

法律意识的培养是一个不间断的过程。未成年的社会成员在其社会化的过程中，必须培养一定的法律意识；成年的社会成员其法律意识也有不断更新和提升的问题。培养法律意识是推进法治发展、构建法治国家和法治社会的现实需要。

（1）法学教育为公民提供法律技能

法学教育不仅仅是为法学家或法律家而存在的，在现代法治社会和法治国家中，人们无法摆脱法律而生存。从人的出生到死亡，许许多多的事务都与法律密切相关。人们的行为及其社会生活都不可能远离法律。必要的法律技能是公民生存的基本手段之一。对于公民来说，也不可能将每一个与法律相关的事务都委托法律服务人员代为办理。尤其在公民作为具体的法律关系主体时，其意思表示或许可以由他人代为做出，但其意思还要出自作为每一个法律关系主体的公民（或法人）自身。公民掌握一定的法律知识，对其社会生活来说是必要而有益的。法学教育也有为社会民众提供法律技能的意义。正是因为如此，法学院校毕业的学生也未必一定要从事职业的法律工作。然而，他们所接受的法学教育也并非毫无意义，法学教育使其获得的法律知识是其社会生活的基本技能之一，对其未来社会生活和事业发展大有裨益。

（2）法学教育为法治提供民众基础

实行法治并建设法治国家已经成为社会目标。在法治国家中仅有法学和法律专家熟知法律还远远不够。要实现法治，首先是领导干部要学习并熟知法律；其次是广大人民群众要学习并熟知法律。任何法治都是以民众具有较高的法律意识作为社会意识基础的。只有全体人民都具有良好的法律意识，监督权力的正当行使，保障权力对人民的忠诚，才能有效地防止腐败、打击腐败，权力也才可能尊重而不践踏人民的权利，人民的利益才可能得到保障，法治才可能成为现实。

（二）法学教育的发展

法学教育在现代世界已经是一个朝气蓬勃的领域。法学教育曾经经历了曲折的发展过程，其过去与现状都值得予以特别的关注。

1. 法学教育的历史进程

西方法学教育产生于古希腊，形成于古罗马。在古希腊，由于没有专门而独立的法学，自然不可能有专门的法学教育。那时的法学教育是在百科全书式的教育中存在的，很多哲学家所接受与传授的法学都是蕴含着包括哲学、政治学、社会学等在内的整个学说和理论中的，法学教育不是独立的教育类别。在古罗马，正式的法学教育出现并得到了极大发展，一大批法学家从事法学教育，培养了一代又一代的法学家。法学教育的发展极大地推动了法学研究的进步。许多法学著作既是法律专著，也是法学教科书。

中国法学教育的起源是与中国法学的起源相联系的。中国古代的律学不是现代意义上的"法学"，但它属于法学的范畴。中国古代的法学教育也即律学教育。除了特殊的情形之外，这种教育一般是附属于百科全书式的教育之中的。

现在，法学教育在世界各国都受到了特别的重视。从清末以来，中国法学教育不断发展。就法学教育与社会发展的现实需要来看，发展法学教育对于中国来说还是任重道远。

2. 中国法学教育的现状分析

了解中国法学教育的现实状况，是对法学现状予以把握并有效推进的需要。中国现实的法学教育还有诸多不足，但是其发展的速度和进程都是令人欣喜的。

（1）中国法学教育的体系

法学教育体系是指由不同类别的法学专门教育机构及其教学活动构成的统一整体。法学教育体系之中的法学教育是专门性的法学教育，而不是社会大众的法律宣传。它主要由普通法学教育、成人法学教育和法学高等教育自学考试三大部分构成。

我国现有的普通法学教育，包括法律中专（设置于司法学校、警察学校或公安学校等）、法学专科、法学本科、法学研究生（硕士研究生和博士研究生）四个层次。

目前我国有一批分属教育部与相关省市的，以政法大学或政法学院命名的，以法学教育为主要特色的高等院校。公安部、安全部下属有少量法律类高校。一些综合性大学的法学院和法律系也承担了相当的法学教育任务。一些省、自治区、直辖市的政法干部管理学院也部分地开展了法学教育。

我国的法律中专是法律类中等专科学校的简称，类似于其他中等专科教育，其范围和数量都十分有限。法律专业的专科以高中毕业生为招收对象，学制为3年；本科以高中毕业生为招收对象，学制4年；硕士研究生以本科毕业生（或同等学力者）为招收对象，学制2~3年；博士研究生以硕士研究生（或同等学力者）为招收对象，学制2~3年。在硕士研究生层次中，分为法学硕士研究生和法律硕士研究生两类，法学硕士研究生侧重法学理论的学习与研究，法律硕士研究生侧重法律应用的学习与研究。

（2）中国法学教育的走向

普通法学教育将在更大的意义上成为中国法学教育的主流，高层次法学教育应有较大发展。法学教育与其他教育相比较有其特殊的性质。它需要更多的知识基础，所以许多国家都要求法科学生具有较好的知识基础，甚至以学生已具有第一学位作为其进行法学学习的前提，其学习的时间往往可能比其他专业的学生要求更长。我国目前的法科本科教育尚可，而法科的职业中学、中专、大专还不能适应法律理论人才和法律实践人才的知识需要。发展本科及以上学历的硕士研究生、博士研究生法学教育都是现实重要任务。

法学教育有一个竞争与发展的淘汰过程，在长期忽视法律和法学教育的情况下，中国法律人才极其匮乏，市场对法律人才的需求缺口很大，加速培养法律人才就成为法学教育的重要任务。在这种情况下，一些本不具备举办正规法学教育条件的高校也争相开办法学教育。一些司法机关也自办非培训类的普通教育机构。目前，中国法律人才已经有了相当大的数量积累，有的法律机构甚至出现了人才阻塞现象。中国的法学教育正处于发展与调适的阶段，在改革的大潮中，法学教育将会得到改革和发展，未来的中国法学教育必将更加科学而规范。

二、法律职业概述

为法律职业培养人才，是法学教育严格意义上的根本目标。法学教育不同于普法教育，它有着严格的入学条件、培训课程、时间期限、通过标准等。

（一）法律职业的具体特征

法律职业有着不同的含义。在广义上，它是指人们所从事的以法律作为工具的具有确定性质的专业化工作。根据这一定义，法律职业的范围就十分广泛，包括在法院、检察院、律师事务所等机构的工作人员所从事的法律方面的工作。广义的法律职业人士包括法官、检察官、律师、警察、法学教师、立法机关法律官员、政府法律官员（包括公职律师）、专业法律顾问等。在狭义上，法律职业则仅指需要经过专门法律专业训练，具有较高法律工作技能，在专门法律机构以处理法律事务作为工作内容的专业工作。狭义上的法律职业只能是审判工作、检察工作和专业的法律服务工作，相关的工作人员分别是法官、检察官和律师。法官、检察官、律师等语词在人们的表达之中既是一种社会职业身份，也是一种职业种类。因此，可以直接把法官、检察官、律师作为一种职业来加以认知。在此所论述的法律职业未加特别说明的均是指严格意义上的法律职业。狭义上的从事法律职业的人，主要是法官、检察官、律师，西方称为法律人或者法律家。由这些法律职业人士构成的职业群体，西方有的著作称其为法律人或者法律家职业共同体。根据我国法律规定，法官是依法行使国家审判权的审判人员，包括最高人民法院、地方各级人民法院和军事法院等专门人民法院的院长、副院长、审判委员会委员、庭长、副庭长、审判员和助理审判员；检察官是依法行使国家检察权的检察人员，包括最高人民检察院、地方各级人民检察院和军事检察院等专门人民检察院的检察长、副检察长、检察委员会委员、检察员和助理检察员；律师则是指依法取得律师执业证书，为社会提供法律服务的执业人员，他们共同构成了我国的法律职业群体。法律职业区别于其他社会职业，其作为一个整体具有一系列共同特征。

1. 以法律作为职业的内容

法律职业一定是以法律作为自己的工作内容。不论是法官、检察官，还是律师，他们都以实施法律作为自己的工作内容。对于法官来说，其日常的工作就是审判工作，审判案件的依据就是法律。检察官以监督法律实施尤其是以依法控诉犯罪、保障法律实施作为自己的使命。对于律师来说，其不论是作为民事案件的代理人还是是刑事案件的辩护人，或者是非诉讼法律事务的服务者，其宗旨都是确保当事人的合法权益，促进法律的良好实施。法官、检察官、律师的一切职业工作都是以法律为工具和目标的。

法律职业具有排他的工作属性，一般来说，法律人都以法律为专业。法律职业人士是不从事其他与法律不相关的工作的。如果一旦从事与法律无关的工作，他这一特定的工作就不属于法律职业的内容。比如，某律师可能是某公司的总经理，但是他只有从事律师工作才属于法律职业的范畴，他的总经理工作只能被法律职业排除在外。需要说明的是，像这样的情形是比较少见的，绝大多数法律职业人都只有单一而特定的法律工作，比如，法官、检察官都不可能兼任其他任何非法律的职业，大多数专业律师也不会去兼职总经理等。

2. 严格的法律专业训练

法律职业都以必要的法律专业训练作为前提。法律职业是极为专门化的职业，并不能由一般的公民或者社会成员随意担任。就法律职业来说，没有足够的专业修养和素养的人是无法承担的。正是因为如此，世界上的绝大多数国家都对法律职业人有严格的职业训练要求。法律职业的专业培训是其任职的前提条件，法律事关人们的利害得失、事关社会的稳定发展、事关人间的公平正义。因此，在漫长的历史发展中，各国都对法律职业提出了严格的专业训练要求，并且现在依然坚守并不断完善着这种要求。这是由法律职业性质所决定和要求的。

3.法律专业技能

法律职业是一种专业化的工作，这就必然要求其从业者具有较高的专业技能。法律职业人在理解法律和运用法律上缺乏技术、技巧和能力，就必然会影响他对法律的实施。值得注意的是，专业技能的获得一定要经过严格的职业训练。对于法律职业人士任职条件的特别要求就是其工作能力的基本保证，也是社会大众的普遍要求，这是由其职业的特殊性质所决定的，是必须的、不可忽略的。

4.法律道德修养

良好的法律道德修养是指个人道德品质。法律职业具有特别的道德要求，这种道德要求是对个人的要求，即法律职业人士要有良好的个人品德，个人道德低下者必然无法主张社会公正。良好的道德修养是指良好的道德判别能力。法律职业的特殊性质要求法律职业人要具有判别是与非、公与私、善与恶、正与邪的道德能力。这种能力还不仅是个人品格问题，没有它的保证，就无法完成职业任务，无法实现职业使命。

5.专业资格认定

法律职业是受人尊敬和令人羡慕的。它崇高的社会地位和丰厚的薪酬收入都令人神往。尤其它所担负的神圣职责，是社会所必需且极为重要的。其工作者必须具有特定的专业知识和良好的道德品格。对于法律职业的从业者，应该有从知识要求着眼的严格的资格认定。世界上许多国家都为本国法官、检察官、律师的任职资格确立了确认制度。其中，包括必要的资格考试制度、资格确认标准与资格确认程序。在我国法治发展的进程中，相应的资格认定制度逐步得以确立和完善，其已经成为我国法律职业建设的重要环节与有力措施。

（二）法律职业道德的概念

1.法官的职业伦理

作为一个特殊的职业群体，法官当然有自己的道德要求。古往今来，法官积淀了自己的文化，锻造了自己的伦理规则。

（1）忠诚司法事业

法官要牢固树立社会主义法治理念，忠于党、忠于国家、忠于人民、忠于法律，做中国特色社会主义事业建设者和捍卫者。坚持和维护中国特色社会主义司法制度，认真贯彻落实依法治国基本方略，尊崇和信仰法律、遵守法律、严格执行法律、自觉维护法律的权威和尊严；热爱司法事业，珍惜法官荣誉，坚持职业操守，恪守法官良知，牢固树立司法核心价值观，以维护社会公平正义为己任，认真履行法官职责；维护国家利益，遵守政治纪律，保守国家秘密和审判工作秘密，不从事或参与有损国家利益和司法权威的活动，不发表有损国家利益和司法权威的言论。

（2）保证司法公正

法官应坚持和维护人民法院依法独立行使审判权的原则，客观公正审理案件，在审判活动中独立思考、自主判断，敢于坚持原则，不受任何行政机关、社会团体和个人的干涉，不受权势、人情等因素的影响。坚持以事实为根据，以法律为准绳，努力查明案件事实，准确把握法律精神，正确适用法律，合理行使裁量权，避免主观臆断、超越职权、滥用职权，确保案件裁判结果公平、公正。牢固树立程序意识，坚持实体公正与程序公正并重，严格按照法定程序执法办案，充分保障当事人和其他诉讼参与人的诉讼权利，避免执法办案中的随意行为。严格遵守法定办案时限，提高审判执行效率，及时化解纠纷，注重节约司法资源，杜绝玩忽职守、拖延办案等行为。认真贯彻司法公开原则，尊重人民群众的知情权，自觉接受法律监督和社会监督，同时避免司法审判受到外界的不当影响。自觉遵守司法回避制度，审理案件保持中立公正的立场，平等对待当事人和其他诉讼参与人，不偏袒或歧视任何一方当事人，不私自单独会见当事人及其代理人、辩护人。尊重其他法官对审判职权的依法行使，除履行工作职责或者通过正当程序外，不过问、不干预、不评论其他法官正在审理的案件。

（3）确保司法廉洁

法官应树立正确的权力观、地位观、利益观，坚持自重、自省、自警、自励，坚守廉洁底线，并依法正确行使审判权、执行权，杜绝以权谋私、贪赃枉法的行为。严格遵守廉洁司法规定，不接受案件当事人及相关人员的请客送礼，不利用职务便利或者法官身份谋取不正当利益，不违反规定与当事人或者其他诉讼参与人进行不正当交往，不在执法办案中徇私舞弊，不从事或者参与营利性的经营活动，不在企业及其他营利性组织中兼任法律顾问等职务，不就未决案件或者再审案件给当事人及其他诉讼参与人提供咨询意见；妥善处理个人和家庭事务，不利用法官身份寻求特殊利益。按照规定如实报告个人有关事项，教育并监督家庭成员不利用法官的职权、地位谋取不正当利益。

（4）坚持司法为民

法官应牢固树立以人为本、司法为民的理念，强化群众观念，重视群众诉求，关注群众感受，自觉维护人民群众的合法权益。注重发挥司法的能动作用，积极寻求有利于案结事了的纠纷解决办法，努力实现法律效果与社会效果的统一。认真执行司法便民规定，努力为当事人和其他诉讼参与人提供必要的诉讼便利，尽可能降低其诉讼成本。尊重当事人和其他诉讼参与人的人格尊严，避免盛气凌人、"冷硬横推"等不良作风；尊重律师，依法保障律师参与诉讼活动的权利。

（5）维护司法形象

法官应坚持学习、精研业务、忠于职守、秉公办案、惩恶扬善、弘扬正义，保持昂扬的精神状态和良好的职业操守。坚持文明司法，遵守司法礼仪，在履行职责过程中行为规范、着装得体、语言文明、态度平和，保持良好的职业修养和司法作风。加强自身修养，培育高尚道德操守和健康生活情趣，杜绝与法官职业形象不相称、与法官职业道德相违背的不良嗜好和行为，遵守社会公德和家庭美德，维护良好的个人声誉。法官退休后应当遵守国家相关规定，不利用自己的原有身份和便利条件过问、干预执法办案，避免因个人不当言行对法官职业形象造成不良影响。

2. 检察官的职业伦理

在我国，检察官是与法官并列的司法官员，他们的职业伦理如同法官的职业伦理一样是极其崇高的。检察官职业伦理也是检察官职业共同体在职业活动中日积月累逐步发展形成的，熔铸了检察官集体的心智，理应是社会道德的重要典范。检察官的职业伦理对于维护检察官的尊严和塑造检察官的良好道德形象都具有重要的意义。

（1）忠诚

检察官应当忠于党、忠于国家、忠于人民、忠于宪法和法律，牢固树立依法治国、执法为民、公平正义、服务大局、党的领导的社会主义法治理念，做中国特色社会主义事业的建设者、捍卫者和社会公平正义的守护者。尊崇宪法和法律，严格执行宪法和法律的规定，自觉维护宪法和法律的统一、尊严和权威。坚持立检为公、执法为民的宗旨，维护最广大人民的根本利益，保障民生，服务群众，亲民、为民、利民、便民。热爱人民检察事业，坚持检察工作的政治性、人民性、法律性的统一，努力实现执法办案的法律效果、社会效果和政治效果的有机统一。维护国家安全、荣誉和利益，维护国家统一和民族团结，严守国家秘密和检察工作秘密。保持高度的政治警觉，严守政治纪律，不参加危害国家安全、带有封建迷信以及邪教性质等非法组织及活动。初任检察官或检察官晋升，应当进行宣誓，牢记誓词，弘扬职业精神，践行从业誓言。勤勉敬业尽心竭力，不因个人事务及其他非公事由而影响职责的正常履行。

（2）公正

树立忠于职守、秉公办案的观念，坚守惩恶扬善、伸张正义的良知，保持客观公正、维护人权的立场，养成正直善良、谦抑平和的品格，培育刚正不阿、严谨细致的作风。依法履行检察职责，不受行政机关、社会团体和个人的干涉，敢于监督、善于监督，不为金钱所诱惑，不为人情所动摇，不为权势所屈服。自觉遵守法定回避制度，对法定回避事由以外可能引起公众对办案公正产生合理怀疑的，应当主动请求回避。以事实为根据，以法律为准绳，不偏不倚，不滥用职权和漠视法律，正确行使检察裁量权。树立证据意识，依法客观全面地收集、审查证据，不伪造、隐瞒、毁损证据，不先入为主、主观臆断，严格把好事实关、证据关。树立程序意识，坚持程序公正与实体公正并重，严格遵循法定程序，维护程序正义。树立人权保护意识，尊重诉讼当事人、参与人及其他有关人员的人格，保障和维护其合法权益。尊重律师的职业尊严，支持律师履行法定职责，依法保障和维护律师参与诉讼活动的权利。出席法庭审理活动应当尊重庭审法官，遵守法庭规则，维护法庭审判的严肃性和权威性。严格遵守检察纪律，不违反规定过问、干预其他检察官以及其他人民检察院或者其他司法机关正在办理的案件，不私自探询其他检察官、其他人民检察院或者其他司法机关正在办理的案件情况和有关信息，不泄露案件的办理情况及案件承办人的有关信息，不违反规定会见案件当事人、诉讼代理人、辩护人及其他与案件有利害关系的人员。努力提高案件质量和办案水平，严守法定办案时限，提高办案效率，节约司法资源。严格执行检察人员执法过错责任追究制度，对于执法过错行为要实事求是，敢于及时纠正错误，勇于承担责任。

（3）清廉

以社会主义核心价值观为根本的职业价值取向，遵纪守法，严格自律，并教育近亲属或者其他关系密切的人员严格执行有关廉政规定，秉持清正廉洁的情操。不以权谋私、以案谋利，借办案插手经济纠纷。不利用职务便利或者检察官的身份、声誉及影响，为自己、家人或者他人谋取不正当利益；不从事、不参与经商办企业或违法违规营利活动，以及其他可能有损检察官廉洁形象的商业经营活动；不参加营利性或各种可能借检察官影响力营利的社团组织。不收受案件当事人及其亲友、案件利害关系人或者单位及其所委托的人以任何名义馈赠的礼品礼金、有价证券、购物凭证以及干股等；不参加其安排的宴请、娱乐休闲、旅游度假等可能影响公正办案的活动；不接受其提供的各种费用报销、出借的钱款、交通通信工具、贵重物品及其他利益。不兼任律师、法律顾问等职务，不私下为所办案件的当事人介绍辩护人或者诉讼代理人。在职务外活动中不披露或者使用未公开的检察工作信息，以及在履职过程中获得的商业秘密、个人隐私等非公开的信息。妥善处理个人事务，按照有关规定报告个人有关事项，如实申报收入；保持与合法收入、财产相当的生活水平和健康的生活情趣。退休检察官应当继续保持良好操守，不再延用原检察官身份、职务，不利用原地位、身份形成的影响和便利条件，过问、干预执法办案活动，为承揽律师业务或者其他请托事宜打招呼、行便利，避免因不当言行给检察机关带来不良影响。

（4）文明

注重学习，精研法律，精通检察业务，培养良好的政治素质、业务素质和文化素养，增强法律监督能力和做群众工作的本领。坚持打击与保护并重、惩罚与教育并重、惩治与预防并重，宽严相济，以人为本。弘扬人文精神，体现人文关怀。做到执法理念文明、执法行为文明、执法作风文明、执法语言文明。遵守各项检察礼仪规范，注重职业礼仪约束，仪表庄重、举止大方、态度公允、用语文明，保持良好的职业操守和风范，维护检察官的良好形象。执行公务、参加政务活动时，按照检察人员着装规定穿着检察制服，佩戴检察标识徽章，严格守时，遵守活动纪律。在公共场合及新闻媒体上不发表有损法律严肃性、权威性，有损检察机关形象的言论。未经批准，不对正在办理的案件发表个人意见或者进行评论。热爱集体，团结协作，相互支持、相互配合、相互监督，力戒独断专行，共同营造健康、有序、和谐的工作环境。明礼诚信，在社会交往中尊重、理解、关心他人，讲诚实、守信用、践承诺，树立良好的社会形象。牢固树立社会主义荣辱观，恪守社会公德、家庭美德，慎独慎微，行为检点，培养高尚的道德操守。不穿着检察正装、佩戴检察标识到营业性娱乐场所进行娱乐、休闲活动或者在公共场所饮酒，不参与赌博、色情、封建迷信活动。不要特权、逞威风、蛮横无理。本人或者亲属与他人发生矛盾、冲突，应当通过正当合法的途径解决，不应以检察官身份寻求特殊照顾，不要恶化事态酿成事端。在职务外活动中应当严格约束自身言行，避免公众对检察官公正执法和清正廉洁产生怀疑，避免对履行职责产生负面作用，避免对检察机关的公信力产生不良影响。

3.律师的职业伦理

律师作为法律职业既是为社会公众服务的，也是为法治建设服务的。律师的职业道德关系着社会的法律服务状态，也在一定程度上关系着法律的社会形象。

（1）基本准则

律师应当忠于宪法和法律，坚持以事实为根据，以法律为准绳，依法执业；忠于职守，坚持原则，维护国家法律与社会正义；诚实守信，勤勉尽责，尽职尽责地维护委托人的合法利益；敬业勤业，努力钻研业务，掌握执业所应具备的法律知识和服务技能，不断提高执业水平；珍视和维护律师职业声誉，遵守社会公德，注重陶冶品行和职业道德修养；严守国家机密，保守委托人的商业秘密及委托人的隐私；尊重同行，同业互助，公平竞争，共同提高执业水平；自觉履行法律援助义务，为受援人提供法律帮助；遵守律师协会章程，切实履行会员义务；积极参加社会公益活动。

（2）在执业机构中的纪律

律师事务所是律师的执业机构，律师的执业活动必须接受律师事务所的监督和管理。律师不得同时在两个或两个以上律师事务所执业。同时在一个律师事务所和一个法律服务所执业的，视同在两个律师事务所执业。律师不得以个人名义私自接受委托，不得私自收取费用；不得违反律师事务所收费制度和财务纪律，不得挪用、私分、侵占业务收费。律师因执业过错给律师事务所造成损失的，应当承担相应责任。

（3）律师在诉讼、仲裁活动中的纪律

律师应当遵守法庭和仲裁庭纪律，尊重法官、仲裁员，按时提交法律文件，按时出庭。律师出庭时按规定着装，举止文明礼貌，不得使用侮辱、谩骂或诽谤性语言。律师不得以影响案件的审理和裁决为目的与处理相关案件的审判人员、检察人员、仲裁员在非办公场所接触，不得向上述人员馈赠钱物，也不得以许诺、回报或提供其他便利等方式与承办案件的执法人员进行交易；不得向委托人宣传自己与有管辖权的执法人员及有关人员有亲朋关系，不能利用这种关系招揽业务。律师应依法取证，不得伪造证据，不得怂恿委托人伪造证据、提供虚假证词，不得暗示、诱导、威胁他人提供虚假证据。律师不得与犯罪嫌疑人、被告人的亲属或者其他人会见在押犯罪嫌疑人、被告人，或者借职务之便违反规定为被告人传递信件、钱物或与案情有关的信息。

（4）律师处理与委托人、对方当事人关系的纪律

律师应当充分运用自己的专业知识和技能，尽心尽职地依据法律的规定完成委托事项，最大限度地维护委托人的合法利益。律师应量力而为，不接受自己不能办理的法律事务。律师应当遵循诚实守信的原则，客观地告知委托人所委托事项可能出现的法律风险，不得故意对可能出现的风险做不恰当的表述或做虚假承诺。为维护委托人的合法权益，律师有权根据法律的要求和道德的标准，选择完成或实现委托目的的方法。对委托人拟委托的事项或者要求属于法律或律师执业规范所禁止的，律师应告知委托人，并提出修改建议或予以拒绝。律师不得在同一案件中为双方当事人担任代理人。除偏远地区只有一家律师事务所者外，同一律师事务所不得代理诉讼案件的双方当事人。律师应当合理开支办案费用，注意节约；严格按照法律规定的

期限、时效以及与委托人约定的时间,及时办理委托的事务;及时告知委托人有关代理工作的情况,对委托人了解委托事项情况的正当要求应当尽快给予答复;在委托授权范围内从事代理活动,如需特别授权,应当事先取得委托人的书面确认。律师不得超越委托人委托的代理权限,不得利用委托关系从事与委托代理的法律事务无关的活动。律师接受委托后无正当理由不得拒绝为委托人代理。律师接受委托后未经委托人同意,不得擅自转委托他人代理。律师应当谨慎保管委托人提供的证据和其他法律文件,保证其不丢失或毁损。律师不得挪用或者侵占代委托人保管的财物;不得从对方当事人处接受利益或向其要求或约定利益;不得与对方当事人或第三人恶意串通,侵害委托人的权益;不得非法阻止和干预对方当事人及其代理人进行的活动。律师对与委托事项有关的保密信息,委托代理关系结束后仍有保密义务。律师应当恪守独立履行职责的原则,不因迎合委托人或满足委托人的不当要求,丧失客观、公正的立场,不得协助委托人实施非法的或具有欺诈性的行为。

4. 律师与同行之间的纪律规范

律师应当遵守行业竞争规范,公平竞争,自觉维护执业秩序,维护律师行业的荣誉和社会形象;应尊重同行,相互学习,相互帮助,共同提高执业水平,不应诋毁、损害其他律师的威信和声誉。律师、律师事务所可以通过以下方式介绍自己的业务领域和专业特长:可以通过文字作品、研讨会、简介等方式普及法律,宣传自己的专业领域,推荐自己的专业特长;提倡、鼓励律师、律师事务所参加社会公益活动。律师不得以贬低同行的专业能力和水平等方式招揽业务;不得以提供或承诺提供回扣等方式承揽业务;不得利用新闻媒介或其他手段向其提供虚假信息或夸大自己的专业能力;不得在名片上印有各种学术、学历、非律师业职称、社会职务以及所获荣誉等;不得以明显低于同业的收费水平竞争某项法律事务。

第三节 法学教育的一般原理

一、中国法学教育的三维度人才培养定位

中国法学教育的转向有着特定的时代背景,中国法学教育要为推进中国的民主与法治实践服务,这也就意味着中国法学教育的人才培养的目标定

位应当是致力于培养构成中国法治的基础，并能推动中国法治进程的法律共同体的力量。那么，在人才培养的具体目标定位上，它是一种三维度法律人才培养的定位。换言之，就是"思想有深度，知识有广度，实践有力度"的法律人才的培养。

（一）思想要有深度

思想有深度是指法律是理性化思维的产物，法学教育所要培养的法律人才不仅仅是掌握法律知识与法律技术的人，它还要致力于培养法科学生的法律思维。总体来看，就是要训练出能够对现存制度的一种批判性思维，也只有在此基础上才有可能具有建设性作用。要实现这一维度的目标，需要加强理论法学的教育与训练。

（二）知识要有广度

法科学生在掌握马克思主义基本立场、观点和方法基础上，能够进行全面、系统的法学专业知识的学习与训练，法律科学在面向社会生活的时候，带有明显的综合性。因此，除了全面系统地学习法学专业知识以外，还应当涉猎与掌握其他学科，特别是相关学科之间的知识。只有在有充足的知识储备或者说知识有广度的情况下，才能培养出既能从事法学教育与研究，又能从事立法、司法、律师等法律实践工作的素质全面的高层次专门人才。

（三）实践要有力度

法学专业是一个理论性和实践性很强的学科，法学理论教学和实践教学必须有效结合。达成这一法学本科教育目标的核心就是着重对实践能力的培养和提高。体现在法学教育与法学教学上，其主要表现为法学教学的方法应当多样化，应当活泼与务实，在注重理论教育的同时强化案例、诊所式、实践教学，通过实践教学提高综合能力，增强法律共同体的认同与职业伦理意识。这就需要增强实践教学的实施力度，改变许多法科学生毕业后仍缺乏对知识的整体把握，无法把各门课程联系起来并应用到实际中去的现象，加大对实践教学的理论研究。

从以上三个方面的阐述可以看出，在三维度法律人才培养中，将实践教学置于相当重要的地位。三维度法律人才的目标定位是高校法学教育的一种探索，当然也有其他说法，但无论如何，法学教育中的"实践教学"问题已经成为法学教育研究的重点问题。

二、专业方向的设置与法律人才的培养

在市场经济条件下,法律服务方向和内容的调整所遵循的主要是市场供求关系的调节。法律服务不是政府机关的管理活动,它的提供以客户的主动聘请为前提。由某一主管部门或学校用计划的方式预先确定学生的专业方向的做法,不可能及时跟上社会需求的变化。在市场经济条件下,各种专业人才的培养应当由学生自己根据人才市场的供需变化、自身条件和兴趣以及所处的环境来决定和调整。对于本科生而言,大学学习主要是打基础的过程,掌握的知识面应广一些。如果国际法专业的学生对国内法不甚了解,法律学专业的学生对国际经济法不甚了解,法学教育就不能说是成功的。实际上,不少学生在学习过程中自觉或不自觉地超出或打破了专业设置的界限,并根据自身的需要和今后的发展方向选择课程。

三、教研室机构的设置和教员的素质要求

我国法学教育中专业的划分是指对于学生而言,而这种划分又和相对教员而言的教研室体制的设置相配套。因此,专业划分的改革也必然与教研室体制的改革相联系。

在我国,每个法律院系下面都划分为不同的教研室,教研室既是学术研究和教学的机构,又是一种行政管理的机构。教研室的体制有利于新教员的培训,同时也有利于教员学术研究和讲授水平的提高。在法学教育刚刚起步时,教研室体制有利于促进研究和教学的深入,有利于师资力量的提高。但在进入新的发展阶段之后,这种体制已经不能适应时代的需要。如果可以取消教研室的建制,要求每位教员都必须能开设至少两门或更多的课程,教员的人数不仅能够大大减少,教学和研究的水平也可以大大提高。与此相关,招聘教员的范围也应更宽一些,不然师资联系实践和动手的能力就不可能得到提高。

在一些法律院系中,教研室的建制已经取消,但是其他的建制,如:院下设系又流行起来。因此,这种突破还不是完全的突破。当然,教研室体制的改革不能孤立进行,它必须和专业设置的改革和高教人事制度的改革密切联系在一起。

四、课程培养目标、课程设置和讲授方法

课程的设置和教育的培养目的紧密相连。不同的法律文化传统具有不同的培养目的,它们要培养的人才的知识结构也有很大的不同。

长期以来,我国的教育被视为系统地传播知识的过程,法学教育也不例外,其被认为是系统传授法学知识的过程。因此,各个法律院系的教育往往只重视系统知识的传授,而不太重视学生能力的培养和训练。近些年来,不少法律界人士认识到了这一问题,也进行了一些改革。但从整体上看,对学生能力的培养和训练仍然没有得到足够的重视,法律院系的毕业生不能在毕业后很快地适应工作,其眼高手低、动手能力差等现象仍然相当突出。无论是课程的设置还是讲授的方法都与社会的实际要求有相当大的差距,仍然需要用相当大的力量进行改革。

课程设置和教学方法的改革,必须以培养目标和培养观念的改革为前提,即法学教育不仅要传授法律知识,同时要培养和训练学生的实际操作能力。能力的培养应当提到与知识的传授同高的地位。在具备了基本的法律职业能力和素质的基础上,一些具有学术研究兴趣、能力的部分人员才可能进行真正有意义的法律学术研究。如果连这些基本的职业能力和素质都不具备,其研究的结果就难免是纸上谈兵。在明确了上述目标后,课程和教学改革的必要性和方向也就清楚了。我国法律院系的课程设置历来以知识的系统性和科学性为目的,很少考虑实际操作能力的培养,也很少考虑社会的实际需求。下面主要从四个方面进行分析:

①法律课程的开设。我国法律课程的开设主要以法学部门法学科的划分或国家颁布的主要法律(基本法)为标准,以培养和训练学生实际操作能力为主要目的和以社会需求为导向的课程开设得很少。

②法律课程的教授。我国法学院的大多数教师在课堂上所讲授的主要是如何注释现有的法律条文,以及论述各门课程的体系和基本理论,其目的在于引导学生掌握系统的知识体系,如,学会通过分析条文和逻辑推理得出正确的答案。其着重讲授的知识不过是一种记忆性的知识,至多是静态的分析理论,缺乏对学生实际操作的能力培养。

③法律课程的结构。与我国当前努力实行的市场经济的需要相比较,法律课程中涉及市场经济的课程所占的比重不够,有些课程的内容也亟须改

进或充实。我国的法学教育重视史论课的开设而缺少应用部门法课程的开设；在这些部门法课程中，传统的民商法课程所占的比重就更少。现在所开设的经济法的课程也有很多建立在计划经济的基础上，部分内容已不适应市场经济的需要。

④法律课程的课程比重。我国法学院设置的选修课所占的比重大大低于必修课。在课程表中，必修课一般占到3/5甚至2/3。这种状况的结果是，学生无法根据自己的兴趣和发展方向选择课程，教师也不能充分地发挥主动性，形成竞争机制。

除了课程设置问题外，教学方法也是需要改进的一个重要方面。虽然我国不是案例法国家，但是运用案例方法进行教学已经被不少教师的教学实践所证明是行之有效的方法。它能使学生掌握应用法律的技巧，使学生主动地参与教学的全过程，避免被动式的学习。

第二章 高校法学教育教学的改革

第一节 我国本科法学教育培养目标

一、教育目的与培养目标

教育目的和培养目标都是探讨把受教育者培养成什么样的人的问题，两者之间既有一致性又有区别性。

所谓教育目的，就是依据一定社会需要和对人的认识而形成的关于教育对象的总体发展规格的预期设想或规定，它以观念或思想的形式存在并发挥作用。从这个意义上说，教育目的似乎具有高度的抽象概括性，但是它并不是一个遥遥无期的幻想，而是一个由许多相对独立又相互联系的目标构成的体系，按照从抽象到具体、从整体到局部的方法，可以将教育目的划分为不同的层次，每一层次的目标符合教育总的目的，每一层次又都具有一定的功能，由大到小构成了概念的等级性。而所谓的培养目标，正是这种等级性的具体表现，是教育目的的具体化。如果说教育目的是各级各类教育培养人的总的质量标准和规格要求，那么培养目标就是指不同级别、不同层次、不同类型和不同专业教育的具体目标。

在综合了教育学界的多种定义后，我们认为，培养目标是指在教育目的的直接制约下的特定形式、特定层次、特定类型的教育所造就的"教育产品"（即人或人才），以及与之相应的规格。培养目标具有多元性，在各级各类学校教育活动中发挥"协调"作用。《中华人民共和国高等教育法》提出，高等学校的任务是培养具有创新精神和实践能力的高级专门人才。

对上述概念的科学界定，能帮助我们正确认识本科法学教育的内涵。本科法学教育从形式上看，一方面，它区别于继续教育，有其培养的特定对象,即主要以具有中等教育文凭而一般未从业者为培养对象。另一方面,它又区别于普通教育,是带有法学教育性质的专业教育;从层次上看,它高于应用性专科层次教育,而低于学术性研究生层次教育,具有应用性教育和学术性教育的双重特征;从类型上看,它属于法学学科门类的法学一级学科教育而不属于二级学科教育。

根据对本科法学教育性质及内涵的考察和分析,我们把本科法学教育培养目标的概念确定为:以教育目的为直接依据,以中等教育为基础的,具有一般教育(人文教育)、学位教育(科学教育、学术教育)和职业准备教育属性的法律科学教育所培养的专门(专业)人才及其规格。

二、本科教育的培养目标

高等教育各专业的培养目标是教育思想、人才规格、知识结构、课程设置和教学方法的高度概括。新中国成立初期,我们采用的"专家型"模式为新中国大规模经济建设培养了当时急需的专业人才。改革开放以来,学习西方发达国家的教学模式,培养职能岗位型技术人员和管理人才,在适应社会主义市场经济的需要上又前进了一大步。进入21世纪,社会发展的多元化趋势更加明晰,作为为社会发展培养高层次人才的高等教育,其培养目标和模式也受到了前所未有的冲击和挑战。

(一)通才教育与专才教育

通才与专才是高等教育人才培养目标的两个基本模式,在高等教育史上曾有过多次争论。

一般而言,通才是指通晓多种知识、拥有多种能力的人,是指相对专才而言的多科、通科人才,现代所谓的T型人才和X型人才都属于通才之列。相对而言,通才具有跨学科(专业)的学术基础、学术视野和综合能力,因而适应性强,能察专才之不能察,创专才之所难创,尤其对学科和专业之间的内在联系即学科的整体性有更强的洞察和把握能力。古希腊、罗马的"博雅教育"思想,都是典型的通才教育观。专才是指掌握的知识和能力比较专精的人,即专业方向较为集中,只在某一个领域或某一领域的某个方向具有专门知识和技能、技巧的人才,其知识面和职业适用面相对有限,但其掌握的知识有较高的深度。

在高等教育的发展史上,关于教育到底要培养"通才"还是"专才"

一直存在着不同的观点，随着高等教育历史的发展，人们也总是在这两者之间来回摇摆，找不到确定的落脚点。被称为近代三大教育哲学家之一的英国人怀特海追求通才教育和专才教育的有机结合，他认为，普通教育与专门教育既有联系又有区别，偏于一隅或执于一端都是片面的。没有人文教育的技术教育是不完备的，而没有技术教育就没有人文教育……教育应该培养学生成为博学多才和术精艺巧的人。也就是说，教育是为了培养这样的人—既有文化修养，又有特定的专门知识。专门知识给他们以发展的基础，文化修养使他们如哲学般的深邃，艺术般的高雅。

（二）本科教育是高等基础性教育

改革开放以来，我国高等教育才得到了极大的发展，不仅在总量上迅速扩大，而且在高等教育体系中，由于研究生培养数量的增加，高等教育的层次性也已经取得了较为充分的分化。早期的高等教育无论在数量上还是内涵上，都主要是指普通本科、专科教育，而在当前，不仅专科、本科、硕士、博士四种层次的界限已非常明确，而且他们各自的培养目标也已经有很大的不同。其中，专科层次正在逐步转化成"高等职业教育"而逐步远离"高级专门人才"的培养目标，本科层次则逐步发展成为高等教育体系中培养"高级专门人才"的基层，成为高等基础性教育。

《高等教育法》规定，"本科教育应当使学生比较系统地掌握本学科、本专业必需的基础理论、基本知识，掌握本专业必要的基本技能、方法和相关知识，具有从事本专业实际工作和研究工作的初步能力"。这种规定体现了当前本科教育培养目标的变化，更强调"比较系统"和"基本"素质。随着社会经济的发展，在计划经济体制下形成的"窄""深"的专业概念和"专业对口"的分配观念越来越不适应市场经济发展的形势，需要向强调"通才教育""素质教育"和"适应性"的转变。这种转变的核心是拓宽本科专业，加强本科教育的基础性。同时，实际中现代社会、现代企业对高素质、高层次人才的需求，也已经从原来的本科生层次转到研究生层次，本科生要真正成为高级专门人才，仍需要经历一个研究生教育过程或继续教育的过程。

由此上，"本科教育是高等基础性教育"观念的确立，是在本科教育适应社会经济、科技、文化发展需要的过程中，人们对本科教育性质与特点上所发生变化的基本认识和总结。这种认识和总结对于当前转变本科教育观念，确立本科教育培养目标具有现实的指导意义。

（三）"通才"与"专才"的结合是当前我国本科教育的培养目标

由于社会的发展必然产生并依赖于社会分工，又由于知识体系的分化既是世界教育发展的必然，又是人类认识世界必须采取的认知方式，因此高等教育中的专业教育无疑具有其存在的合理性依据。而本科教育是高等基础性教育，在基础性教育的培养过程中，注重系统、综合素质的提高也是必不可少的。许多精深的专业知识放在研究生教育阶段完成可能更加符合当前高等教育发展的趋势。

因此，大学本科教育应该是专业教育与通识教育相结合的教育，而本科教育的培养目标则是"通才"与"专才"的有机结合。也就是目前教育界所达成的基本共识，归纳起来为"厚基础、宽口径、强能力、高素质"。

三、我国本科法学教育培养目标的构建

构建新型本科法学教育培养目标的最终目的在于提高法学本科教育的质量。而高质量的本科法学教育是经济一体化和法律全球化的国际背景，以及依法治国、建设社会主义法治国家的国内背景的必然要求。自20世纪70年代末进入改革开放以来，中国社会进入了一个前所未有的发展阶段，中国的法学教育也全面恢复并迅速繁荣起来。

今天，国内和国际的新形势再次对本科法学教育提出了新的要求。

（一）"法律人"——当代中国本科法学教育的培养目标

国际科技文化的发展，以及中国的改革开放事业和社会主义法治国家的建设，决定了中国本科法学教育的培养目标；建设社会主义法治国家的高素质法律通才，我们称为"法律人"。

1."法律人"的定位——高素质的法律通才

我们把中国本科法学教育的培养目标定位为"高素质的法律通才"，并且称之为真正的"法律人"。这里的"法律人"不是一般意义上的一切从事法律事业的人，它具有完整的内涵，即高尚的法治信仰是"法律人"的首要价值标准，严谨的法律思维是"法律人"的必备技术，扎实的专业知识和实践技能是"法律人"的生存之本，良好的人文素养和综合素质是"法律人"的基础条件。

高素质是相对于中等教育的基础素质而言的，也是相对于计划经济条

件下所培养的法学本科生的素质及大学专科层次的素质而言的。高素质有三个基本要求：一是提高一般的文化修养水平和道德水平；二是提高专业基础素质，如，基本知识、专业理论、专业技能和专业能力；三是提高非智力素质，如，竞争力、意志力和敬业精神等。需要指出的是，高素质不等于精英，本科法学教育不是培养现成的法学家、法律家，它是大众教育中的个体素质教育，而不是培养少数英才的精英教育。

法律通才是指在法学学科上既有一定专长又具有广博的科学文化知识和扎实的专业基础的人才。通才教育的目的是提高学习者的心智水平、性格修养和文化修养，以增强其对社会生活的广泛适应性。通才教育有助于改变专才教育对学生整体精神及人格尊严造成的损害，它使法律专业人才在掌握了基本的知识、技能和方法后，就能运用自如地在学科之间进行"嫁接"，迅速地熟悉相关的学科领域。法律专才是与法律通才相对应的一类专门人才，是知识分化、职业分工细密时代的产物，也是学科专业在高级阶段所培养的人才。法律专才的特点在于对法学学科专业及其方向进行专业的、纵深的研究，而很少关注相关学科的发展。

高素质法律通才培养目标的确立，是由当代中国本科法学教育的现状所决定的。首先，本科教育是高等教育的基础，本科法学教育是法学教育体系中一个关键的组成部分，在我们日益扩大和加强研究生精英教育的同时，更不能忽视作为基础教育的本科法学教育，如果说研究生教育培养的更多的是专才，那么本科法学教育则应该以培养法律通才为目标。其次，目前我国本科法学教育的对象几乎全部是应届高中毕业生，其知识的深度、广度和社会阅历极为有限，狭隘的专业教育不利于其整体人格的养成。所以适当的科学教育和人文教育是必不可少的。最后，目前法学本科毕业生并非都拥向法律界，本科法律人才的适用范围是广泛的，从法律职业部门到法律研究、教学单位，从执法部门、管理部门到各行各业，从政法部门到企业和公共事业部门，从社会到公民个人都在其列，所以简单的职业教育也远远不能满足社会的需要。

当然，以上三点仅仅只是影响最大、最主要的原因。总之，综合各方面的因素，我们认为，培养真正的"法律人"是中国本科法学教育的当务之急。

2. "法律人"的内涵
（1）法治信仰

文艺复兴时期，欧洲的大学最常见的学院是医学院、法学院。人们说，这两者都与对人类的某种利益、疾病治疗相关，分别治疗人类的精神疾病和生理疾病。但是，事实上更重要的是这两者都与信仰教育有关。医学院培养人们对科学的信仰，法学院则培养人们对法律的信仰。"法律人"当然要懂得法律，懂得法律必须首先崇尚法的基本精神，即公平与正义。

法治信仰简单地讲就是尊崇法治，就是信奉法律至上、权利本位，法律和权利具有至尊性，人们只能在法律面前完全遵从，而不屈服于任何权力与官位。这种理念要求法学教育能够培养学生独立的人格和法律理性，要求学生从进入法学院的第一天起，就确立自己作为一种法律职业工作者所应有的行为操守和法律信仰，并从心底生发出对以公平和正义为内核的法律精神和法律职业的崇尚。缺乏尊崇法治的基本理念，法学教育只能是舍本逐末，缘木求鱼。

本科法学教育应当以培养对法治的信仰为真正的任务，四年的学习过程则是"学"系统知识和"习"法治信仰的过程。但是，现在的教育可以说是有"学"无"习"，大学里缺乏养成信仰的环境。我们通常对学生进行的是思想政治教育和行为规范教育，加上生硬的说教，往往收效甚微。试想，一个以考试作弊为本事的法科学生，你能指望他信仰法律、信仰公正吗？

要树立法治信仰，营造良好的校园环境是一个重要的手段。法治信仰的培养靠的是行动，要做到这一点，就要使学生学会自治，学会自行制定规则和遵守规则。

在校园里，师生都处处本着一个原则去做：讲章法、讲规则。大家可以商议一个反映共同意志的法则，大家共守，照章办事。自己设计成立执法机制，维持章法和秩序。

（2）法律思维

大学的法学教育的首要任务并不是只为了培养律师或法官，而是要培养法律人能够认识、理解"法"在社会应有之机能为何，使其在面对具体问题时，有予以分析、判断的能力，这就是培养法律专家所共通的基础素养——法律思维能力。虽然平时我们经常有所谓"法律常识"的说法，然而法律却不是常识的集装箱，不经过认真学习和研究，一个人的法律知识大抵高不过"杀人者死，伤人及盗抵罪"之类的水准。法律越来越成为一整套普遍的和具有可预期性的规则体系，普遍性和可预期性乃是近代法治的基本特征。这类基本特征的重要因素之一，正是由法学教育所积累的知识体系和培养的思维方式。德国比较法学家茨威格特和克茨评论法国的法学教育时这样说，"法律并不纯粹是一种专业训练的对象，而是人们可以从中学习清晰的思维、透彻的表达，以及练习修辞技巧的一个领域"。一个法律院校的毕业生，仅仅背诵各种法律条文、司法解释或熟悉一些法律技术的操作程序是不够的，因为再多的法律条文、再熟的法律技术都不能穷尽一切法律现象。更何况法律条文和技术可以随社会的发展而变动。当我们碰到颇为鲜见的或者新的法律问题时，只有运用法律的思辨性以及利用自身的法律思维能力，进行综合分析和推理，才能帮助我们发现问题和解决问题。

所以，中国的本科法学教育应当加入培养"法律人"的法律思维能力这一重要内容，而不能只关注某些僵死的知识的传授。当然，要培养法律思维需要有开阔的视野，只依赖于法律学的研究和学习是不够的，往往还需要同时具有相当程度的社会学、政治学、经济学、法社会学、心理学，等等。与法律学相邻接的各种科学知识，甚至也需要有某种程度的比较法、法制史、法哲学等各种基础法学的素养。

（3）专业知识

专业知识是法学教育的主要内容，是成为"法律人"的基本条件及其向未来法律职业领域发展的基石。它是指法学本科生在法学学科上所应达到的学术水平。本科法学教育既为法学硕士教育打基础，又为法律实践打基础。这种教育的地位和性质决定了要建立系统而完整的法学基础知识体系，体现基础性、理论性和应用性的特点。同时，法学基础知识体系又是一个开放的系统，随着学科的发展，其事实论据和概念不断充实，组合方式结构不断改变。因此，需要不断优化基础知识结构，发挥知识功能，吸收新知识，进行合理调整。法学知识包括法学基础理论知识和法学专业知识以及特殊法学专业方向的专业知识。法学本科生应当获得本国和其他国家制定、执行、管理和解释法律规范等在内的整个法律制度的框架知识，和本国法律文化中的核心法律学说的基本框架及术语。所以，本科法学教育应当以传授法学基础理论知识和法学专业知识为主要内容。

　　法学基础理论的学习，目的是使学生懂得什么是法学观，对法学概貌有一个总体的认识。它包括两个方面，一是相对于专业课（业务课）来说的基础理论课，如：法律史、立法学、宪法学、比较法学、法律社会学、法学方法学等。二是法律专业课程中关于法律意识、立法原理方面的知识。这两方面的内容既有区别又有联系。法学专业知识是法律人才知识结构中专业性、实用性极强的知识。它包括民事法学、刑事法学、商事法学、经济法学、国际法学、行政法学等领域的实体法和程序法知识。无论是法学基础理论知识，还是法学专业知识，关键是要体现学科发展的最新成果。通过学习使学生把握法律产生、变化与发展的规律，树立现代法律观念，以适应法律改革的需要。

　　（4）实践技能

　　本科法学教育作为一种通才教育，它所培养的实践技能也应体现这一特点。具体分为两类，即基本能力和专业能力。

　　基本能力是基于本科法学教育是高等教育的一部分而产生的。它必须符合基础教育的特性和质量要求。也就是说，本科法学教育应当涵盖高等教育人才培养的共性，首先是作为一名大学生所应当具备的基本能力，包括：

　　第一，适应环境的能力。大部分的学生通过本科教育即将走上工作岗位，成为社会的一个组成分子，这是一个重大的转折。从这个意义上说，本科教育是学生生活与社会生活的中介。在这个环节中，我们的教育应当使学生了解社会、认识社会、适应社会，给学生创造深入社会生活的机会，逐渐培养他们适应环境的能力。只有这样，他们才能健康地生存和发展，才能将受到的教育转化为工作的动力基础，才能推动社会的步和发展。

　　第二，竞争与合作的能力。市场经济是竞争经济，知识经济又加剧了这种竞争。而世界各国的竞争，关键又在于人才的竞争。面对这样一个充满竞争的时代，安于现状、故步自封只能是丧失机会，难以发展。所以，我们的本科教育应当使学生积极地积累知识、培养能力、锻炼精神，使自己融于竞争的时代。与此同时，社会生活要求个体在发挥各自作用的基础上进行充分的协作。实践证明，孤立地以自我为中心、个人英雄主义，对个人的发展乃至整个社会的进步都没有积极意义。在本科教育中，培养学生的集体主义情感和团队合作精神是十分重要的。

第三，求实创新的能力。法学教育作为社会科学的一个部门，要求学生首先有足够的知识积累，仅依靠聪明和天资是远远不够的。只有本着求实的作风，认真了解规则、理解规则背后的原理，才能够正确地运用规则。与此同时，法学教育虽然并不像自然科学那样，要求在知识、思考方法和认知水平上具有超越前人的新发展，但仍然鼓励有新的视角、新的理念和新的思维方式。因此，我们的本科法学教育需要跳出概念、特征、分类、比较的传统方式，通过新的技术、新的方法，教育学生脱离旧的框架，锻炼创新能力。

法学教育除了要体现高等教育的共性内容外，更要体现法学的专业特色。专业能力就是人才培养专业化的质量要求。主要包括：

第一，语言表达能力。从事法律职业工作必定要与人发生各种关系，人与人之间最重要的首先应该是沟通，而沟通需要借助于语言这种媒介来进行。合格的法律人才必能通过语言来表达其说服力，使法律的内在力量和价值作用于他人和社会。

具体分为两个方面：书面语言表达和口头语言表达。在书面表达方面，学生所表达的东西在内容上要求语言准确、文笔流畅，在形式上要求整洁、美观；在口头表达方面，要求学生能够镇定、自然地表述事实和观点，对法科学生来说，无论是课程讨论、法庭辩论、辩护还是与人交往，都离不开口头表达。所以，尤其需要清晰、准确、流畅和果断。

第二，实际运作能力。法律是实践性学科，它需要将法律熟练、准确地运作于社会之中，同时也需要通过法律的运作来使法律本身趋于合理。这对于合格的法律人才来说，是一个不断发展着的要求。

实际运作能力主要包括分析辨别能力和社会调查能力。法学教育的中心是不断地将法律应用到不同的案例事实中去，在评判裁决案件时，如果仅有法律知识，缺乏相当程度的分析、辨别能力，是难以找到问题的症结所在的，也就难以正确地加以处置。分析是科学方法，是科学精神，分析技能涉及广泛地理解司法制度、经济和社会问题，本科法学教育应培养学生分析辨别的习惯和精神。同时，法律生活是活的现实，无论是立法还是司法、执法都离不开社会，要使法律活动接近现实生活，反映现实生活，必须做深入、准确的调查研究，社会调查能力对于法学本科生来说意义重大，能促使他们真正成为未来社会的服务成员。

第三，科学研究能力。科学研究不仅包括知识创新，还包括技术创新。无论是法学教育、法学研究，还是法律实务，都需要科学研究能力。研究能力，究其本质是一种具有创造性、创新性的思维路线和方法。这种思维路线和方法是个人在知识领域有所发现，在实践领域有所创造的能力基础。法学本科生的科研能力是在学习基础知识中，在运用知识发现和解决司法案件中，存在的与法律、法理不符的问题中，以及在分析、评价已有法律原理与现实生活的契合与背离的过程中培养的。

（5）综合素质

我国的《教育法》规定，教育的宗旨是提高国民素质。全面推进素质教育是国家赋予高等教育事业的历史使命。本科法学教育是高等教育的重要组成部分，并且以培养法律通才为根本目标，所以，提高学生的综合素质是其不可推卸的责任和义务。

从世界范围的角度来看，本科法学教育模式千差万别，教学方法也多种多样，但是法学教育理念却普遍是培养具有广博知识的高素质法律人才。正如美国法学家博登海默所说，"为使自己成为一个真正有用的公仆，法律工作者就必须首先是一个具有文化修养和广博知识的人"。法律虽然是一门独立的学科，但却不是一个自给自足的学科，为了满足社会发展的需要，它必须不断地从其他学科中汲取知识来充实法律学的科的发展。

所以，我国近代著名法律教育家孙晓楼认为，"现代的法学家决不能再像以前的各守门户专在牛角尖里做工夫了。我们研究法律的学生，至少于法律学以外的各种学科都有些相当的涉猎。其中比较重要的，要推经济学、心理学、逻辑学、哲学、历史学、生物学、人类学、伦理学、社会学、政治学等几门"。

攻读法律的学生如果对本国历史都很陌生，那么他就不可能理解该国法律制度的演变，以及该国法律制度机构对其周围的历史条件的依赖关系。如果他对世界历史和文明的文化贡献不是很了解，那么他在理解可能对法律产生影响的重大国际事件时便会处于不利地位；如果他不太精通一般政治理论、不能洞察政治结构与作用，那么他在领悟和处理宪法与公法等问题时就会遇到障碍；如果他未接受经济方面的训练，那么他就无法认识到法律问题同经济问题之间的紧密联系，而这种关系在许多法律领域中都存在着；如果他没有受过哲学方面的基础训练，那么他在解决法理学和法学理论的一般问题时，就会感到棘手。而这些问题往往会对司法和其他法律程序产生决定性影响。目前，我国本科法学教育中提出的素质教育，就是体现了法学教育应以培养具有广博知识、以追求正义为目标的高素质法律人才的国际化理念，其培养的是真正的、完整意义上的"法律人"。

（二）"法律人"之塑造——当代中国本科法学教育培养目标的实施

1. 教育体制

在我们所主张的法学基础教育中，将其定位为"高素质通才教育"，所以这里首先应体现"高素质"之所在，既为高素质，则应起码以大学本科为起点来实施法学教育。在现实中，我国的法学教育却存在层次多、形式多、渠道多的现状，包括自专科以下的各种正规学校、函授、夜大、自学考试、电视大学等全日制或非全日制的学历与非学历教育，甚至还有一些非正规的法学教育也充斥其中。在高级通才教育的要求下，上述的这些非高级通才教育应逐步取消，形成并保持法学学历教育的"宝塔式"结构。在这个"宝塔式"结构中，法学通才教育应以国民教育的本科教育为起点，法学硕士和法学博士教育应坚持各自的研究型定位，法律专业硕士学位教育作为应用型和复合型法学人才培养的尝试也应有其适当的规模。

此外，在我国目前的法学教育体制下，要求大学本科四年即要培养出高素质的法律通才，确实有一定的难度。正如北大法学院院长朱苏力所言，"从目前国外的通例来看，要培养出有一定文化素养，同时又具有较高法律技能的人员，需要六年左右的时间"。因此，我们可以启发性地吸取法治发达国家的一些合理做法。

2. 教学内容

教学内容是新型人才培养目标实现的重要支点，主要包括两个方面的改革。

（1）课程设置

根据教育部的规定，本科法学专业的核心课程为14门：法理学、宪法学、中国法制史、民法学、商法学、知识产权法、经济法学、刑法学、民事诉讼法、刑事诉讼法、行政法与行政诉讼法、国际法、国际私法、国际经济法。

这14门核心课程的设置，从根本上保证了培养的学生具有扎实的法学基础知识和较为全面的专业知识。但是，各课程的具体内容以及在整个课程体系中所承担的任务、课程与课程之间的关系，还有待于进一步理顺。

法学专业课程设置的改革应贯彻以下几条思路：第一，强调基础，不求精深。本科教育是高等基础性教育，法学本科教育培养的是法律通才。这些都决定了本科法学教育的大众化性质。它不像研究生教育那样要求培养法律精英，进行深入的专业研究，它更强调的是"宽口径、厚基础"。第二，重视交叉，减少重复。学科的交叉与综合，有助于消除学科之间的壁垒，促进知识迁移，也带来新学科的出现。但是，学科之间的交叉也会使各个课程因缺乏明确的界限而相互混淆，所以课程体系内部结构的完善显得尤为重要。例如，民法、商法、经济法等部门法共同作为核心课程，它们之间的联系和分工应进一步明确。第三，限制必修，扩大选修。必修课少而精，即课程门数少、课程时间少、课程知识精，并且要体现前沿性。其目的在于缩短学习时间，减轻学习压力，掌握学习方法，让学生有更多的精力去修习自己感兴趣的课程，给其发挥特长留下足够的时间和空间。

此外，还应该重视的是，任何一种现有的知识体系都无法永远包容社会的全部发展和变化，所以法学教育中也要根据社会发展的需要和立法状况不断地调整课程设置，使课程设置符合时代潮流。比如，法律的趋同化，尤其是司法的趋同化，要求我们加强比较法的教育和研究，因此可以增设和加强比较法方面的选修计划。在中国加入WTO后，关于WTO的国际规则、国际条约和其主要成员国相关的法律课程，也应适当列入选修计划，等等。

课程是培养目标的载体，课程的设置对于人才成长至关重要。我们按学科功能对本科法学教育的课程做以下归类：

素质教育课程：哲学原理、政治理论、人伦道德、语言文化、计算技术、信息技术、经济理论、艺术、管理学、逻辑学、心理学、教育学、军事原理与技术等。专业基础理论课程：法哲学、法史学、法学、法社会学、法经济学、比较法学等方法论、交叉学科、边缘学科课程。

专业课程：民法、民诉法、刑法、刑诉法、行政法、行政诉讼法、宪法、经济法、国际法（含国际私法、国际经济法）、法律文书、法律逻辑、职业道德等核心课程。专业方向课程群：理论法学课程群、经济法课程群、民商法课程群、刑事法课程群、国际法课程群等，以适合不同兴趣、志向的学生自主选修。

（2）教学方法

我国现行的法学教学方法基本上是单向的理论灌输式教学法，教学活动主要是围绕教师讲授某种专门理论知识而展开的。多数法学专业课都明显地带有教师满堂灌的特点。这种教学方法对于法律概念及原理的讲解、法律条文的分析、法学理论的探讨也许比较方便。但是，由于缺乏师生的交流与互动，学生在课堂上应有的主动性和积极性得不到发挥，教学效果也不能及时反馈到教师，这些都对培养目标的实现产生负面影响。对此，我们可以根据我国的法律传统、法学教育的特点，借鉴多方经验，推广案例教学法和诊所式教学法。

案例教学法是指在法学教育过程中，通过分析与研究现有案例，解释成文法的内容并推动成文法发展与完善的一种辅助性教学方法。案例教学法的特点主要是：第一，案例教学法有多种具体形式，包括在课堂讲授理论中评析案例、专门组织的案例分析、模拟法庭、旁听法庭案件处理、法律咨询等，在法学教育过程的不同阶段可以适时地选择不同的形式，以更好地解释和研究成文法。第二，案例教学法主要依据成文法分析评述案例，从而可以得到明确、清晰、统一的结论，有助于澄清学生对于法学理论问题的模糊认识和不确定的理解。第三，案例教学法在法学教育中，一方面是用来解释成文法，加深学生对成文法的理解；另一方面是发挥成文法的不足及有待改进之处，推动成文法的完善与发展。案例教学法是教师与学生双向交流的过程，改变了学生在理论讲授过程中受灌输的被动地位，并以多种形式主动地参与案例教学，更给学生提供了独立分析与思考，发挥其创造性思维能力的空间。

诊所式教学法是一种从案例教学法中发展出来的，并借鉴医学院的临床教学方法的一种全新的法学教育方法。从20世纪60年代开始，首先在美国各法学院兴起。诊所式法学教育，一方面吸取了案例教学法的精髓，即经验式的教学方法；另一方面又在形式上借鉴了医学领域的临床教学模式，强调通过教师指导学生参与实际的法律运用，来培养和提高他们的法律实践能力，从而加深对法学理论与法律制度的理解。诊所式教学法主要有以下四种：模拟课堂教学、代理真实案件、在律师事务所的走读计划以及综合运用前三种方法。目前，诊所式法学教育在我国只有少数法学院试行，要在全国各法学院广泛地推行尚有一定的困难，而且开展诊所式法学教育所需的成本也较高。但是，诊所式法学教育的引进，无疑为我国的法学教育改革提供了新的契机。客观地说，如果各法学院能够将诊所式法学教育方法与其他教学方法有机地融合，对于完善我国的法学教育，提高学生的综合素质，应该是大有裨益的。

第二节 法学教育改革目标的实现

一、法律教育目标的双重性

科教兴国已经被党和政府确定为一项基本国策。就法治建设而言，教育无疑也起着十分重要的基础作用。没有一个良好的法律教育制度和现代法治观念，就不可能有合格的人员去从事立法、执法、司法和普法工作，法治建设就不可能顺利进行。从我国改革开放经验看，法律教育的相对落后直接制约着法律制度的正常运行和整个法治建设的进程。要迎接跨世纪的挑战，必须从教育改革开始。

实际上，法律教育改革在全球范围内都是一个热点问题。许多国家正在思考如何改革法律教育制度以适应新世纪的挑战。有学者提出，应将法律教育作为一个独立的法律部门进行研究。在我国，随着"依法治国，建设社会主义法治国家"治国方略的确立，从而使法学教育面临新的机遇与挑战。教育部于20世纪90年代中期次召开全国性会议，正式研究面向21世纪的法律教育改革问题，并组织了专门的课题研究有关问题。

当然，法律教育是整个高等教育的一个有机组成部分，而教育制度是整个社会结构的组成部分。一个良好的法律教育必然依赖于整个社会结构的进化，而不能孤立地实现。尽管如此，法律教育与其他教育或制度比较，仍然具有一定的特点，研究这些特点并将它们反映到中国的法律教育制度之中，不但能够使我国法律教育得到完善，并且可以推动整个法治建设的进程。从这个角度来看，法律教育改革的第一步，应该是明确法律教育的目的或功能，弄清楚当代法律教育的特征，了解目前国际社会的努力方向和我们可以从中借鉴的经验。一旦我们明确了法律教育的时代特点和基本功能，改革过程就不必然只是一种政府行为，任何大学、院系、教授或职业团体等，都可以根据具体情况尝试某些改革举措。

从法律制度的演变历史和其他国家的经验来看，当代法律教育的特征或目标在于实现两对要求：法律实践训练与法律理论学习；法律知识教育与普通常识教育。

首先，法律教育的基本特征决定了法律制度在整个社会结构中的地位。在法律制度与政治制度和补考制度等各为一体的封建制度下，由于法律制度本身并不独立，因而不可能有独立的法律教育存在。在罗马帝国灭亡后几个世纪的历史中，西方国家并没有独立的法律教育存在；在中国漫长的封建社会中，（法）律学虽一度非常发达，但始终未能生长出独立的法律教育果实。因此，作为前提和结论，法律教育的出现必然与独立的法律制度的产生同步。就历史发展而言，独立的法律制度最初从社会结构中分化出来是政治与经济的二元化、国家与社会分离以及神权世俗化的一个有机组成部分，法律制度最初是作为与传统法对立的一种自治法而产生的，其基本品格是法律制度完全摆脱任何外在力量的控制而独立。与自治法相符，这一法律形态下的法律教育是一种纯粹的法律知识教育，即通过法律理论学习和法律实践训练，教育学生"以法律人的方式思维"，培养法律职业共同体。一方面，学生必须致力于学习规则和判决，以掌握从事法律职业的实际技能，维护法律的独立地位；另一方面，为完善立法和司法并使学生能够区分正义和非正义而不致成为机械的法律操作工，法律理论也成为法律教育的必要组成部分。在通常情况下，法律实践训练与法律理论学习并不矛盾，它们在许多情况下，实际上是相互促进和提高的。一个良好的理论基础肯定有利于掌握规则及其适用，丰富的实践经验又会促进理论的进一步提高。尽管这样，理论与实践在一定的条件下仍然会有些矛盾和冲突，现实的法律毕竟是现存的规则而不是理想的世界。理想与现实、稳定与变革、一般规则与个别正义的内在冲突，决定了法律理论学习与法律实践训练之间的距离，也表明法律教育必须包容这一对要求才能促进法律的进步。

其次，自治法只是法律发展形态的一种，它是以国家权力不干预法律秩序或政治权力不干预市场运行为前提条件的。在西方国家，自由资本主义的发展最终导致了阻碍市场正常运行的垄断现象和危及国家的社会分配失衡。为应付自由资本主义的弊端，国家必须对市场进行干预，法律制度因此成为社会调节的工具和实现社会正义的手段，自治法相应进化为回应法。在回应法之下，法律制度既是目的也是手段。与完全封闭的自治法相比，法律制度变成了一个开放的系统以及衡量法律制度的标准和推动法律制度前进的动力，因而不仅在法内而且也在法外，看法律制度是否有利于实现社会正义，有利于经济和政治目标的完成。一个开放的法律制度显然要求一个开放的法律教育。除了是法律人以外，法律学生必须同时是经济人、文化人、社会人或政治人，这是社会发展必然。普通常识教育因此成为法律教育的有机组成部分。

对于包括中国在内的发展中国家而言，建立现代法律制度和法律教育的难点在于，变法模式是一种外加的发展模式，是在市场经济内生的法律实践还未充分发育的情况下，就引入了法律制度和法律教育，这样就先天性地决定了其法律教育缺乏实践性。同时，与西方国家的法律教育经历了数个世纪的发展才步入开放性的法律教育相比，发展中国家的法律教育在根本未获得独立发展的机会的情况下就突然面临开放的环境，极容易使法律教育失去独立性，变成理论或学科的附庸，或者在相反的极端上使法律教育排斥外来的任何影响而走入封闭，两种结果指向的都是普通常识教育的失败。认识发展中国家法律教育的致命缺陷，是我们进行法律教育改革的逻辑起点。

二、法律知识教育与普通常识教育

不论是法律理论学习还是法律实践训练，其关注的对象都是法与法律现象。在欧洲大陆，共同法完全基于罗马法及其解释之上，而在美国，法律学习也被朗代尔归纳为在白纸黑字规则基础上的科学学习。因此，法律学习与法律实践训练都以封闭的法律制度为前提，法律教育是一种与规则有关的教育。然而随着19世纪末国家干预的出现，法律制度不再是封闭的制度，法律制度作为社会调节的工具，必须依靠社会的其他制度，即法的回应功能来确定，看法律制度是否促进了社会正义的实现。这样，不但要从传统的规则角度学习法律，而且要从社会其他制度的角度来学习法律。从这一角度来看，法律知识教育的历史很长，而普通常识教育的历史却是国家干预时代的产物，并且普通常识教育在不同的国家的发展非常不平衡。

19世纪，分析法学派在英国占据了统治地位。19世纪末，美国法官模仿日益形式主义的英国法律思想，将法律完全当作由其内在逻辑所决定的封闭规则体系。在法学界，这种将法官看成是预先存在的中立规则的维护者的观念得到哈佛大学的支持，法学被视为是自治的学科，只需要研究法律规则。这样，法律理论与法律实践的这种形式主义联系，使它们一起成为现实主义者批判目标，并使法律教育改革成为现实主义反对形式主义运动重要方面。

第三节 高校法学教育改革模式构建

一、新世纪法学教育的法理学透视

（一）知识经济与法学教育

21世纪，人类社会将实现由工业经济时代向知识经济时代过渡，并以知识经济的蓬勃发展且在社会的生产、生活中占据主导地位为基本特征的时代。知识经济是一种基于最新科技和人类知识精华，以无形囊括、超越、制约有形的经济形态。知识作为一种社会资源，对于社会和经济的发展起着越来越大的作用。可以说，在知识经济时代，一切发展都以知识为基础，一切财富都是知识的结晶。知识经济有别于工业经济的革命性特征，必将引发全方位的社会变革。其中，肩负着传承与创造人类文明双重使命的高等教育的变革是社会变革的焦点。作为高等教育子系统的法学教育在社会变革的大潮中也将发生由被动型教育向创造型教育的转变。被动型教育主要以法律知识的传授为最高宗旨，教学中过分注重对现有法条的注释和基本理论的阐释。忽视学生创造力的培养，因而这是一种重考试、轻能力，重分数、轻素质的知识积累式的教育。这种被动型的教育已不适应知识经济时代知识飞速发展变化的需要。因此，人类必须改变旧的教育价值观，树立以开掘、发展人的创造性为核心的价值观。创造型教育将是21世纪法学教育的主旋律。创造型教育是以继承为基点，更强调对现状的突破和面向未来的创新。法律知识是人类法律思想的凝结，是法律思维、法律推理的出发点，因此传授法律知识仍是未来法学教育的一大功能。但未来的法学教育更要关注学生创造性法律思维与能力的培养和训练，使学生不但掌握从法律角度观察问题的方法和特有的法律推理技巧，而且还养成独立学习和探索的能力，敢于创造、善于创造的品质和能力，以应对将来在立法、司法实践中可能面临的各种复杂问题，适应知识经济所带来的日新月异的新情况。

（二）法治与法学教育

21世纪将是中国由法制走向法治，并真正实现法治理想的世纪，也是加入WTO要求中国法学跨入世界构建全球化法治体系的世纪。法治将成为21世纪人类社会发展的巨大推动力。法治的构成要件可以概括为两大方面，即"硬件"系统和"软件"系统。所谓"硬件"系统是指依据法治的精神而被奉行的法制原则，以及由这些原则所决定的形成制度的法律内容及表现方式。所谓"软件"系统是指法治的精神表现为人们对法律至上地位的认同、权利平等观念的确立，以及法律思维方式的养成。法治目标的实现既需要法治的"硬件"——法律制度的完善与更新，更需要"软件"——法治精神的培养与塑造。

1.法治是影响法学教育发展的强大动力

首先，法治为法学教育的发展提供了新的契机。依法治国，建设社会主义法治国家的治国方略和宏伟目标已被写进宪法，这是中国历史发展过程中的一次重大社会变革，其目标就是要实现由人治向法治的转变。

依法治国在当代主要体现为以下两方面：一是人民依照宪法、法律治理国家及其国家的工作人员也即"官吏"，简称为依法治吏；二是国家机关及工作人员依照宪法、法律治理国家，社会和全体公民，简称为依法吏治。无论是依法治吏还是依法吏治，只要具有法治理念的治理主体则是实现法治的关键。在当今与未来社会承担培养具有法律观念和法律思维方式的人的使命的机构便是法学教育机构。因此，近几年来，法学教育获得了迅速发展。

其次，法治导致了法学教育观及法律人才培养目标的重新定位。回眸中国法学教育近百年的历史，我们可以明晰：法学教育观念及培养目标受制于治国方略，在人治与法治两种治国方略之外的法学教育观及人才培养目标有着重大的差别。始于清末的近代法学教育，主要招收"已仕人员"对在职文官进行补课式的法律培训，为清政府培养符合其统治需要的法律工具人才。其教育观念带有明显的意识化和官学化的特点。

2.法学教育是法治的基础工程和先导工程

法治与法制现代化的内在是结合在一起的。法制目标实现之日，就是法制现代化完成之时。法治建设无论是制度的建构，还是法治精神的塑造，在当前中国集中体现在法制现代化这一历史进程之中。法制现代化的核心是从事这一变革的主体自身的现代化，具有现代法律意识和行为的人是实现法制现代化的先决条件。因此，法制现代化的基本价值指向就是要培养公民信任法律、尊重法律的思想意识，确立法律至上的现代化法治观念。换言之，就是法治精神的培养。就法制现代化的途径而言，法律移植是一个捷径，但法律移植仅仅能够移植先进的法律制度（法治硬件），而蕴含其中的法治精神（法治软件）则不能移植，只能在本土资源基础之上逐步塑造。否则，仅有法治"硬件"而缺少法治"软件"的支撑，要实现法治目标是不可能的。我国法治实践已经充分说明了这点。目前，我国通过移植先进国家的法律，在法治"硬件"建设上取得了很大成绩，而与之相适应的"软件"塑造却显得十分薄弱。法律制度的更新与法治精神的培育极不相称。因此，我国目前最重要、最艰巨的任务就是培育民族的法治精神，而法学教育对此责无旁贷。

（三）全球化与法学教育

当前，全球化浪潮正扑面而来。不管人们意识到还是没有意识到，这股浪潮已经或即将对人类社会发生深刻的影响。所谓全球化，是指全球范围内展现的沟通、联系、相互影响的历史进程与趋势。全球化的特点，从形式来看，是人类交往的时空约束真正被打破，人类凭借现代科技提供的通信与交往手段实现世界范围内的交往；从内容上看，全球化的内容丰富多彩，涉及经济、政治、文化、社会等诸多领域。其中，经济全球化是全球化的主线，也是全球化进程中的最基本的动因。进而对法学教育产生显性的影响，使法学教育出现国际化的趋势。法学教育的国际化，主要表现为世界范围内的法学教育的跨国界、跨民族、跨文化的多边交流、合作与援助的活动过程或发展趋势。这种趋势随着我国加入WTO将得到进一步的强化。中国加入WTO是中国融入世界经济主流的重要步骤，也是中国法学教育实现国际化的又一飞跃。它迫切要求法学教育培养出具有国际意识与国际视野的谙熟WTO规则的法律人才，使之在国际竞争和国际事务中发挥积极的作用。因此，法学教育工作者无论在观念上还是在人才培养目标以及教学过程中，都应清醒而深刻地认识到，全球化给法学教育所带来的冲击，并自觉地推进法学教育的全球化进程。目前，我国法学教育已经在国际化方面做了很多工作，一些重点大学积极与国外的法学院校进行教学经验交流和科研合作，为我国法学教育尽早与国际接轨做出了很大贡献；但是，我们还须明确，要适应未来"地球村"的国际社会，法学教育在课程设置和联合办学等方面需要做更大的努力。

二、新世纪中国高校法学教育模式的构建

21世纪法学教育将置身于知识经济、法治建设和全球化趋势的大背景之中，这必将导致法学教育模式的变革与重塑。

（一）新世纪中国高校法学教育观的重构

1. 素质教育观

素质教育尽管是作为基础教育中的应试教育的对立面而提出来的，但其对高等教育的影响是人尽皆知的。高等教育包括法学教育在内，要适应社会对人才需求的变化。素质教育观是其必有的教育理念之一。

什么是素质？素质是在人的先天生理基础上，经过后天教育和社会环境的影响，由知识内化而形成的相对稳定的心理品质。一般来说，包括思想品德素质、文化素质、业务素质和身体心理素质。那么素质教育就是以提高人才素质作为重要内容和目的的教育。素质教育包括知识、能力和素质三个要素。其中，知识是素质形成和提高的基础，能力是素质的外在表现。高等教育贯彻素质教育的精髓在于对高级专门人才的培养中应融传授知识、培养能力和提高素质为一体，或者说在传授知识、培养能力的同时，要更加注重素质的提高。因此，素质教育与高等教育的性质，即培养高级专门人才的专业教育并不矛盾。从素质教育的思想观念出发，高等教育应是更加注重人才素质提高的专业教育。所以，就高等教育而言，重视素质教育就应将素质教育的思想渗透到专业教育之中，贯穿于人才培养的全过程。

21世纪法学教育以素质教育为其教育理念，也是由法律事业的崇高性和法学教育的基础性所决定的。首先，法学教育以素质教育为其理念，是使法律专门人才出色完成法律工作的需要。法律工作以维护人类公平、正义为己任，它需要一个高素质的法律职业群体。法律职业群体是法治建设不可或缺的中坚力量，法治理念的弘扬、倡导，法治程序的建构，很大程度上依赖于法律职业群体的素质。唯有法学教育培养出高素质的法律职业群体，才能支撑起法治大厦。唯有法学教育把素质教育观念贯穿于法学专业教育的始终，才能造就出勇于为社会的公平正义事业献身的高素质法律职业群体。其次，法学教育以素质教育观为其理念，也是培养高素质公民的需要。法学教

育功能之一是塑造高素质的、优秀的公民人格。公民的人格构成包括很多要素，其中主体意识、权利意识、参与意识、平等意识、责任观念、理性精神等公民人格核心要素的养成要靠法学教育来完成。法学教育只有以素质教育观为指导，才能塑造出具有法治精神基础的高素质的优秀公民人格。

法律人才的素质构成有其本身的独特性。根据法律职业的特点及未来社会对法律人才的需求，可以把21世纪法律人才素质的特征概括为以下几个方面：第一，应变与创新。21世纪是一个变革的时代，也是个创新的时代。21世纪法律人才也应具有应变与创新的特质。21世纪的法律人才，既应具有对多变的政治、经济、文化乃至法律的适应性，又应具有符合社会发展方向的创新品质。以确保法律思想、法律理论、法律观念在创新中进步，法律机制在创新中完善，继而法律也将在人的创造性发挥中得以准确地运用。第二，专精与融汇。法学教育是一种专业教育，因而所培养的法律人才必须精通法律知识、掌握运用法律的技能和复杂的法律推理的技术。

随着科技的快速发展，不同的学科之间、科学与技术之间相互渗透和融合的趋势日益明显，作为社会调整器的法律所面临的问题也日趋复杂化、综合化。未来的法律人才只有具备广博的知识面，才能具有较强的知识迁移能力和应变能力，才能以简驭繁，触类旁通。可见，精通法律和具有融会贯通有关知识的能力，应是21世纪法律人才的必备品质。第三，独特的法律思维与合作交流。未来的法律人才应该掌握法律角色的参照系，即懂得作为一个法律工作者，在其所处的位置上对外观察问题的方法、观点，以及独特的推理思维方式。法律工作的特质在于用法律解决复杂的社会问题。这就要求法律工作者具有独特的、变通的、流畅的法律思维，能够从法律人的角色观察和分析问题，既懂得有层次地思索与理解，又需知道怎样细密分析、明辨类别和正确演绎。同时，还应具有与他人合作交流的能力。

2.共同体教育观

法律事业是由一个有着相同的知识结构、共同思维范式和共同价值追求的法律共同体所支撑和建构的事业。法律共同体能否形成及其是否同质，是影响法治的决定性因素，因为从某种程度上讲，所谓的依法治国就是由受过严格法律训练的法律人对社会生活的管理和调整。而同质共同体的养成须从接受专业教育时起步，这需要法学教育首先从观念上树立起培养共同体的认识，并把这一观念贯穿于教学的全过程。一方面，通过法学教育培养未来共同体成员的职业崇高感，使学生深刻领悟法律职业不仅是种谋生的手段，而更在于维护社会的公平正义的事业。法律职业是一种崇高的职业，它需要其成员要有为法律的理想而献身的精神。另一方面，通过法学教育培养未来共同体成员的历史使命感，使法治成为他们终生追求的理想，推进法治是他们义不容辞的责任。

（二）法学教学内容和手段的创新

就高等教育教学过程的要素而言，教学内容和教学手段是两个必不可少的要素。教学内容是教学过程中的基本客体要素，是认识的对象；教学手段是教学过程中客观存在的传导体和媒介物。由此可见，教学内容、教学手段、教学方法，是实现人才培养目标的重要支点。21世纪法学教育也应在教学内容、教学手段方面实现创新。

1. 教学内容

高等教育的教学内容主要是以知识这种精神客体作为认识对象的。它可以使个体智慧融为人类的智慧，又使人类的智慧作为间接经验而成为个体知识的源泉。法学教育是以法律知识为认识对象的。那么，21世纪法学教育应传授给学生什么样的法律知识呢？

首先，法学教育应以前端性的知识为教学内容。前端性的知识是指与时代发展同步、反映时代精神的知识，是处于学科前沿的知识。只有以此为教学内容，才能使未来法律人始终站在学科知识的最前沿，承担起不断创造新的法律知识、增加人类法律文明新成果的重任，开发和保持学生求新、创新的创造力。

其次，法学教育应以基础性知识为内容。因为，法律总是小段的变化和发展的，任何权威的法律资源都可能随时代的发展而失去权威，但是在长期法律演变中，逐步形成的那些基本法律理念和法律原则，则能长久地适用，并以其相对稳定的权威来规范和影响社会的法律秩序和法律创新。这些基本法律知识能够帮助学生有效地应对在今后可能遇见的各种复杂的法律问题。

最后，法学教育还应注重经验知识的传授。法学是一门实践性极强的学科，法科学生毕业进入社会既是一个创新创造的过程，又是将所学专业知识应用于实践的过程。由此决定法学教育应当传授给学生经验知识，并引导学生关注、思考社会问题，培养学生的实践精神。

2.教学手段

教学手段虽然只是连接教学各要素的介体，但它对于教学目标的实现有着重要的作用。在21世纪，随着现代科技的高速发展，尤其在计算机、电子技术、通信技术、网络技术的推动下，教育技术将获得快速的发展。这将对包括教学手段在内的教学系统带来全面的冲击，法学教学手段也将随着现代教育技术的应用朝着现代化的趋势发展。21世纪将实现由"一根粉笔，一块黑板"的传统教学手段，向以计算机等新型媒体为主要手段的转变。现代教学手段改变了传统的教育观念，使教育的终身化、个性化、综合化的教育观念得以普及；它也将改变传统的教学方式，使教师从繁琐的传递信息中解脱出来，有更多的时间带领学生去理解、思考，分析问题与创造新知识，使学生的学习自由度和活动空间也大大拓展，从而建立新的师生关系；它大大丰富了教材的内容，传统的教材是单一的文字教材，而集思想性、科学性、艺术性于一体的网络教材，则为学生提供了丰富的视听环境，增强了学习的形象性和生动性。

第四节 网络环境下的实践教学方法改革

一、网络环境对高校实践教学的影响

现阶段，伴随着互联网技术的发展，人们的生活和学习方式都发生了巨大的变化。这一时期进入大学的大学生，是在互联网影响下长大的一代，他们成为我国互联网用户中最大的群体。网络在他们的生活中扮演着重要角色，通过网络他们拓宽了视野，发展了个性，同时网络也不可避免地带来了一系列的消极影响，使他们养成了网络依赖症。

（一）网络环境对高校实践教学的积极影响

1.网络成为获取知识和信息的重要手段，提高了学习效率和质量

大学生是接触网络的最大、最活跃的群体，上网成为大学生活的重要组成部分。互联网以较快的方式传播各种最新的知识和信息，网络上知识密集，无所不包，通过网络可以迅速、准确、全面地了解各方面的信息。网络使大学生快速获取信息，拓宽了他们的知识面，培养了广泛性的思维方式，

发挥了创造潜能。

2. 网络信息量大，为实践教学提供了条件

网络丰富的信息资源使大学生们从中汲取营养，完善知识结构，同时网络的虚拟世界为各种模拟实验开辟了平台，提供了现实中无法满足的条件，通过网络中的虚拟演练为实践提供经验。

3. 网络开辟了新的交流方式，促进了思维的发展

网络打破了空间的阻隔，通过网络可以结交不同区域的各类朋友，并且由于网络交流不是"面对面"，因此可以打消交流时的顾虑，表达自己对各种问题的看法和见解，敢于质疑各种权威，促进大学生个性化思维的发展。

（二）网络环境对实践教学的消极影响

1. 网络依赖症

现有的网络提供了大量的信息资源，通过搜索引擎就可以获知一切我们所需要的答案，简单、方便、快捷，省却了大量的劳动。网络环境下的大学生在学习中表现出极强的网络依赖症。具体表现为，他们在遇到问题时首先想到的是从网络中寻找答案，而不是自己独立思考，离开网络就不会解答问题。网络培养了他们依赖心理，形成了网络依赖症。

2. 被动接受，一律照搬

现在的大学生从小学到中学都是在应试教育环境下成长起来的，应试教育强调的是标准答案，忽视了个体的差异和发展。在升学率的指挥下，学生只能死记硬背标准答案，不敢有任何创新。在这样的外在环境（网络加学校）下学生失去了主动思考的能力，影响到对网络信息的分辨"是非"的能力。

在学习中大部分学生对于通过网络搜索到的"答案"，往往"图省事"，不加以分辨，一律"拿来"，且"言必称网络"，视网络为万能。事实上网络在提供丰富的信息资源同时，也存在鱼龙混杂的状况。对于繁杂的信息资源如何"去粗存精""去伪存真"，则需要主动思考才能加以辨别，而不能一律照搬。

3. 网络成瘾，影响学业

大学生活闲暇时间增多，没有了升学压力，许多大学生不是利用网络进行网上交友、聊天，就是沉迷游戏，导致网络成瘾，以致无法完成学业。网络没有成为学习的辅助手段，反而成了大学生发展的障碍。

因此，消除或减少网络的消极影响，扩大积极影响，利用网络的优势培养大学生的学习能力具有现实意义。

二、网络环境下实践教学的改革的基础

（一）学习能力是提高实践教学效果的基础

学习能力是指学习的方法与技巧，包括学习专注力、学习成就感、自信心、思维灵活度、独立性和反思力。学习能力不仅要求学习宽泛博学的知识，而且还要学会学习的方法，树立终身学习的理念，与时俱进。联合国国际21世纪教育委员会在20世纪80年代中期所作的《学习，财富蕴藏其中》报告中将大学生的主要任务界定为四个学会：学会做事、学会做人、学会与人相处、学会学习。报告中指出，"学习是指个体终身发展终身教育的理念"。现代社会，一个人或一个组织要想在激烈的竞争中取得优势，就必须积累丰富的知识，知识水平取决于人的学习能力。因此，一个人的学习能力往往决定了其竞争力的高低。我国古人也曾说过："学而时习之，不亦说乎？""学而不思则罔，思而不学则殆"。

大学学习具有不同于中学的特点，大学学习具有一定的探索性，大学学习不仅在于掌握知识，更重要的是，要探寻知识的形成过程与科学的研究方法，了解学科发展前沿、存在的问题及解决的思路。不仅要学习书本知识，而且要对书本之外的新观点、新理论进行深入的钻研与探索。大学生多处在青年中期（18～24岁）这一年龄阶段，在这一阶段，思维敏捷，接受能力强，通过专业训练、系统学习，抽象逻辑思维能力得到充分地发展，智力水平得到大大提高，分析问题和解决问题的能力增强。他们具有强烈的好奇心，不满足于现成的结论，具有创新的欲望和热情，因此大学在课程设置、课程安排、课程衔接上都应当突出学生的主体地位，体现创新，尤其应当加大学生实践环节的培养，提高大学生的创新能力。

近年来，在大学中推行的批判性思维教育，其目的就是将批判性思维的各种技能加以有效运用，培养学生学习的独立性和反思能力。网络环境下对大学生的学习能力提出了新的要求，网络挑战学生的选择和判断能力，因此培养学生的批判性思维，改变学生对网络的依赖，让其学会主动学习意义重大。

（二）信息素养是培养学生实践能力的基本要求

"信息素养"概念是信息产业协会主席保罗·泽考斯基于20世纪70年

代中期在美国提出的。21世纪初期联合国教科文组织在《布拉格宣言》中将信息素养定义为：确定、查找、评估、组织和有效地生产、使用和交流信息来解决问题的能力。20世纪90年代末期，美国图书馆协会和教育传播协会制定了学生学习的九大信息素养标准，概括了信息素养的具体内容：①具有信息素养的学生能够有效地和高效地获取信息；②具有信息素养的学生能够熟练地和批判地评价信息；③具有信息素养的学生能够精确地、创造性地使用信息；④作为一个独立学习者的学生具有信息素养，并能探求与个人兴趣有关的信息；⑤作为一个独立学习者的学生具有信息素养，并能欣赏作品和其他对信息进行创造性表达的内容；⑥作为一个独立学习者的学生具有信息素养，并能力争在信息查询和知识创新中做到最好；⑦对学习社区和社会有积极贡献的学生具有信息素养，并能认识信息对民主化社会的重要性；⑧对学习社区和社会有积极贡献的学生具有信息素养，并能实行与信息和信息技术相关的符合伦理道德的行为；⑨对学习社区和社会有积极贡献的学生具有信息素养，并能积极参与小组的活动探求和创建信息。

信息素养正在引起世界各国越来越广泛的重视，并逐渐加入从小学到大学的教育目标与评价体系之中，成为评价人才综合素质的一项重要指标。培养学生的信息素养，就是要充分发挥学生在学习过程中的主动性、积极性与创造性，使学生在学习过程中能够独立学习、独立分析，对获取的信息能够理解，在加以充分利用的基础上创造性地表达自己个人的观点，并能力争在信息查询和知识创新中做到最好，而不是简单地被动接受和灌输知识。信息素养成为信息培养所提出的最基本要求。

（三）改革实践教学方法是培养学生实践能力的手段

信息时代，学生不再是单纯从教师那里获得知识，网络又开辟了一条新的获取知识的途径，信息的多元化带动了学习方式的变迁，传统的教学方法亟待改进。以法学实践教学为例，由于传统的案例教学、模拟法庭等教学方法存在诸多弊端，目前的法学教育进行了多种形式的改革来加强实践性教学，如，推行"五位一体"的实践教学方法，这些改革取得了很好的效果。但随着网络的发展也出现了很多问题。以模拟法庭教学为例，模拟实践教学能够接近实际，有利于调动学生的学习积极性，能培养学生实际操作能力。但学生在模拟法庭的学习中往往首先是从网络中搜索资源，如，模拟案例、各类法律文书、审判程序，更有一些学生将一些网络中"现成的"模拟材料拿来使用，这样固然方便快捷，但这些模拟材料良莠不齐，甚至其中存在很多的错误，如，不加分辨就予以利用，则可能会被误导，同时也助长了"懒惰"之风。因此如何避免实践教学中的网络依赖症，提高学生的学习主动性是亟待解决的问题。

针对这种现状，我们在模拟法庭实践教学中针对以往的"表演"型方式，尝试在模拟庭审环节中穿插一些"意料之外"的"情节"，这些"情节"未经预演，在模拟庭审过程中"突然"出现，如，提出回避、申请新的证人到庭等，以考查相关方的临场能力及对法律程序的掌握。这种模式促使学生要扎实掌握审判程序各个环节的法律规定，单凭依靠网络是不能找到"答案"的。这种方式既增添了学习兴趣，调动了学生的学习积极性，又取得了与以往不同的实践学习效果。下一步可以试行改"表演型"为"实战型"模拟，使学生在实践教学中得到锻炼和提高。

三、网络环境下实践教学的改革思路

（一）改善教学条件，加强实践教学基础设施建设

良好的教学条件和基础设施建设是培养学生实践能力的前提和基础。首先要构建强有力的师资队伍。从事法律教育的人不了解法律实务，就不可能培养出掌握法律实务的人才。法学实践课程对教师提出了更高的要求。担任实践课程的教师，不仅要具备必要的法学专业知识，还需要具备办案的实际经验，除了在课堂上和对学生的指导中传授专业知识外，还要讲授专业技巧、语言艺术、职业道德、执业纪律、关注学生实际能力的培养，因此需要加强实践课程教师队伍的建设。优秀的教师队伍应由两部分人员组成，一部分是校内现有的师资，他们长期从事教学工作，有着丰富理论知识和教学经验；另一部分应当是聘请实践部门的人员担任，他们有着丰富的实务工作经验。

实践教学还应当具备良好的基础设施。首先，要选择适当的教材，实践课程具有综合性的特点，没有现成的教材，需要自主创新，开发教材。同时要利用现代化的手段特别是网络资源使教材生动、具体，更要具有前沿性。其次，需要配合相应的实践基地，一是在学校建立相应的校内实践基础设施如：实践室、模拟法庭、法律援助中心等；二是与法院、检察院、律师事务所联系，建立校外实习基地，这样才能使学生真正接触社会、了解社会；三

是重视实验室的建设,建设多功能的虚拟实验室。不仅能为学生提供良好的实践场所,同时通过模拟软件生动再现实践环境,使学习生动形象化,能够强化学生对抽象理论的理解。

(二)加强课程体系建设,构建全面的知识体系

实践教学涉及多学科,以刑事诉讼实践为例:刑事诉讼实践是刑事法学知识的整体综合反映。因此,在课程体系设计上要全面反映整个刑事诉讼过程。课程体系应当由理论课程和实践课程组成。理论课程包括法理学、刑法学、刑事诉讼法学,同时还包括证据学、刑事侦查学、法医学等多方面的理论知识。实践课程则是在学生掌握基础理论的前提下,建立案例教学—审判观摩—模拟诉讼—参与的实践教学课程体系。学生在课堂上进行系统的理论知识学习,同时结合案例教学使理论具体化,使学生对实践有了初步的认识。在掌握了一定的理论知识的基础上,将法院、仲裁机构等部门请进来或走出去进行观摩实践部门办案,对比他人和自己对法律的理解,进一步了解法律的具体操作。通过举办模拟法庭,亲身尝试法律实践过程。在诸多实践训练的基础上,通过实践教学基地代理真实案件,进一步强化实务操作能力,理解法律的实际运作,同时也是从事法律职业的预习。

(三)完善实践教学方案,全面体现实践教学过程

实践教学涉及的内容是综合的。实体法是核心,程序法是支撑,其他部门法是基础。实践教学方案的设计要求内容上最大程度接近真实,既要考虑教学重点,又要使实践内容具有可操作性。因此,在实践方案的设计上既要考虑案例的选择、证据的设定等,又要在相对真实的基础上体现诉讼的基本特征—对抗性。实践方案的刑事诉讼实践教学主要方式是模拟审判试验,这只是刑事程序中的一部分,而此前的立案、侦查、起诉等诉讼阶段内容没有包含在内,影响学生对真实诉讼流程的了解。因此有必要扩展实践内容,将整个刑事诉讼流程引入模拟实践教学,还要结合法律文书制作课程,提高学生法律文书制作能力。

第三章 高校法学的教学模式

第一节 高校法学教学新模式的探索

一、实践教学模式的创新

（一）诊所法律教育对法学教育改革的意义

1. 诊所法律教育简介

"诊所法律教育"英文名为 Clinical legal Education，是 20 世纪 60 年代在美国法学院普遍兴起的一种法律实践性课程。"诊所"，顾名思义，就是医生给病人治病的场所。在医学院就读的学生需要花费相当的时间从事临床实习，从实践中学会诊断和治疗。诊所法律教育是法学教育对医学院这种诊所教育模式的借鉴，它把学生安排在直接面向社会从事法律服务的"法律诊所"中，在教师的指导下为处于困境中的委托人提供法律咨询，"诊断"他们的法律问题，开出处方，为他们提供解决问题的途径，使学生在法律应用的具体实践中学习法律执业技能，加深对法律的理解，提高法律职业意识。

在美国学院式法学教育发展之初，法律实践经验学习的第一种形式是兰德尔教学法，即判例教学法。这种教学法要求学生从司法审判的角度去阅读案例，学会如何通过案例进行推理，通过对特殊案例的分析发现法律的一般原理。20 世纪 60 年代，美国法律现实主义者开始质疑这种长期占统治地位的教学法的不足，认为法学院的学生在学习期间应该进行法律实践活动，并认为这是法律教育发展的潮流。虽然案例教学法要分析实践中的案例，但并没有做到与实际的真实结合，其没有真实的办案环境，没有活生生的当事人，不会有办案的真实感受。同时，案例教学法还忽略了法律实践中诸如会见、咨询、调查、出庭等领域的基本技能的训练以及对学生判断力、职业责任心的培养。在对判例教学法的批判中，法律现实主义者的领军人物弗兰克首次提出了"诊所法律教育"的改革设想。同时，又因为受当时美国民权运动的影响，法学院学生中自发地出现了为生活贫困的人提供免费法律服务的组织，许多法学院即以此为基础，在美国福特基金会的支持下，开始建立诊所法律教育项目。在诊所法律教育中，一方面利用各种法律诊所为社会提供免费法律服务；另一方面利用真实办案的机会培养学生的法律实践能力。

首先，诊所法律教育是一种法律教学方法。它以学生为主体，以法律实践为手段，以培养学生法律实践能力为目的。其次，诊所法律教育是一门独立的法学课程。这门课程将法学知识与法律实践有机地结合起来，它有不同于其他法学课程的教学内容和教学目标，并且有不一样的教学条件的要求和教学评价体系。最后，诊所法律教育的内容是进行法律援助服务，为经济上较为贫困的人群提供无偿的法律援助。因而法律诊所的实践是社会公益性的活动，这种公益性有助于学生体会法律工作者的社会责任感与职业道德，使其养成健康的法律人格。

目前，美国律师协会认可的法学院均被要求必须开设诊所法律课程。继美国之后，拉美、欧洲、澳大利亚、南非等许多国家和地区的法律院校也成功地应用了这种教学方法。法律诊所的形式有法律援助诊所、保护妇女儿童权益诊所、社区服务诊所、刑事辩护诊所，以及其他为社会弱势人群提供法律帮助的诊所。学生不但可以利用这些法律诊所学习和训练法律实践能力，同时也可以利用法律诊所为社会提供法律服务。诊所法律教育在有的国家已经成为国家法治建设过程中不可缺少的组成部分。

2. 诊所法律教育是一种直接以培养学生的法律职业技能为目标的教育方式，它的引进对改革我国法学教育长期存在的"重理论、会实践"的片面倾向具有积极的意义

诊所法律教育首先是一门法律实践教学课程。主要的教学方法有两种，一是课堂模拟练习；二是真实案件的代理。在课堂模拟练习中学生并不接触真实案件，而是由指导教师设计各种虚拟的场景，让学生分别扮演不同的角色，如，当事人、律师、证人、检察官、法官等，就案件问题进行谈判、辩论、调解或审理，使学生在教师完全控制的场景中学习处理具体法律问题的技能。在操作过程中，学生还可以互换角色，以便在同一场景中培养学生多角

度观察问题的能力。直接代理真实案件是诊所法律教育方式最本质的特点，学校的"法律诊所"直接面对社会开展法律服务（主要是进行社会法律援助工作），学生在教师的指导下从事实际的法律服务工作，会见当事人，为客户提供咨询意见，乃至代理各种法律事务，让学生在一个个非控制的现实场景中去锻炼自己的法律工作技能。法律诊所教学还运用定期的课堂研讨会，为选修同一课程的学生一起锻炼技能、讨论案件、相互交流、共同解决案件中的各种疑难问题创造机会。长期以来，我国高校的法学教育基本上是一种学历教育，教学目标及教育模式也是围绕着学历教育设立及展开的。这种教育模式在教学中以传授法学理论为主，所涉及的内容只限于对法律知识的掌握和对法律条文的理解，着重对法律关系的研讨，从学理上去分析各种法律现象，重视掌握理论分析的能力，强调法学理性思维的重要性。这种教育模式既让学生学到了许多理论知识，同时也使学生学会了理性的思维方式，为将来的工作和科研打下了扎实的理论基础。但是，法学是一门实践性、应用性很强的学科，高校法学教育的主要目标是培养法律实务性专门人才。因而法学教育不仅要传授理论知识，而且要培养和训练学生的实际操作能力，这两者之间的关系是相辅相成的，不能重学理而轻实践，实践能力的培养应与知识的传授处于同等重要的地位。当前我国高等教育改革的一个主要任务就是如何实现教育重心从理论灌输向提高学生综合素质、培养学生创新精神和实际能力方面的转化。

诊所法律教育方式的教育目标则是直接定位于培养学生的法律实际能力，它通过解决具体而实际的问题锻炼学生的实践能力。在诊所教育中，教室和社会都是学生的课堂。学生在模拟练习中扮演案件所需要的各类角色，在教师的指导下体验律师、调解员、法官等角色的活动过程，学会怎样接待自己的当事人，怎样经历一个案件的完整过程，怎样运用法律和诉讼技巧，怎样将理论和实际紧密结合在一起。更为重要的是，学生在这里可以直接接触真实的案件，从事实际的代理工作，这就把他们放入了一个非控制的场景中，面对着没有现成答案的问题，迫使他们自己动手检索法律，与教师或同学讨论对于法律适用的认识。这种教学方式也许不会像在课堂上那样，可以在短时间内获得大量的法律知识，但在培养学生运用理论知识分析和解决实际问题的能力方面则是传统的课堂教学形式所不及的。它的引入对于弥补目前我国过分偏重于理论教学的法学教育体系之不足无疑是一个值得考虑的问题。

3.诊所法律教育是主要以实际的法律服务工作为机体的教育活动，它引导学生直接去面对和处理一个个没有现成答案的法律问题，从而培养学生的综合判断能力和创造性思维能力，我国现行法学教育主体方式是课堂讲授

在课堂上，教师是教学的中心，学生是被教育的对象，教学环境由教师事先设定，教学目标以统一到教师的教案为圆满。学生很少坚持自己的观点，习惯于服从教师讲授的"真理"，而不去考虑真理的多样性，他们致力于熟记"标准答案"，而很少去思考"标准答案"的运用及在应用中有无实际的可行性。在这里，学生缺乏独立思考和创造性适用法律规范能力的训练。

我们现行的法学教育系统中也有自己的实践教学环节，例如，以案例分析讨论形式出现的案例教学和案例分析方法、以理解程序为主的模拟法庭教学方法以及师傅带徒弟式的法律实习方法等。这虽然对培养学生适用法律的实际能力（包括创造性的理解和应用法律）有一定的作用，但是我们发现，所有这些方式的运用基本上是为了达到一个主要的目的，即帮助学生了解和理解法律，从而知道法律条款的意思是什么。在更多的情况下，是教师用自己对法律的学理认识去影响学生，甚至教师会依照自己对法律的理解选择合适的案例来指导学生进行讨论，然后以达到统一的认识为圆满结果，学生也按照教师的要求理解了法律的内涵。于是，每一位教师可能因自己的学识和观点被学生所理解和接纳而满足。学生也会因自己对法律的认识与教师的认识相吻合而感到高兴。独立思考和创造性思维在这里得不到应有的重视和必要的鼓励。

法律的适用过程本身就是一个创造性的过程，要把事先制定的、相对抽象的法律条文适用于具体复杂的个案，就必须要有适用者的创造性思维活动。在具体的法律实务中，并没有像课堂上教师创设的教育场景那样有一个绝对唯一的标准答案，法律规定的有限性与社会关系的无限性的矛盾、法律的相对稳定性与社会生活的变动不定性的矛盾、法律的正义性与法律的具体规定在特殊情况下适用的非正义性的矛盾，决定了法律的应用活动不可能像应用数学公式解决数学问题那样简单精确，它需要应用者综合地考虑各方面的利益因素，在把握法律的基本原则精神的前提下，创造性地理解和适用法

律条文。可见，创造性思维能力对法律专业工作者来说，不仅是其知识不断更新和发展的需要，而且是该专业工作过程本身的需要。因此，法学教育应该把培养学生的创新精神和创造性思维能力放到特别重要的地位。

在法律诊所教育课程中，由于学生办理的是真正的案件，接触的是真正的当事人，遇到的问题不仅对学生是新的，而且对指导教师也是新的。在这里，没有明确的问题设定，更没有统一的答案，案件的事实问题需要学生去发现寻找，法律分析和法律评价需要学生自己去探索。并且过程中可能会出现各种事先难以预料的情况变化，使已经形成的法律分析被新的法律事实所推翻。这就迫使学生改变在可控教育环境下那种抽象价值判断的思维模式，从具体案件的各种利益权衡中去分析、判断和评价案件事实，自己动手去检索法律条文，主动与教师、同学一起讨论法律认识问题，从而使学生的实践性思维能力、开拓性思维能力、创造性思维能力和综合判断能力等得到充分的启动和锻炼。

由此可见，诊所法律教育不仅是增加了法学实践教学的渠道，而且是弥补我们当前法学教育体系中注重和体现培养学生创新精神和创新能力方面不足的一个重要的途径。

4. 诊所法律教育同时是一种社会法律援助活动，它通过引导学生参与无偿提供法律援助的代理活动而培养他们的法律职业道德、职业责任心和社会正义感

诊所法律教育中的实际案件代理是以社会法律援助活动为载体的。法律援助，也有人称其为法律辅助制度，是指国家为了保证法律赋予公民的各项权利在现实生活中切实得以实现，对需要采用法律救济手段捍卫自己的法定权利不受侵害，但又因经济困难无力支付诉讼费和法律服务费的当事人（如残疾人、妇女、儿童、老人、智力低下者等），以及某些特殊案件的当事人提供免费、减费法律服务或减免诉讼费用，以保障其合法权益的一项法律制度。其本质是国家以对被援助对象提供经济帮助为途径，达到保证法律赋予每位公民的合法权益真正得以实现，使"法律面前人人平等"得到实际贯彻。它是现代法治国家体现司法公正和保障人权的一项基本制度。20世纪90年代中期，我国司法部正式提出了要建立有中国特色的法律援助制度。目前我国的法律援助机构主要由三部分组成：政府性质的法律援助机构（如

公职律师）；律师事务所内设的法律援助中心；各社会团体、事业单位设立的法律援助机构。法律援助本质上是国家义务，但我国的国家（政府）援助体系还没有形成（公职律师制度仅仅还在极少数城市试点），社会援助目前不仅力量薄弱，而且活动缺乏应有的规范，能够为社会提供的法律援助远远不能满足社会的需要。

　　诊所法律教育的教学过程，同时就是组织学生参与社会法律援助活动的过程。学校的诊所法律教育均依托于一定的社会法律服务机构，如，北大法学院诊所法律教育依托于20世纪90年代中期成立的"北大妇女法律研究和服务中心"；中国人民大学法学院的诊所法律教育以"大学生志愿者法律援助中心"和"中国人民大学刑事法律科学研究中心"为依托；华东政法学院依托20世纪90年代中期成立的"华东政法学院法律援助中心"；武汉大学法学院的"武汉大学社会弱者权利保护中心"等。诊所法律教育使法学教学与社会法律援助直接联系起来，从其社会效益讲，它为我国法律援助体系开辟了一个新的渠道；从育人的角度讲，它使我们的法学教育远远超出了法律知识和法律工作本身，而延展到了培养学生的社会责任心、公益心和与之相联系的献身精神等思想品德领域。在这里，学生参与代理实际案件不像专业律师那样有一定的经济利益的驱使，他们的工作纯粹是非功利的公益法律服务，体现的是社会公正和爱心。一方面，它可以使学生感受到法律工作并不只是一种谋生的手段，还是一个扶助社会弱者、实现社会公正和道德的渠道，从而加深学生对法律本质和功能的认识，培养学生法律工作的职业责任心和职业道德；另一方面，它让学生在这种公益性援助活动中体会人类的爱心和真情等非功利的方面，这对提高学生的思想品德素质和情操无疑具有积极的意义。

　　（二）"当事人模式"

　　一些学校自其成立以来，即遵循"实践出真知"的教导，号召师生跨越"三道拱门"，视"市民社会"为"真实大学"。高度重视法学实践性教学工作，并借鉴域外法律诊所的教学理念，梳理、整合国内行之有效的实践性教学方式方法。立足于中国高等法学教育的实际情况，以科学研究助推教学改革，以教学改革推进法治进程，将"科学研究、教学改革、服务社会"融为一体。教学相长，学以致用，知行合一，关注民生，大力推进参与型教育改革模式。

我们经过充分论证，进行了顶层设计，将参与型教育改革模式正式命名为"当事人模式"，并进行推广，现已成为高校师生服务社会的新标杆、新举措，并取得了良好的社会效果与法律效果。

1. "当事人模式"的主要特征

（1）学生参与的真实性与主动性

与传统的教学方式相比，"当事人模式"具有学生参与的直接性。一是参与的真实性。真实性是指"当事人模式"的教学内容是现实生活存在的真实问题，该模式完成了法律实践性教学的一个转型，即从模拟到实战。"当事人模式"的真实性可概括为真实生活、真实角色。所谓真实生活是指"当事人模式"要求学生处理的问题不是虚拟的案件，而是现实生活中存在的法律事件。所谓真实角色是指学生必须以"当事人"的身份启动相关案件，并通过自身的努力来谋求相关法律问题的解决，而不是仅仅局限于一个"模拟者""旁观者"的身份。二是参与的主动性。在传统法学实践性教学中，学生往往是被参与到教学过程中，缺乏"身临其境"的感觉。而在"当事人模式"中，每个教学环节均由学生掌控，案件的每一步进展均能激发学生的兴趣。在具体案件的推进过程中，学生能接触到其从未体验过的现实，从而大大激发学生的学习主动性。因此，"当事人模式"也实现了法律实践性教学的一个转型，即从被动到主动的转型。

（2）教学内容的公益性与多维性

"当事人模式"要求学生直接参与相关法律问题的处理。在现实中，直接涉及学生本身权益的法律案件很少，因此在绝大多数情形下，学生能以"当事人"身份启动的案件包括两种类型：一是涉及公益的案件；二是法律援助的案件。目前，"当事人模式"的教学内容主要涉及以下六个方面：一是规范性文件的合法性审查；二是申请政府信息公开；三是行政公益案件；四是法律咨询；五是诉讼代理；六是社会调查。这种模式所产生的效应是双重的，既能培养学生的法律意识和社会责任感，又能推进中国的民主与法治进程。

（3）教学效果的全方位性

传统法学教学的目的在于帮助学生掌握法学理论知识，理解法律条文的含义，而对培养学生的实务能力、职业道德则关注不够。法律诊所虽然在很大程度上强化了学生的务实能力与职业道德的训练，但忽略学生理论水平的提升。另外，在推进中国的法治进程方面，法律诊所的成效尤显不足。

2."当事人模式"的教学意义

"当事人模式"的教学内容具有多维性，它可以弥补传统教学方式与法律诊所的不足：

首先，"当事人模式"有利于提升学生的理论研究水平。"当事人模式"坚持的教学理念是实现"理论与实践"的无缝对接，在具体的实践中，提升学生的理论水平。例如，在规范性文件合法性审查的教学中，因为学生所要处理的问题是如何论证规范性文件的违法性，如果不具备较强的理论水平，就无法完成一份有质量的审查申请书。因此，"当事人模式"在很大程度上有利于激发学生钻研相关法律理论问题的热情。另外，"当事人模式"还要求学生通过实践发现现行法律制度的缺陷，并分析其成因，研究其对策，这在很大程度上能提高学生发现问题和分析、解决问题的能力。

其次，"当事人模式"有利于培养学生的社会交往水平。"当事人模式"要求学生直接面对现实，在老师的指导下处理法律事务。因此，在教学过程中学生必须学会与相关事务部门进行沟通、谈判和协调，学会如何驾驭复杂局势和形形色色的社会人员的本领。而这些能力又都是每一个法律从业者所不可或缺的。

再次，"当事人模式"有利于培养学生的社会责任感。"当事人模式"要求学生基于维护法律的权威，启动规范性文件合法性审查，提起政府信息公开、公益行政诉讼等。这些经历特别有利于塑造学生的法律意识和追求公平正义的精神，从而培养一批具有强烈社会责任感的法律从业者。

最后，"当事人模式"有利于推进中国的民主法治进程。如前所述，"当事人模式"的教学内容包括规范性文件的合法性审查、提起政府信息公开、提起公益性诉讼等。这些教学活动的实施，可以在一定程度上完善我国现行的法律制度，从而推进中国的法治进程。

3."当事人模式"的模块

经过多年的教学实践，目前"当事人模式"已经凝练出了五大相对稳定的模块：

（1）公益代言模块

这是"当事人模式"最重要的教学内容，也是最具特色的亮点。该教学模块要求学生在教师的指导下，直接参与公益性法律问题的发掘、分析和处理过程。其教学内容包括法律的违宪审查、司法解释的合法性审查、规范性文件的合法性审查、政府信息公开、公益性诉讼等。

（2）法律援助模块

该教学模块以大学社会权益法律救助中心、法律咨询社、大学法律诊所等学生社团为依托，由高年级本科生与研究生组成法律援助团队，在相关专业教师的指导下，为自然人、法人及其他组织机构提供无偿法律援助服务。

（3）法制宣传模块

该教学模块可以以社团为主要依托，在教师的具体指导下，开展形式多样的法律宣传活动，营造一个"知法、信法、崇法"的社会氛围，强化学生的法律意识，提升学生的法学兴趣，培养学生的综合专业素质。

（4）社会调研模块

该教学模块的主要内容是组织学生进行社会调查，通过接触社会现实，发掘社会对法律的真切诉求，深化对法律问题的理解，促使学生养成良好职业道德和社会责任感、公平正义感。

（5）衍生产品模块

"当事人模式"是一种回应型、反思型教学模式，在指导学生进行公益代言、社会调研、法律援助、法律宣传等活动中，教师还应注重引导学生"举一反三"，延伸教学成果的"产业链"。"当事人模式"的衍生产品主要包括如下四个方面：一是社情民意。将在"当事人模式"教学活动中所发生的问题写成社情民意，送交给相关职能部门参考，开辟出大学生参政议政的新途径；二是新闻报道。将"当事人模式"教学事件写成新闻报道稿件，通过社会舆论的影响，推动相关事件的解决进程；三是高质量的论文。要求学生将教学活动所接触的法律问题作为毕业论文的选题，实现理论研究与社会调研的无缝对接；四是申报奖励。指导学生将在"当事人模式"教学活动中所形成的调研报告、优秀论文作为成果，参加各种大学生课外科技创新活动。

4."当事人模式"的在会影响

经过几年的探索，"当事人模式"在理论研究、人才培养和服务社会等方面产生了较大的社会反响，赢得了社会各界的广泛认同。

第一，基本构建了法学实践性教学"当事人模式"的理论体系。在大力推进"当事人模式"教学改革实践的同时，课题组积极开展该教学模式的理论研究工作，发表一系列相关的教改论文，上述教改论文就"当事人模式"的概念、特征、教学内容、教学流程、考核办法、推广与运用等方面进行了全面且深入的探讨，形成"当事人模式"的基本理论体系，为推进该教学模式提供了智力支持。

第二，探索出了"五位一体"的卓越法律人才培养模式。经过多年的努力，我们逐渐探索出以"理论研究、社会调研、公益维权、法制宣传、建言献策"为内容的"五位一体"卓越法律人才培养模式。该模式具有两大特点：一是将梳理总结我国法学教育界探索的各种法学实践性教学模式的经验，将之整合成一个完整的体系，并将之命名为"当事人模式"。与发源于美国的"法律诊所教育"相比，该模式更贴近中国国情，更具有可操作性与生命力。二是该模式以实践性教学为突破口，以培养应用型、复合型法律职业人才为目的，既注重素质的培养，更注重能力的提高；既注重知识的运用，更注重理论水平的提升；既注重关注民生问题，更注重推进法治进程；既注重接触社会，更注重学生社会责任感的培养。

第三，打造了一批有影响力的法律实践平台。法律文化节每年举行一次，由老师指导学生制定策划书，采取法律文书写作比赛、法律实务讲座、法律图片展、法律文化电影展、普法活动、模拟法庭等多种形式宣传法律，提供法律咨询，提升全社会的法治意识等。经过多年的努力与完善，该活动将逐渐成为大学师生服务社会一个重要平台；大学社会权益法律救助中心自成立以来，大学社会权益法律救助一直以"培养地方法律人才，服务地方法治建设"为宗旨，大力开展社区法律援助工作，可以无偿接待各种案件，影响十分广泛，深受社会好评；一报一刊由学生主办一份报纸，再由学生主办一份刊物。一报一刊活跃了学生的思想，提高了学生的科研能力，在高校具有较大的影响力，并受到多个著名法学专家的好评。

第四，培养了一批具有较大社会影响力的公益维权团体。"当事人模式"注重培养学生的公民意识与社会责任感，学生在参加"当事人模式"的教学实践活动中，公益维权的意识得到了显著提升，也逐渐形成了一个具有较大影响力的公益维权团队，特别是涌现出一批极具影响力的法治人物。

第五，获得了一系列教学成果奖励。"当事人模式"立足于大实践性教学观，鼓励师生广泛接触实践，深入思考社会问题，并将所思所想表现为不同类型的成果，申请不同的奖励，取得了较好的成绩。

5. "当事人模式"的具体内容

当前，对如何推行法学实践性教学，全国各大法学院系均进行了积极的探索，基本形成了以理解程序为主的"模拟法庭"、以师傅带徒弟式的"法律实习"、以向弱势群体提供法律援助为主的"法律诊所"等教学模式。但总体而言，其教学效果并不理想。"模拟法庭"的缺陷在于"模拟"而非"真实"，美国耶鲁大学法学院教授伯顿格尔甚至断言：模拟是一种有害的教学方式。法律实习只是将毕业后的职业体验提前而已，根本不能称之为课程，为了节约教育资源，还不如让学生早一点儿毕业。法律诊所主要引导学生从律师的视角思考问题，虽然对我国的法学教育是一种促进，但当前我国法学院毕业生的就业去向多数为司法机关和政府机关，法律诊所教育显得有点不合时宜；另外，法律诊所需要大量的师资和资金投入，也非我国一般法学院所能承担，因此，在失去福特基金的资助下，法律诊所教育在我国举步维艰，效果有限。为此，借鉴域外先进的教学理念，结合中国的具体国情，创立一种全新的法学实践性教学模式势在必行。

近年来，大学法学院高度重视法学实践性教学工作，先后申报地方法学人才培养创新实验区、高等学校法学特色专业建设点、法学实验教学示范中心建设单位、卓越法律人才培养基地等一批国家级教学平台。对此，这些院校在实践性教学改革方面取得了较好成绩，并获得了一系列教学成果奖。

我国高校的一些教学团队，借鉴域外法律诊所的教学理念，梳理、整合国内现有行之有效的实践性教学方式方法，立足于中国高等法学教育的实际情况，在全国率先推出法学实践性教学"当事人模式"，以科学研究助推教学改革，以教学改革推进法治进程，将"科学研究、教学改革、服务社会"融为一体，教学相长、学以致用、知行合一、关注民生，成为高校师生服务社会的新标杆，产生了较大的社会效果与法律效果，形成了法学实践性教学的经验，值得关注、研究与推广。

6. "当事人模式"的内涵、特征

(1) 学生参与的直接性

"当事人模式"具有学生参与的直接性：一是参与的真实性。真实性是指"当事人模式"的教学内容是现实生活存在的真实问题，该模式完成了法律实践性教学的一个转型，即从模拟到实战。"当事人模式"的真实性可概括为真实生活、真实角色。所谓真实生活是指"当事人模式"要求学生处理的问题不是虚拟的案件，而是现实生活中存在的法律事件。所谓真实角色是指学生必须以"当事人"的身份启动相关案件，并通过自身的努力来谋求相关法律问题的解决，而不是仅仅局限于一个"模拟者""旁观者"的身份。二是参与的主动性。在传统法学实践性教学中，学生往往是被动参与到教学过程中，缺乏"亲临其境"的感觉。由于没有"成就感"的刺激，学生参与教学过程的动力明显不足，传统法学实践性教学的成效并不尽如人意。而在"当事人模式"中，每个教学环节均由学生掌控，案件的每一步进展均能激发学生的兴趣。"兴趣是最好的老师"，在具体案件的推进过程中，学生能接触到其从未体验过的现实，从而大大激发学生的学习主动性。因此，"当事人模式"也实现了法律实践性教学的一个转型，即从被动到主动。

(2) 教学内容的公益性

"当事人模式"要求学生直接参与相关法律问题的处理。在现实中，直接涉及学生本身权益的法律案件很少，因此在绝大多数情形下，学生能以"当事人"身份参与的案件包括两种类型：一是法律援助的案件；二是涉及公益的案件。根据一些大学法学院的教学实践，"当事人模式"教学内容主要涉及如下六个方面：一是规范性文件的合法性审查；二是申请政府信息公开；三是行政公益案件；四是法律咨询；五是诉讼代理；六是社会调查。因此，"当事人模式"不但有利于培养学生的法律意识、社会责任感，而且能在一定程度上推进中国的法治进程。

(3) 教学效果的全方位性

传统法学教学的目的在于帮助学生掌握法学理论知识，理解法律条文的含义，而对培养学生的实务能力、职业道德则关注不够。法律诊所虽然在很大程度上强化了学生的实务能力与职业道德的训练，但忽略了学生理论水平的提升。而"当事人模式"的教学内容是广泛的，其教学效果也是全面的，可以弥补传统教学方式与法律诊所的不足。

7."当事人模式"的创新

"当事人模式"通过一定时间的实践应用,在教学理论、教学内容、教学方式等方面进行了一系列创新,形成了别具一格的教学新模式。

(1)教学理念的转变

①教学目标的完善——从单一到多元

传统的法学教学模式是知识灌输,教学目标较为单一。"当事人模式"融"理论研究""实践操作""关注民生""服务社会"于一体,有利于培养学生的理论研究能力、职业技术能力、社会交往能力与社会责任感,实现了法学教学目标从单一到多元的转变。

②教学空间的扩展——从课堂到社会

要求学生走出课堂,直面社会存在的真实案件,实现"学以致用""用以促学""学用相长"的结合。

③教学角色的转型——从被动到主动

让学生从被动接受知识到主动发现、分析、解决法律问题,并在此基础上进行科学研究,突出学生的主体地位,不断激发学生的学习兴趣,提高教学效果。

④教学素质的扩展——从纯粹到交叉

全面提升学生素质,使学生视野不再拘泥于纯粹法学的范围,培养学生其他专业技能,既学会运用法律知识应对社会问题,又掌握运用其他方法解决实际问题,形成学科交叉。

(2)教学科研、服务社会的对接

①以教学实践推进理论研究

将在公益代言、法律咨询、社会调研等活动中发现的问题作为理论研究的选题,不但具有极强的现实意义,而且具有较大的理论价值。在"学以致用"的基础上形成"用以促研",从而实现"教学实践"与"理论研究"的无缝对接。

②以教学改革践行法治

让学生面对真实存在的案例,通过公益代言完善相关法律制度,不但维护了公民的合法权益,推进了国家的法治进程,而且还使学生在教学实践中锻炼了实务能力，提升了法治意识，强化了社会责任，实现了教学效果与社会效果的统一。

（3）教学方法的更新

①强调"以实际训练为主的教学方法"

从模拟到实战，强调情境教育，培养学生处理真实案件的能力；从旁观到参与，强调师生互动，凸显学生主体地位。

②强调"以引导探究为主的教学方法"

从知识到智慧，强调创造性思维，培养发现新知识、运用新方法的能力；从仅关注教学过程本身到重视教学过程衍生产品的开发，产生一批有见地、有质量的社情民意、政策建议、新闻报道、论文著作、评奖作品。

③强调"以社团依托的自主实践的教学方法"。

从个体到团队，在教师的指导下，通过社团学生的"帮传带"，在无声无息中提升意识、强化能力、锻造团队精神。

（三）法学实验教学模式

1. 法实验教学的内涵

法学实验教学属于法学教学的重要组成部分，主要以培养和提高学生的专业素质和专业技能为目的。与一般的法学理论课堂教学模式相比，法学实验教学有着独特的内涵，主要包括以下几个方面：

（1）以理论教学任务的完成为前提

实验教学活动其实是为学生应对将来的工作环境与工作要求提供一个平台，使学生在此完成理论知识与社会司法实务工作的对接，在走出校门时能具备将来从事司法实务工作所必需的法律意识、专业知识结构和动手操作能力，尤其是动手操作能力。而实验教学活动的有效展开，必须有赖于相应学科理论教学任务的完成，学生只有经过了理论知识的系统学习后，才能有针对性地开展法学实验活动，实现实验教学的目的。

（2）以法律实战技能的训练为内容

实验教学活动中的核心始终围绕着学生分析问题和解决问题能力的提高，为学生提供充分的实践操作机会。以民事法律实务为例，通过设定实验环境与素材，学生在分析实验素材的基础上亲自动手，参与案件事实的分析与识别判断。按照不同的角色定位收集证据，撰写法律文书，并在实验过程中相互协作，加强交流与沟通，以共同完成民事案件的仿真审理与裁判。通过实验活动的推进，有效地提高学生对案件的分析能力、法律文书的写作能力以及准确把握案件争议点，正确组织逻辑思路和法律语言的综合实务能力。

（3）以促进教学改革、培养实用型法律人才为目标

通过法学实验教学活动的逐步开展与推广，改变原有的"满堂灌"式的教学方式，促使学生进一步加深对专业知识的理解和巩固，变被动接受为主动学习，从而进一步加强学生专业学习兴趣和专业人的责任感。通过实验教学活动，帮助学生树立明确的学习目的，寻求合理有效的学习方法，在学校课堂与社会司法实务之间搭起一座桥梁，使学生的学习与日后的法律职业紧密相连，从而在走出校门时，学生能具备较强的法律职业素养与技能，以更快适应社会发展的需要。

（4）以专业的实验教学队伍和完备的实验教学环境为保障

由于学生本身对司法实务知之甚少，使得实验教学活动的进行自始至终都离不开教师的直接指导与建议，这就决定了一支专业的、具有丰富实践经验的指导老师队伍是必不可少的。实验教学活动必须要在一定的场所开展活动，才能集中完成实务实验教学活动，这就要求必须有完备的教学设施和实验条件。比如，一场民事法律实务实验教学活动要正常进行，不仅要求有多媒体教学手段以完成教师对个别实验环节的指导与梳理，要求具备畅通的网络环境以满足学生与学生、学生与教师之间的学习交流，而且还需要有相应的硬件设施以完成某些实践环节的学习任务，如，需要有模拟法庭才可以完成对某一案件的审理与裁判。

2. 企业运作仿真综合实习

企业运作仿真综合实习是一个多学科共同参与的实战教学模式。在其构建的仿真环境中，法律环境是其中重要的一部分。企业仿真综合实习不仅为法学实验教学的进行提供了相应的实验素材，而且也对法学教学的方法提出了新要求。法学参与企业仿真综合实习不仅可以使实习环境的构建更为有序，而且也丰富了法学实验教学的形式，与之相应的是，在教学观念和教学形式方面也要进行相应的转变。

（1）概念及特征

所谓企业运作仿真综合实习（以下简称"仿真综合实习"），就是通

过构建模拟企业运作的仿真环境，让学生在仿真环境中运用已经掌握的专业知识进行企业运作的模拟演练，熟悉企业的运作。在这一过程中，多学科的学生的共同参与，模拟了真实的企业运营环境，其中包括法律环境。同时，由于实习过程中的仿真性，学生需要像经营一家真正的公司那样做出预见和正确的反应，因而从公司的设立到公司的发展以及公司的经营管理过程中，都会遇到一些法律问题，需要提供相应的法律服务。法学加入仿真综合实习不仅有利于仿真环境构建的合法性和有序性，而且为法学实验教学培养"应用型、融通性、开放式"人才的目标提供了一个环境基础。

企业仿真综合实习所构建的实习环境分为仿真市场和市场管理与服务机构两大部分。仿真市场包括生产制造公司、供应商、客户公司和物流市场管理，服务机构则包括工商行政管理部门、税务部门、人才交流中心、租赁公司、认证中心和会计师事务所等。在法学加入仿真综合实习以后，在外部机构中又加入了律师事务所和法院（仲裁机构），从而使法学实验教学的进行有了稳定的平台。

在仿真综合实习中，学生是仿真市场环境的创设者，也是模拟企业行为的主体，处于主导地位。而老师处于背后的指导地位，因而教学模式的选择与学生的模拟行为有着密切的联系。

仿真实习所构建的环境与现实环境具有高度的相似性，是一个接近于真实的虚拟环境。从关系上看，虚拟与模拟相比具有"实现人的临场化，参与者与虚拟环境是相互作用、相互影响的一个整体的两个方面"的优点。只是该优点的实现必须有赖于虚拟环境向实习的学生提供了全身心的进入环境，在这方面法学的加入可使仿真练习更加真实。与之相适应，在这一过程中的法学实验教学方法也有多样性的特点。

①在前期准备时以启发方式教学为主

启发式教学就是老师在教的基础上充分发挥学生的积极性和创造性，这一阶段虽然有老师教的色彩。但是教学过程是双向性、民主性的。具体表现是老师要对实习的内容和要求以演示的方式对学生进行讲解，并要求学生根据讲解自己做好实习前的准备工作，这是因为学生对实习过程不太熟悉，并且在从理论学习到模拟学习再到仿真学习的转换过程中，需要有一个过渡的阶段，不可能一下子就实现完全的自主学习，因而在这一阶段中老师处于相对主导的地位。除此之外，在前期准备工作中用启发式教学方法也是因为在虚拟的环境中，现实生活的一天可能就是一个月或是一年，因而从公司设立之初就立即做好生产经营的准备。在这一过程中老师要指导学生做好以下工作：一是做好主要合同的范本，包括买卖合同、运输合同、保管合同和借款合同等实习过程中需要用到的合同类型。这类合同的特点是适用量大，做好范本后，再根据不同的情况加以补充就会方便。二是告诉学生要有服务意识和主动工作精神。也就是老师要对学生的职业素养提出要求，在实习中经常出现的一个问题是参加律师事务所实习的学生只愿意待在律师事务所中，而不愿意与客户主动联系，这样就很难实现师生之间以及学生与学生之间的互动。三是指导学生做好宣传工作。在实习过程中，很多业务无法开展就是因为别人对法律事务不了解。四是要在网络上做好信息共享的工作，主要是建立一个实习群，不仅方便师生之间、学生之间的交流，而且可以培养学生的团队意识。

②在实习过程中以互动式教学为主

互动式教学是指在教学过程中实现教与学的有机结合和相互作用，意味着教师与学生、学生与学生之间进行双向的信息沟通。在这一过程中，学生就实习过程中出现的问题可以向老师寻求帮助，而老师并不是直接帮助解决问题，而是在解决问题的方法和思路方面提供指导，引导学生自己来解决问题，如果需要的话，再由老师把关。在仿真综合实习的平台上，法学学生至少要承担四方面的角色：一是律师事务所，这包括律师事务所的成立、运营以及业务开展的全过程，其中客户关系以及法律服务水平是关键；二是构成外部环境的机构，主要包括工商局、税务局以及认证中心等，主要是对企业的经营进行管理和指导，在业务方面应有宏观性；三是纠纷的解决机构，主要是法院和仲裁机构等，在业务方面应有中立性；四是作为企业的内部法务人员参与企业的经营管理。在这四方面的角色中，学生都处于主导的地位，但是各自所面临的业务活动各不相同，因而老师的指导方法也各不相同。仿真综合实习采用一种个别性的指导方法，给每个学生提供表达和自我参与的机会，并根据每个学生的实际情况，包括背景知识、所承担的角色和所面临的问题等方面进行有针对性的指导，推动学生不断地进行思考，在解决问题的过程中提高学生的创造性解决问题的能力。除此之外，由于仿真综合实习是多个学科共同参与的，涉及金融、管理、物流、贸易等多个方面，这就为学生提供了接触不同业务领域与业务知识的一个机会，学生之间可以就各自领域内的问题进行双向、多向交流和分析，在生产企业、外部机构和管理组织之间进行换位思考，以实现问题解决的有效性与针对性。因而，老师在实习过程中也要鼓励学生多与不同学科的同学联系，并架起方便的桥梁。

（2）在实习的后期以发现式教学为主

发现式教学是以通过对问题的分析总结找到解决问题的方法为核心的教学形式，是一个学生自主寻找知识的过程。仿真实习在培养学生解决问题的能力的过程中，所具有的另外一个优势就是允许学生犯错。因为在虚拟的世界中，可以避免在现实的世界中因犯错而造成的不可挽回的损失，因而在这一过程中学生可以有创造性地探求解决问题的方法，也就是可以在试错的过程中学习。但是允许犯错并不是可以不认真对待问题，在试错的过程中，通过分析、综合、比较和归纳来发现解决问题是最直接、最有效的方法。在这一过程中，老师要指导学生对实习过程中发现的问题进行分析和论证，形成发现式的学习方法和策略，并对问题的解决方法形成经验性的认识。发现式的教学方法在整个实习的过程中都有使用，但是在实习的后期更为关键，因为这决定了学生能否对实习的过程进行分析和总结，并直接决定了实习的效果。

（3）企业仿真综合实习的意义

①为法学实验教学提供了实验素材

法学实验教学以培养学生的实践能力为目标，因而与传统的理论教学在教学方法上并不一样。在传统的理论教学中，老师作为课程的主导，学生处于被动地位，课程也由老师事先设计好，然后在课堂上教授学生完成课程。而在实验教学中，教学的内容和方法都会发生改变，主要表现在，过程中学生处于主导的地位，老师处于指导的地位，教学的目的并不是教授学生理论知识，而是学生在一定的情境即社会文化背景下，借助其他人（包括教师和学习伙伴）的帮助，利用必要的学习资料，通过意义构建知识。因而情境、协作、会话和意义构建是教学环境中四大要素或四大属性。企业仿真综合实习可以从这四个方面为法学实验教学提供实验素材。

②可以较好地解决模拟教学中因为对情境的过多预设而产生的问题

因为在这一过程中，老师只是处于指导的地位，企业的经营管理都由学生自己进行，学生处于主导地位，是企业运作环境的创设者，面对的是不断变化的市场环境，具有较大的真实性。另外，企业仿真综合实习是为了解决学生在企业实习时无法接触企业核心业务而设计的。在实习的过程中，学生要进行融资、投资管理、生产要素采购、产品销售、财务管理、物资管理和人力资源管理等多方面的活动，而这每项活动都与法律息息相关，涉及借款、买卖、运输、保管和融资租赁等多种合同类型，以及公司的设立和治理、股票的发行和上市、劳动合同和企业规章制度的制定以及企业与竞争者之间的关系等多方面的问题，为法学实验提供了多方面的实验素材。

除此之外，法学实验教学的综合性是指学生在面对实践问题的解决过程中，不仅涉及某一方面的法律知识，而且需要从全局性来考虑问题。就实习所涉及的内容来讲，仿真综合实习所提供的实验素材也能解决法学实验所要求的综合性的问题。在专业分工的背景下，现代法学教育是分部门法进行的，这在理论课教学方面具有优势，但是如果只运用某一部门法的知识来解决仿真综合实习中的上述问题肯定是不够的，不仅上述企业经费管理中的不同的问题涉及不同的法律部门，而且就同一问题的解决也涉及多个法律规定，比如，在劳动合同的制定方面，至少包括劳动法和反不正当竞争法等多方面的法律规定。因而在仿真综合实习过程中可以对法学学生进行多方面的综合训练。

二、案例教学模式的运用

（一）"当事人模式"的重大影响

1. 基本构建了法学实践性教学"当事人模式"的理论体系

在大力推进"当事人模式"教学改革实践的同时，课题组积极开展该教学模式的理论研究工作，发表一系列相关的教改论文，这些课题组所发表的教改论文在"当事人模式"的概念、特征、教学内容、教学流程、考核办法、推广与运用等方面进行了全面且深入的探讨，基本形成了"当事人模式"的基本理论体系，为全面推进该教学模式提供了智力支持。

2. 探索出"五位一体"的卓越法律人才培养模式

近年来，我国高等法学教育快速发展，体系不断完善，培养了一大批优秀法律人才，但我国高等法学教育培养模式相对单一，学生实践能力不强，应用型、复合型法律职业人才培养不足等缺陷尚未得到根本性改变。为了探索具有中国特色的法学教育理念和符合中国国情的法治人才培养体制，培养一批信念执着、品德优良、知识丰富、本领过硬的高素质法律人才，一些法学院推出的"当事人模式"，以学术研究提升教学改革的品位，以教学改革促进法治建设，以法治实践提升实务能力与法治意识。经过多年的努力，逐渐探索出以"理论研究、社会调研、公益维权、法制宣传、建言献策"为内容的"五位一体"卓越法律人才培养模式。而"五位一体"卓越法律人才培养模式具有两大特点：一是梳理总结我国法学教育界探索的各种法学实践教学模式的经验，将之整合成一个完整的体系，并命名为"当事人模式"，与发源于美国的"法律诊所教育"相比，该模式更切合中国国情，更具有可操作性与生命力；二是该模式以实践性教学为突破口，以培养应用型、复合型法律职业人才为目的，既注重素质的培养，更注重能力的提高；既注重知识的运用，更注重理论水平的提升；既注重关注民生问题，更注重推进法治进程；既强调接触社会，更注重学生社会责任感的培养。

3. 打造了一批有影响力的法律实践平台

针对"当事人模式"，大学法学院可以打造一系列的时间平台，比如，每年定期举办法律文化节，由老师指导学生制定策划书，采取法律文书写作比赛、法律实务讲座、法律图片展、法律文化电影展、普法活动、模拟法庭等多种形式宣传法律，提供法律咨询，提升全社会的法治意识等。也可建设大学社会权益法律救助中心。大学社会权益法律救助可以以"培养地方法律人才，服务地方法治建设"为宗旨，大力开展社区法律援助工作，接待各种案件。大学法学院社会权益法律救助中心组织保障有力，操作流程规范，服务质量不断提升，已经成为"当事人模式"服务社会的最重要的实践平台。一报一刊，即一份学生主办的报纸，一份学生主办的刊物。一报一刊活跃了学生的思想，提高了学生的科研能力，在国内高校中具有较大的影响力。

4. 培养了一支具有较大在会影响力的公益维权团体

"当事人模式"注重培养学生的公民意识与社会责任感，学生在参加"当事人模式"的教学实践活动中，公益维权的意识得到了显著提升，也逐渐形成了一支具有较大影响力的公益维权团队，特别是涌现出一批在当地具有影响力的法治人物。

(二)"当事人模式"的推广与交流

近年来,该模式在大学实施较为顺利,取得了一系列傲人的成果,产生了较大的社会反响。为进一步推广这个独具特色的实践性教学模式,大学采取了"扩大影响力,提高吸引力;请进来,走出去,提高执行力;开展研讨会,提高推广力"等有效措施,取得了良好的效果。

1.媒体的广泛报道为该模式的推广营造了良好的舆论氛围

"当事人模式"具有中国特色,简单可行,并且融教学改革与法治建设于一体,相关教学案件得到了主流媒体的广泛关注,"当事人模式"在社会上的知名度迅速提升,这为该模式的推广提供了良好的舆论氛围。

2."请进来,走出去"为该模式的推广探索了有效的途径

经过多年的理论研究和实践探索,法学实践性教学"当事人模式"日趋成熟,成效显著。聊城大学、三峡大学、山东科技大学等法律院系先后引入了该教学模式,广东商学院、广东外语外贸大学、首都经贸大学、北京工商大学等省内外十余所高校对此进行学习交流。为了进一步推广该教学模式,课题组主动走出去,和全国同行相互切磋,听取完善建议,并向同行推荐此教学模式,共同提高与发展。大学法学院的领导、老师和同学们围绕"当事人模式"的理念定位、应用范围、师资激励等方面的问题进行了深入的交流和探讨,高度评价了"当事人模式"所具有的创新性,以及在培养学生知识运用能力、培养学生的公平正义感和社会责任感、培养学生关注社会和民生的意识方面所具有的意义,对"当事人模式"的发展提出了非常宝贵的意见和建议。

3.展开研讨会,及时总结该模式的推广经验

为了不断完善"当事人模式",并向全国法学院系推广此教学模式,专家组做了"法学实践教学'当事人模式'的运用与推广"的主题发言,分别从"当事人模式"的基本内容、"当事人模式"的十大典型案例、"当事人模式"的十大成绩、"当事人模式"教学改革的几点感想等方面,详尽地介绍推行法学实践性教学"当事人模式"的基本做法、成功经验、取得的成绩。在专家讨论会上,"当事人模式"得到与会代表的高度首肯,一致表示将共同努力将该模式完善好,使之成为法学教育改革的一个精品。

第二节 双主体教学模式的革新

一、双主体教学模式的价值

（一）双主体教学概述

双主体教学模式的形成与发展经历了一个较为长期的过程，其理论来源肇始于现代西方哲学思想和心理学的不断发展。著名的现象学、哲学的代表人物胡塞尔认为，每个人都是一个主体，都是意义、智慧和价值的源泉，人与人之间不是传统哲学所阐释的主体与客体的关系，而是主体与主体之间的关系，因此人与人之间是相互作用的关系。认知主义学习理论通过研究人的认知过程来探索学习的规律。认知主义学习理论认为：①人是学习的主体，学习是主动学习。②人类获取信息的过程是感知、注意、记忆、理解、问题解决的信息交换过程。③人们对外界信息的感知、注意是有目的的、选择性的。④学习的质量取决于效果。

在认知主义学习理论的基础上发展起来的建构主义更加关注学习者如何以原有的经验、知识结构和个人信念为基础来建构新的知识体系，更加强调学习的主观性、社会性和情境性。建构主义者认为个体在进行学习的时候头脑中并不是空的，而是由于先前的生活经验在头脑中保存着自己特有的认知图式，在学习过程中，通过与外界环境的相互作用建构新的认知图式，这种新的认知图式是创造性的，在性质上不是原有图示的延续。与行为主义的理论相比，建构主义将学习的过程视为一种质的变化和一种主动建构的过程，而不是被动的刺激反应模式的建立。

建构主义认为学习是在教师指导下，以学习者为中心的学习；也就是说，在教学过程中教师不是知识的传授者与灌输者，而是学生学习的帮助者、促进者。学生不是外部刺激的被动接受者，而是信息加工的主体，是意义的主动建构者。建构主义既强调学习者在认知过程中的主体地位，又不忽视教师对学生的指导作用。

随着理论的发展和教育实践的不断深入，人们对双主体教学模式的研究也越来越重视，研究也越来越多，对双主体教学模式的探讨更是仁者见仁，智者见智。一种比较典型的观点认为，教育者和受教育者之间互为主客体。从施教过程来看，教育者是主体，受教育者是客体；从受教过程来看，受教育者是接受教育的主体，教育者则是接受的客体，双方的影响作用是双向的，分别构成互为主客体的两个认识活动循环圈。

还有学者根据建构主义学习理论和合作学习理论，提出了建构式互动教学模式，并从学习活动，教学功能与教师角色，教学与问题情境诸方面构建了相应的教学理念。也有人提出了双主体互动式教学模式及主体参与式课堂教学模式，即指在课堂教学中参与教学活动的教师和学生都作为主体进行教学的模式。

不同的学者都力图以新的视角提出自己的见解，表述虽各有不同，但无一例外地都肯定了教学过程中教师和学生的主体地位。一方面，在教学活动中，教师是课堂的主导者、教学的设计者、节奏的掌控者、情境的创造者，在教学活动中处于主体地位，发挥主导作用；另一方面，学生是在教师指导下学习方式的选择者、自身知识的建构者，对自身成长与发展的负责者。他们都将教师与学生置于主体地位，予以充分肯定。

（二）双主体教学的特点

1. 主体性

教育教学的过程是师生共同作为主体存在的相互交往的过程。现代社会把培养和发挥人的主体性看作教育教学的根本目标和基本规律。

双主体教学模式的实质就是要调动起师生的积极参与性，充分发挥教师与学生双方的主体性，特别是要充分发挥学生的主体性。其核心就是培养学生的主体性，即主体意识、主体能力和主体人格，其外部特征为独立性、主动性和创造性。双主体教学模式是以教育者和受教育者主体性的充分发挥为保障和体现，弘扬和培育受教育者的主体性为价值追求和目标导向教育。

2. 创造性

在传统的教学中，教师十分强调学生对知识的记忆、理解，把学生当作知识的容器，一味专注于课堂讲授内容的多少以及学生考试成绩的优劣，却缺少对学生运用知识分析问题、解决问题能力的锻炼。学生的创造性往往被禁锢在对知识的记忆、理解这一范围之内而不利于学生创造性的充分发挥。学生虽然能够熟知每一个知识点，但是缺乏创新意识和创新能力，往往导致"高分低能"的情况出现，所培养出来的人往往因缺乏其个性与创造性而变得"千篇一律"，相应地，社会也会变得缺乏活力与动力。

在双主体教学模式中，教师作为主体之一，要研究学生的原有知识结构、情感、态度、兴趣、爱好，创造性地进行教学，学生要充分发挥其自身的主观能动性，积极地进行探究和学习。教师作为教学的设计者和教学情境的创造者，需要营造带有启发性、探索性、开放性的问题情境，激发学生的学习兴趣，引导学生多角度、全方位地思考、探索、交流问题，从而促进学生思考的主动性和创造性，以自己独特的思维方式创造性地思考和解决问题。双主体教学模式对教师和学生，尤其是学生创造性的培养具有举足轻重的意义。

3. 互动性

教是为了促学，学是在"教"指导下的学，教学过程本身就是一种教师与学生互动、学生与学生互动的过程。也只有通过教师与学生的互动交流，学生与学生之间的探讨求索，才能把抽象的知识具体理解，把零乱的知识系统把握，从而达到深刻掌握知识并熟练运用的目的。

双主体教学模式整合了教育活动中的"教"与"学"两个方面，把"教"与"学"的对立与统一转化到师生主体性的互动特性中来。教育活动是教师与学生两者主体性互动的统一，教育就其本质而言是教师主体性与学生主体性的互动，教育活动能取得何种效果，取决于两者主体性互动是否具有有效性和是否达到最优化。双主体教学模式也强调学生与学生协作学习、共同探究，强调在互动、协作中掌握知识、运用知识。因此，互动性是双主体教学模式的又一重要特点。

4. 主动性

在双主体教学模式中，一方面，教师应积极主动地优化教学内容，改进教学方法，鼓励学生不断创新，引导、启发学生积极思考，激发学生内在兴趣，调动课堂气氛，增加学生学习的积极主动性，从而提高教学效果并最终达到教育目的。另一方面，学生应主动积极地参与学习，充分发挥自己的主体性，成为学习活动的主人。在教学活动中，学生不仅应该积极地对所讲的知识预习，还应该在课堂上积极参与学习，对课堂内容大胆地提出自己的见解，通过教师的指导以及与同学的合作交流，对所学知识进行分析探索，主动建构起自己的知识体系。在课后更应该温故知新，运用自己的知识发现问题、分析问题，并最终解决问题，从而能够更牢固地掌握所学知识，锻炼并不断提高自己独立分析、解决实际问题的能力。教学过程中，学生只有树立积极参与的学习态度，才能激发学习热情，最大限度地发掘自身潜能，发挥出自身的创造性，产生主动构建和不断追求进一步学习的欲望，对于取得良好的学习效果具有重要意义。

可见，双主体教学模式是一种符合人的认识发展规律及教学认识论的课堂教学模式。其是以教师和学生为主体，以学生发展为中心，师生共同参与教学活动，以实现课堂教学效率最大化的一种模式，其核心是培养学生的主体性，即主体意识、主体能力和主体人格，其外部特征为独立性、主动性和创造性。双主体教学模式与其他教学模式相区别的最显著特征就是教师和学生都是课堂主体，两者交互在一起共同参与"教"和"学"，从而达到教学相长、师生共同发展的教学目的。

由此，我们可以将双主体教学模式定义为：以弘扬和培育教育对象的主体性为目标导向和价值追求，以不断提高学生的主体意识、主体能力，并使之成为自我教育、自我选择、自我管理、自我完善的社会主体为根本任务，师生共同参与，教师通过优化教学内容、改进教学方法、整合教学资源、创设问题情境，引导学生自主学习、积极探索、掌握知识、发展能力，使之成为创新型人才，在此基础上形成比较典型的、稳定的教学程序或结构的一种教学模式。

（三）法学双主体教学模式的特殊适用性

法学是一门实践性很强的学科，不但要求学生系统地掌握知识，更要求学生能够学会正确、灵活地运用知识，对学生全面、客观地分析问题、解决问题的能力有着较高的要求。双主体教学模式就是通过引导学生自主实践、独立探索，锻炼学生的逻辑思维能力、快速反应能力以及口头表达能力，提高学生对知识的运用能力，从而提高学生的学科素养。而双主体教学模式作为一种在现代教育理论与教育实践背景下发展起来的新型教学模式，有着其他教学模式无法比拟的独特优势，把双主体教学模式引入法学教育中，不仅有利于法学教育培养目标的实现，更有利于法学教育的长远发展。双主体教学模式对法学教育有着特殊适用性，主要表现在：

1. 法律职业人才的高素质要求需要适用双主体教学模式

法学教育不仅包括知识的传授和学术的培养，而且还是一种职业训练。作为法学专业的学生不仅应该掌握较为系统的理论知识及法学原理，更应当学会像职业律师那样思索、写作、陈述和行事。听、说、思、读、写、辩，举手投足之间都应当表现出法律执业者应有的素质要求。

法学教育的基本目的是使法律人能够认识法律，具有法律思维以及解决争议的能力。法学教育不对学生进行相关的职业训练，就无法适应法律职业的特殊要求。

法学专业的学生应当具备四方面的知识技能：严密的逻辑分析能力、严谨的语言表达能力、娴熟的实践操作能力和广泛的社会交往能力。而要达到这些要求，必须进行职业训练。

但传统教学模式以课本为中心、以教师为中心、以课堂为中心，一开始就步入了学科化和学院化的教学，没有传授成熟的系统职业技能。学生的创新意识，思维能力，民主、合作精神，以及独立探索自主学习的能力得不到应有的锻炼与提升，法学学生的职业能力得不到培养与提高。而双主体教学模式"以学为本"，真正赋予教师和学生以主体地位，充分发挥教师和学生双方的主体作用，不但能优化教学过程和提高教学效率，而且其所注重的培养学生主体性，使学生通过主动建构、掌握知识，能够加深学生对法律知识的理解，极大地提高学生的法律运用能力。双主体教学模式的引入对法学教育无疑具有极为积极的创新意义。

2. 法学教育的实践性需要适用双主体教学模式

法律的生命在于经验而不在于逻辑。法律一旦被制定出来，其最终的目的是在各种社会生活及家庭生活中得以贯彻实施。就这一意义而言，法学在本质上是一门实践性的科学。法律教育的宗旨及计划是："要以严格之方法，培养具有健全人格，富有创造精神，及善于适应时代需要之法律人才。"

法学教育不仅需要学生掌握系统的法律知识、原理、制度，还需要学生具有较强的实践能力、娴熟的法律运用能力。"法律执业者具备高超的社会经验和判断力，是法学专业和其他专业的最大不同。"法学的概念、体系，法律的法条都会变，学生通过探索"为什么""怎么样""如何用"而获得的"举一反三"的政策和制度分析能力、分析推理能力，也将历久弥新，应机而变。

传统的法学教学模式是一种"填鸭式"的教学方式，禁锢了学生的发散思维以及独立发现问题、分析问题、解决问题的能力，从而使学生缺少应有的实践能力和具体操作技能。在传统的法学教学中，教师大都采用系统讲授的方法，注重课程内容的全面性、系统性和逻辑性，而缺乏对学生的法律运用技巧、实际操作技能、综合分析能力、思维的机敏以及雄辩的口才等方面的训练。通过这种教学模式培养的学生，虽然掌握了一定的法学理论和法学知识，但由于缺乏实际操作能力和社会生活实践经验，在相当一段时间内是无法适应社会需要的。因此，现代法学教育必须改变传统的教学模式，加强对学生素质和技能的培养。

双主体教学模式将学生从被动接受知识转变成自主探索获得知识，使学生真正成为学习的主人。双主体教学模式不是要授人以鱼，教给学生多少知识，而是要授人以渔，让学生学会学习，培养和发展他们获取知识的能力；不是要教给他们解决某些具体问题，而是要他们学会认识问题、分析问题、解决问题的思路和方法，这对于增强学生的自主能力、实践能力都具有十分重要的意义。在这种模式下培养出来的学生才能真正掌握并深刻理解法学知识，才能真正成为符合现代社会发展需要的合格法律人才。

3. 独特的法律思维的培养需要适用双主体教学模式

法律思维是法律执业者的特定从业思维方式，是法律人在决策过程中按照法律的逻辑，并结合自身的经验来思考、分析、解决问题的思考模式。

法学教育不仅是授人以法学知识，更重要的是还要努力培养学生的法律思维。法学专业的学生不在于读了多少本书，记住了多少法理法条，而在于是否具有像职业律师、法院法官那样独立思考的能力。在信息时代的背景下，在法治社会快速发展的条件下，法学教育在学生在校学习的有限时间里不可能把法律的方方面面都向学生进行系统的传授。即便向学生进行了较为系统的传授，在学生毕业后法律也会不断被修改和废除，新法律也会层出不穷。因此，对学生能力的培养不仅在于使学生能够运用法律知识分析问题、解决问题，还在于创造知识、照亮法律盲点，能创造性地解决法律问题的疑难点。一旦他们具有了综合分析法律和事实、运用法律推理进行思维的能力，在一定程度上，就能够应对各种复杂和新鲜的问题，成为合格的法律执业者。

法学教育不应该仅仅教给学生知识信息，而应该以培养学生的法律思维为主要目的。这种法律思维是一种取之不尽用之不竭的巨大资源，能够使学生受益终身。因此，法学教育必须着眼于培养受教育者的法律思维方法以及训练受教育者对这一思维方法的运用。

培养法律思维并不是一件轻而易举的事情，使受教育者养成良好的法律思维习惯，不仅需要其具备深厚的法律知识，还需要通过实践的不断磨炼。只有在具体的法律事件或问题情境中，才能开动脑筋、启发思维，从法律的角度进行全面分析，积极思索解决问题的途径，才能运用法律知识，通过演绎推理等方法分析问题、解决问题，从而培养法律思维习惯。抛离了鲜活的生活和具体的法律实践，就不可能养成良好的法律思维方式。法学专业的学生不仅应牢固地掌握法律知识和原理，还应通过积极参与法律实践，逐渐养成从法律的角度思考、分析、解决法律问题的优良思维习惯。

传统教学模式在重视学生对法律知识的掌握的同时，忽视了对学生法律思维的培养。而在双主体教学模式中，教师经过认真选材，通过创设问题情境引发认知冲突，激发学生的探求欲望，促使学生通过观察、猜想、假设、讨论、推理、分析、判断等对问题进行探究、检验，最终理解、归纳、总结，让学生在自主学习、合作学习、创新学习的环境下学习，经过多次不断的实践与锻炼后，才能学会运用知识，形成解决法律问题的思维能力与推理能力。

在双主体教学模式中，教师是教学的设计者、节奏的把握者、全局的掌控者、情境的创造者，要求教师针对特定的教学内容，选择精当的材料，创设合适的情境，提出准确的问题，引导学生进入学习情境，让学生通过探索、思考、交流去获得、体验新知识。学生是自我身心发展的自主参与者、积极学习的探索者和创造者，通过教师的引导，学生要发挥自我能动性相互学习，并结合自身实际亲自动脑思维、动手实践、动口表达，以培养自己的思维能力、实践能力和口语表达能力，从而成为课堂的主角。在双主体教学模式下，师生之间是一种民主、平等、合作的关系。一堂课的教授与学习，不仅学生通过积极主动的探索、分析、实践，深刻地理解并掌握了知识，教师也得到进一步的提升。

因此，法学教育双主体教学模式就是在认知主义、建构主义教学思想指导下，以教师为主体发挥主导作用，以学生为主体发挥积极能动作用而建立起来的各种类型的教学活动的基本机构或框架和活动程序。法学教育双主体教学模式必将发挥教师和学生作为主体的主动性、积极性和创造性，实现课堂教学效益的最大化。

二、双主体教学模式的设计

作为一种新型的教学模式，双主体教学模式有着其他教学模式无法比拟的独特优势，法学教育的特点也决定了法学教育需要引入双主体教学模式。法学教育双主体教学模式的实现与设计也有着较高要求。

（一）双主体教学模式下法学教育观念的革新

法学教育双主体教学模式条件下的教育理念是以教师和学生为主体，教师发挥主导作用，学生发挥能动作用，以管理为关键，以教育质量为生命，以培养复合型、高素质法律人才为目的。而确定法学教育双主体教学模式的关键是教师观念的转变、教师主体地位的准确定位，难点是学生学习态度的转变、学习角色的转换。

1.教师观念的革新与角色的自我定位

（1）教师观念的革新

教师应承认并赋予学生在教学中的主体地位与能动作用，这不仅仅是态度和方法问题，更是反映教师教学思想正确与否的根本性问题。教师的每一项工作能否启迪学生的智慧，激发起学生的求知欲望，发展学生的认知能力，首先取决于教师能否正确地看待学生在教学过程中的地位与作用。长期以来，由于传统的教育理论过分强调教师是"矛盾的主导方面"，起决定作用，而学生是认识的主体这一点一直不被承认。并且法学教育一直以传统的讲授方法传授法律知识，遵循以教师为主导、以传授法学基础理论知识为重点的原则。这种"填鸭式"满堂灌的教学方法，显然不利于学生能动性的发挥和主体地位的彰显。因此，在施教过程中我们必须真正从思想上把学生看作认知的主体，承认学生的主体地位，把学习的主动权和自主权交给学生，"帮助他们在无数的生活道路中，找到那一条最鲜明地发挥他个人的创造力和个性才能的生活道路"。因此，在教学活动中，应牢固树立重视学生的个性发展和自身成长需要，充分发挥学生的能动作用的教育观念。

要改变传统教学中以单纯传授法学理论知识为主的观念，确立传授知识与培养实际能力并重、教学内容和教学方法并重的教学理念。长期以来，我国的法学教育主要以传统的讲授方法传授法学知识，以考试的形式检验学习成果，法学教师也秉承着教师在课堂上是绝对主角的观念。因此，满堂灌的教学方式在课堂上很常见，教师与学生缺少交流互动与引导探索。这种观念与模式下培养出来的法学学生往往缺少主动性与能动性，缺乏发现问题、分析问题和解决实际问题的能力，学生往往在走出校门之后依然需要"从零开始"。因此，在法学教育双主体教学模式下，教师必须要转变观念，在传授系统的法学知识的同时，注重培养学生运用知识解决实际问题的能力，在制订具体课程的教学计划、选择教学内容和安排教学环节等方面，应考虑发挥学生在法学知识学习上的主观能动性，由此调动学生的积极性，使其在积极探索、互动交流过程中掌握和运用法学知识。

（2）教师主体的角色定位

教师的主体性主要表现在教学过程中发挥主导性，以对学生的学习进行指导、引领与帮助。学生的不成熟性以及教师自身的优势决定了对教学认识活动起领导、决定作用的只能是教师，教师必然是整个教学活动的主导者。教师主导作用的发挥就是要引领学生的学习，为课堂教学中学生的认识发展规定方向，并相应地在教学上做出安排。从根本上说，教师主导就是教学活动要由教师来决定，但并不是说教师可以决定学生。长期以来，我们对教师主导作用的理解和贯彻一直存在着问题，往往把教师的主导作用和为"学"服务割裂开来，从而相应地把学生的被领导地位和主体地位对立起来，或者把教师发挥主导作用看作一个径直的过程，认为"教师主导作用必须也必然有一个落脚点，这个落脚点只能是'学'；教学所追求的目标和结果，一定要由'学'体现出来。教师的主导作用实质上是环境和教育对人的发展的主导作用，这是唯物论的原理"。

教师是整个教学活动的组织者、引导者，而学生是其中的积极参与者，在案例选择、资料提供、信息整合、课堂组织、引导讨论、结论评判等一系列环节和过程中，教师应始终处于主导地位，发挥主导引领作用，通过讲授、辩论或讨论等方式引导学生进入教学情境。同时，根据教学目标和教学内容的需要，调动学生的主观能动性，引导学生积极参与分析、表达、讨论、辩论，思考情境中的问题，引导学生客观地认识问题、全面地分析问题与巧妙地解决问题，不断加深对法律理论和基本原则的理解与掌握。

在法学教育中，系统基础知识的掌握、独特法律思维的养成、娴熟的法律运用能力的提升以及高尚职业道德的熏陶，都需要教师发挥主导性作用，在教学上做出安排，引领学生发挥能动性去掌握、构建法律知识系统，提升法律涵养。具体体现在：

①教师是教学活动的设计者

传统的法学教学中，教师扮演着"教书匠"的角色，往往只是课程、教材的具体执行者，只是在教授课程、教材。而在新的法学教育双主体教学模式中，教师正由较为单一的"教书匠"的角色向多元化和复合化的角色转变。而且现代法学教学模式发展的总体趋势是赋予学生以主体地位，重视教学活动中学生能动性的发挥，重视学生对教学活动的积极参与，根据教学的需要合理设计"教"的活动与"学"的活动。在法学教育双主体教学模式中，教师是教学活动的设计者，法学教师要创造性地进行教学，要了解学生的个性，并尊重学生的个体差异，满足多样化的学习需求。在教学中要能够对自己的教育行为进行及时而适当的反思，能够针对自己创设、营造的教育情境提出贴切的改革建议。唯有如此，才能对"教"与"学"做出较为合理的安排与设计，激发学生学习的内在原动力，进而积极并富有创造性地去掌握、建构法律知识体系。

②教师是教学活动的组织者

教师是教学活动的组织者，教学的全过程自始至终都要由教师进行有效监控。在教学大纲的指导下，首先，教师要对学生全体进行客观全面的分析，以确定使用适宜的教材，制定相应的教学目的，提出适当的教学要求，明确教学进度，教学评估的手段、方法等。其次，在法学教育双主体教学模式下，学习是由教师与全体学生所组成的学习群体共同完成的，而不是孤立的单个学生的个体行为。为此，教师应在可能的条件下创造机会，组织和引导学生相互讨论和深入交流，进行协作会话学习，建立学习共同体并成为其中的一员。在这样的团体中，每名学生都能得到应有的尊重和理解，每位学生都能充分发挥自己的主动性和优势一起研习资料，提出各自有针对性的观点，并对他人的观点做出分析和评论。通过相互协作和彼此交流，使整个学习共同体共同完成对所学知识的意义建构与新的知识体系的建构。教师要扮演好组织者的角色，充分发挥自身在教学活动中的主导性作用。

③教师是学生学习的引导者、促进者、激发者

教学就其本质而言，是教师把人类在长期的社会生活与科学实验中积累起来并经过实践验证的丰富知识，通过一定的手段和方法创造性地转化为学生的真知，并启发引导学生把这种"社会经验"转化为自身能力的一种特殊的认识过程。教学不是简单的"传输——接受"过程，也不是简单的教与学，而需要老师精心选择教材与案例，培养学生的学习兴趣，激发学习动机；精当地选择教学方法，适时引导和激励学生，使其真正理解和掌握知识，并能熟练运用。

在法学教育双主体教学模式中，教师要重新确认自己的教学身份。在教学活动中，教师应发扬民主，尊重学生的个性，赋予学生主体地位，要认识到教师的职责不再是简单地传授知识，而是要精心创设教学情境，引导激励学生积极思考、自主学习，要将更多的时间和精力用于从事那些有效的、富有创造性的活动；指导学生掌握学习的方法、获取知识的途径以及学会如何学以致用；引导学生在自己原有知识结构的基础上，按照自己的学习风格和学习特征去讨论、表达、理解，通过积极思维、勇于表达等自主活动，独立发现问题、认识问题、分析问题、解决问题，从而得出科学结论；注意培养学生分析问题和解决问题的能力，引导学生在适当的时候进行协作会话学习，并使之朝着有助于意义建构的方向发展，注意培养学生与他人的合作意识与协作能力。

教师的角色必须由知识的传递者转化为学习的促进者，由课堂的管理者转化为学习的引导者。引导者的角色要求教师能够正确判断学生是否形成了深层次的理解，并能够关注和掌握学生的学习过程和学习效果。学生是否形成了深层次的理解可以通过以下标准来判断：学生能否用自己的话去解释、表达所学的知识；能否基于这一知识做出推理、判断和预测，并学以致用，发现并解决有关的问题；能否将所学的知识迁移到实际问题或现实生活中来。要了解这些方面，教师可以通过课堂提问、课下练习、实践锻炼等多种方式来判断学生对知识是否已经理解和掌握，这是一个循循善诱的引导的过程。在教学中，教师不仅要关心学生学习的效果，而且要关注学生学习的过程，只有理解了学生是怎样学习的，才能适宜地引导并进一步促进学习者形成对知识的较为深入的理解，以达到学以致用的目的。

2. 学生观念的革新与角色的自我定位

（1）学生学习态度的转变

教学作为师生双方的共同活动，其最终效果并不仅仅取决于教师的教，教师并不能因为"闻道在先""学有专攻"，就能完全支配教学的进程，随心所欲地教。教学过程是师生双方积极有效的互动过程，学生是学习的主体，学生的身心发展规律和认知能力的高低以及天赋、主观能动性发挥的程度如何等都极大地制约着教师主导作用的发挥。知识不是被动、机械、简单堆积起来的，它经过了一个由感性到理性、由量变到质变的错综复杂的不断加工的过程，而这个加工过程只能在学生自己主动、积极、独立的思维中实现。如果缺少学生对教学的积极参与，没有学生主动、自觉自愿的独立探索与沟通交流，教师的教就难以取得良好的教学效果。

学习并不是一个被动接受的过程，而是一个主动建构的过程。换言之，知识并不能简单地从一个人复制到另一个人，一个人知识的获得必须基于个人对经验的实际操作、交流、归纳、总结，通过不断反思来自主建构。只有经过学生的思考建立起来的对知识的理解才是最有意义、最有价值的，也才是最有成效的。然而长期以来，在很大程度上学生的学习方式是一个被动接受的过程，学生的学习被做了简单化处理，在教学中学生的主要任务就是掌握教材中的重点和难点，完成教师布置的作业，教学过程唯书，"以教师为中心""以教材为中心"，习惯于教师讲学生听。

法学作为一门实用性很强的学科，要以对法律的理解为主要内容。要熟练地运用法律知识解决社会政治、经济、文化等不同领域的问题，想要真正掌握法律操作技巧与艺术，就必须经过长期刻苦的反复训练，就必须充分发挥学生个人的能动性，达到对法律知识的深入理解并加以融会贯通、灵活运用。所以，学生必须转变观念，抛弃传统教学模式下的旧有学习观，变被动接受学习为主动建构学习，从观念上认识到自己在教学过程中的主体地位，认识到只有发挥积极性和主动性，并不断发掘自身的创造性才能真正掌握知识，才能提高自己自主学习、协作研究、不断创新的能力。

（2）学生主体的角色定位

教学过程中教师处于主导地位，对教学起决定性作用，但这并不意味着学生是被决定的，并不意味着否认学生在学习中的主体性。反过来，承认学生是教学活动的主体也并不意味着教师就是客体，并不意味着就此否认教师对教学活动的主导作用。一般来说，在教学活动中，教师既是主体，负责教学，也是客体，成为学生认识的对象；学生也既是主体，负责自己的学习，也是客体，成为教师工作的对象。但是，教学活动是一种特殊的认识活动，教学的过程是教师"教"学生认识的过程。在教学过程中，学生自然是认识（学习）的主体，但教学认识是一种特殊的认识，学生这一认识主体的认识是在教师的引导下进行的。没有了教师的引导，教学就失去了它应有的规定性，也就不是教学活动，而沦为了一般的认识活动。所以，在教学中既要承认教师对教学的主导作用，也要明确学生在教学中的主体角色定位。学生作为教学活动的主体，其主体性主要体现在：

①学生是相关经验的自主积累者

"学习不但是知识由外向内的转移和传递，更是学习者主动地建构自己的知识经验的过程，即通过新经验与原有知识经验的相互作用，来充实、丰富和改造自己的知识经验"。学生并不是被动地接受外在的信息，而是积极主动地根据自己已有的知识经验有选择性地感知、提取外在的信息，建构当前事物的意义。所以，在学习的过程中，学生需要不断丰富、充实相关知识经验背景。维果斯基曾指出，"自上而下的知识（学校学习的知识）只有与自下而上的知识（学生日常经验）相联系才能获得成长"。没有经验就不可能去改造经验，也就谈不上学习。学生的相关经验越丰富，改造和发展类似经验的指向便会越多。相应地，学生所产生的学习需要也就越强烈。所以，在具体的法学教学中，学生个体已有的法学知识和经验状况在一定程度上决定了其学什么、怎样学，以及其学习所能达到的深度与广度。因此，在双主体教学模式下，法学学生必须身体力行，积极参与法学社会实践，不断积累并充实自己的相关经验，做自我身心发展的自主参与者，才能不断地丰富并扩大自己的知识结构，理解并掌握新知识。

②学生是知识的自主建构者

"自主建构"是指学生的主观精神世界是学生自主地、能动地生成、建构的，而不是依靠外部力量模塑而成的。任何一种知识的学习过程都是一个积极主动并富有创造性的建构过程，法学专业的学习也不例外。但法学是一门实践性、应用性较强的学科，学生只有充分发挥主观能动性，积极主动地探求原委，理解并内化为自己的知识，才能切实掌握并熟练运用法学知识。学生作为"学"的主体，意味着在获取知识的过程中要发挥主体作用，而学生主体作用的发挥主要是通过学生的自主学习来实现的，自主学习不但有利于培养学生学习知识、发现知识的方法，而且有利于提升学生运用知识的能力。对于法学专业的学生来说，自主学习的关键是要提高运用法律知识分析、解决现实社会中实际问题的能力，主要表现为对法律知识的系统掌握、对法律技能的熟练运用以及学生自身法律思维的客观形成。

在法学教育中，学生的主体性和教师的主体性具有协同性、融合性、统一性。从根本上说，教学过程中教师主体性的发挥是为了促进学生主体性的更好发展，而学生主体性的发挥又有赖于教师主体性的引导。同时，学生主体性的发挥和发展又可进一步促进教师主体性的发挥和发展。在学生主体性和教师主体性的相互促进、共同作用之中，学生不断得到进化和发展，教师不断得到充实和提高，师生共同处于一个和谐、协同的教学统一体中。

（二）双主体教学模式下法学教学目标的确立

教学目标是指经过一定时间的学习，学生学习所要达到的预期效果或者说是预定的学习所要达到的标准。双主体教学模式下法学教学目标的确立既是法学教学的基本出发点，又是法学教学的最终归宿。明确双主体教学模式下法学教学的目标，对于法学教学的更好开展以及高素质法律人才的培养具有十分重要的意义。与双主体教学模式的要求及法学教育自身的特点相结合，双主体教学模式下法学教学目标应当致力于学生主体性的发展，以及高素质应用型法律人才的培养。

1.发展学生主体性

教学过程中，没有学生主体性的发挥，知识教学就只能是简单的"填鸭式"的灌输，教学也不可能达到较好的效果。只有充分调动学生精神世界的原始驱动力，学生的学习才可能成为自身内在的追求，学生也才可能有兴趣并努力去探索知识，才会把学习当成一种需求和一种乐趣。

发展学生的主体性是法学教育双主体教学模式的首要目标，也是教学动力用之不竭的巨大源泉。主体的内在规定性为自由自主性、主观能动性和自我超越性。主体在与他人的关系之中表现出自由自主性，主体在对象性活动中（与物质世界的关系中）表现出主观能动性，主体在与自身的关系中表现出自我超越性。

在法学教育双主体教学模式中，在教师的引导下，在学习动机、学习兴趣的驱使下，要能够促使学生自我组织、自我指导、独立思考、自我评价等一系列自我教育能力的生成，帮助学生形成对不同意见、不同观点进行评价并做出判断的勇气和能力，使学生真正成为具有主体意识和自主能力的人。

2. 培养高素质、应用型法律人才

高素质是相对于学生应掌握的法律知识结构而言的。双主体教学模式下，法学学生应该具备法律系统知识、原理和制度以及相关的人文科学，弄清法律是什么、法律制度、法律与其他社会现象的关系、法律运行、法律的精神和理念等问题。法律是人们智慧的结晶，法学理论是千百年来人们知识、经验的积淀，离开了法学理论的指导与支撑，对法律的理解与掌握就会很肤浅，更不会举一反三并灵活运用法律，任何法律执业者都可能成为"工匠式"的人才。法律实用能力是一种问题思维能力和经验分析推理能力，其培养离不开艰苦的理论学习和材料积累。中国法学院的学生要成为一个实用的人才，首先要受到严格的法律理论和方法训练，学习法律规则背后的精深原理、学习法律规则创造性应用的方法、学习法律发展演化的历史及法律与社会的互动关系，等等，在理论训练的基础上才有法律实用，不认识到这一条，中国法律教育将永远没有希望。因此，系统的法学知识及原理的掌握，是法学教育的基石，对于学生实践能力及运用能力的培养具有重要作用。

应用型是相对于学生应具备的法律职业能力而言的。法学是一门实践性学科，法学院培养出来的学生不仅需要系统的理论知识，还需要具备优秀的法律职业能力。在法学教育双主体教学模式下，应当培养学生具有独特的法律思维能力，训练学生能够从法律人的角度观察和分析问题，并能结合自身经验和知识储备，用一种法律执业者的独特的批判性和创新性的法律思维去解决实际问题。

在法学教育双主体教学模式下，还需锻炼学生娴熟的法律运用能力。法律工作的特质在于用法律发现并解决复杂的社会问题，因此，法律工作者必须具备运用法律知识分析和解决法律纠纷、法律问题的能力，它包括法律推理、法律解释、法律程序、证据运用、法庭辩论以及法律文书制作等。

双主体教学模式下法学教育应当以能力、素质，特别是学生法律思维的培养为宗旨，而不应以某些固定的知识的传授为宗旨。法律条文可以随社会的发展而变动，但是只要具备了一种综合分析法律和事实、运用法律推理进行思维的能力以及娴熟运用法律的能力，学生就能够有能力应付各种复杂和新鲜的问题，成为合格的法律执业者。

（三）法学教育双主体教学模式的适用原则

1. 应用型原则

法学教育双主体教学模式对于开发学生的智力和培养学生的法律思维能力具有十分重要的意义，其是在对传统法学教学模式进行分析与研究的基础上建立起来的。换言之，法学教育双主体教学模式是对传统法学教学模式的扬弃。法学教育双主体教学模式既有对传统法学教学模式的批判，又包含了对传统法学教学模式的继承与发展，二者既有区别又有联系，两种教学模式的某些要素可以相互融合吸纳，并不是一种绝对对立的关系。在具体的教学过程中，要依据不同的课程性质选择适宜的教学方法，以保证教学的良好效果，实现两者的优势互补。

法学教育双主体教学模式只是表明了教学各个环节之间的联系，而不是僵化固定、一成不变的程序，它是动态的。在具体的教学过程中，模式的各个环节要根据课程类型、性质、教学内容、教学对象等的不同而有所侧重，法学教育双主体教学模式采用什么教学方法，受到教学内容、学生认知水平和现有物质条件等一系列因素的制约和限制，不是在任何时间、任何地点都能无条件地适用。而且不是所有的知识都适合让学生通过探索、建构、交流的方式获得，对于一些经典性的原理和一些需要识记的法律条文、法律发展历史等，通过老师的直接传授不但能节省时间，还能达到较好的掌握知识的效果。这种较为主动的学习方法对教师的组织协调能力、学生的自控能力、探究学习能力要求比较高，占用的时间也相对较长，难以保证教学的时效性和经济性。因此，对于法理学、法制史等应用性较弱，而理论性、系统性较强的课程，采用传统法学教学模式进行教学能使学生在相对较短的时间内获得相对较多的知识信息，能够保证教学的系统性、时效性。而对于民法、刑法等应用性较强的课程，采用双主体教学模式则能更好地发展学生的能力，使学生更好地理解并运用法学知识。

2. 问题型原则

现代教学论研究指出：感知不是学习产生的根本原因，产生学习的根本原因是问题。问题是学习开始的起点和目标，是学习认知、情感发展、能力提升的催化剂。没有问题就难以诱发和激起学生的求知欲；没有问题学生就不会主动探究。因此，教师要精心设计法律问题情境，呈现精当案例，提出有针对性的问题，引发学生的认知冲突，从而激发学生积极思考，产生疑惑，提出问题，引导他们根据自己已有的知识和经验，通过科学探索来获取知识，即教师创设教学情境—学生质疑、思考并提出问题—学生主动探索寻求解决问题的相关知识和方法—解决问题并进行归纳总结—发散思维提出新的问题，从而构成教师激发学生独立思考，积极主动地探求解决问题的方法。

法学教育双主体教学模式十分强调引导学生主动参与、亲身实践，通过独立思考、合作探究，培养学生发现问题、分析问题、解决问题的能力以及与他人交流与合作的能力。因此在教学过程中，教师根据教学目标及教学内容创设法律问题情境具有十分重要的意义，教师要注重问题在教学活动中的重要作用，重视问题的使用以及学生问题意识的培养，使其环环相扣，让不断深入推进的问题成为学生学习的动力和贯穿于教与学全过程的主线。

3. 启发探究原则

教师启发诱导的目的在于引发学生的思考探索。一般来说，学生探索的愿望越强烈，探索性行为就会越多，探索的结果也就越好，启发诱导的成效也就越大，也就表明教师的主导作用与学生的主体性结合得越圆满。

教学过程中，教师要根据教材的内容，依据大纲的要求，把学生的学习活动作为课堂教学的基本活动，营造学习情境，创造出问题，以此引导学生积极参与知识的"再发现""再创造"过程，重视学生创造性思维的培养和良好学习习惯的养成。探究是在教师的启发引导下，学生充分发挥自己的聪明才智，通过独立思考或分组讨论、议论甚至争论，逐步解决教师提出的问题和自己发现的新问题，从而形成新的认识的过程。

根据教学内容的特点以及学生的实际情况，在提出问题后教师要引导鼓励学生利用现有的教学资源，通过分析、探索的方法研究新情况，探求新方法，掌握新知识，培养学生的独立思维能力、合作能力，并引导学生在实践中学会应用知识。在双主体教学模式中，教师要始终掌握这一原则的运用。

三、双主体教学模式的意义

双主体教学模式是素质教育发展的需要,它有着深刻的哲学基础,符合学生的学习规律和当代的教育教学理念。双主体教学模式对教育的价值取向、教育的目的、教育的形式、教学过程的结构和模式、新型人际关系的建立,等等,都将产生良好的促进效果。

（一）突破传统教学模式,优化课堂情境,符合学习规律

当前我国法学教育的一个显著特点就是法学教育模式较为单一,即法学教学模式还主要采用"传递——接受"式教学模式,缺乏较为广泛的师生互动,也很难调动起学生学习的积极性。在法学教育双主体教学模式下,通过创设问题情境,能够引发学生对知识的兴趣和认知的需要,从而能够激发学生自主探究的学习动机。在教学过程中,学生是学习的主人,是学习的积极探究者,教师的主要作用是通过仔细选材,创设适合学生学习探究的教学情境,而不是提供现成的知识。美国心理学家奥苏伯尔指出,学生接受知识的过程是一个新旧知识相互作用的过程。学生对学习新知识有三分生、七分熟的基础,学生既有原有知识结构,又有对新知识的顺应和同化的思维属性,在教师有意义,有目的的帮助指导下,依据教材循序渐进的选编顺序,能够通过探究的学习方式掌握知识。而且当学生掌握了某项知识的60%的时候,就要开始运用和实践,并在运用和实践过程中补充和提高自己,这是后现代人学习的一种最明智的做法。法学教育双主体教学模式能够优化课堂情境,符合学生学习的规律。

（二）提高教学效果,改善教学质量,符合当代教学理论

发展是教学的最初目标与最终归宿,而发展的实现则有赖于教学中为学生创设相应的条件,提供适宜的内容。维果斯基和赞可夫等人的研究和实践表明,对学生的发展产生积极影响的条件是教学要在略高于学生现有心理发展的水平上进行,通过不断设置认识矛盾激发学生的认知需求,促使学生运用自己的智力、意志和情感去研判、分析、解决问题。而双主体教学模式正是对这一教学理论的具体运用,符合当代教学理论。

双主体教学模式还有助于建立良好的师生关系,有利于教学双方最佳状态的发挥。传统"一言堂"式的教学中,教师满堂灌,学生被动听,课堂气氛沉闷,教师的"教"得不到学生的积极回应,教师的情绪自然受到影响,

潜在的灵感难以激发，不利于教师讲课水平的充分发挥。而双主体互动式教学，由于教师与学生在课堂上积极互动、互相呼应，无论是课堂提问还是案例讨论，气氛都异常活跃，不经意间师生的距离也得以拉近，容易形成一个整体，从而有利于教学双方最佳状态的发挥，有利于教学质量的提高。

（三）提高教师主体教学意识，发掘教师教学能力

教学双主体的教育理念要求教师在教学过程中关注学生已有的知识和经验，让学生走向生活并参与教学，让课堂充满创新活力，要求教师实现角色转换，把教学过程作为师生交往、共同发展的互动过程。因此，与"双主体"相适应，教师在学生主动、自主、积极的探究、合作过程中，有了展示自身个性的空间，有了表达自我情感的舞台。也只有如此，教师才能融入学生中去，才能让学生从内心接纳自己并接纳每一个学生。在这样的环境中，教师的作用自然能积极、主动地发挥。

双主体教学对教师的教学能力更是一种无形的促进与提高。教师要在大量的案例中有目的地选择一些精当的案例，这些案例要有针对性、要恰当，并根据教学大纲提出问题，而且问题应具有逻辑性和启发性，能够提高学生的分析研判能力。教师还要考虑教学过程中学生可能提出的问题，并准备如何应答。这对教师的知识结构、表达能力和反应能力都提出了更高的要求。在案例分析的过程中，学生思考问题的角度以及所提出的问题对教师也会有所启发，这就起到教学相长的作用。同时，教师也要有较高的教学设计与组织课堂的掌控和管理能力，对学生循循善诱，使教学活动沿着正常的轨道有节奏地进行而不偏离主题。

（四）强化学生主体作用，培养学生自主学习精神

法学教育不是单纯地灌输某种既定的、不变的法学知识和法律条文，而应当是培养学生理解法的真谛，使其拥有先进的法律意识，掌握法律的整体框架和运行的内在规律；学会如何学习和运用法律，形成良好的法律思维。法学教育双主体教学模式的价值，不仅有利于学生掌握系统的法学知识和原理，还能培养学生实际参与法律操作、解决实际案件和实际法律问题的能力。更重要的是，双主体教学模式更关注学生创造性法律思维与能力的培养和锻炼，使学生不但能够掌握从法学角度观察问题的方法，而且还能养成独立分析、辨别和创新的能力，能及时吸收新知识、解决新问题，以便能够应对未

来在社会生活中可能面临的各种复杂法律问题，适应法学的快速发展，成为适合社会需要的法律人才。

学生通过对现实法律事件的观察、思考乃至参与，不仅能很牢固地掌握经过认真思考、探索、交流而形成的法学知识，而且可以运用理论对现实问题提出批判性、建设性的意见与建议。这对于提高学生自主学习的能力、培养学生独立思考的能力、提高学生分析问题与解决问题的能力是大有益处的。培养学生的探索精神，锻炼其查找知识、分析异同、辩证思维、沟通交流等能力，能使学生逐渐养成自我教育、自我学习的习惯，真正发挥学生的主体性，成为学习的主人。

第三节 法学模式的发展

一、未来法学教学的发展趋势

（一）法学院将会重新定位法学教育目标和办学特色

法学教育竞争日趋激烈，许多法学院系开始重新定位法学教育目标。如：天津师范大学将其原培养目标，即培养研究型人才调整为培养应用型人才，而且主要是培养服务型法律人才，如，律师、公证员、仲裁员、社区调解员、社区矫正员、司法助理员、基层法律工作者等。中央财经大学法学教育依托财经类院校的学科优势，借助经济学、管理学学科特点，致力于探索法学和经济学、管理学相结合的教育与研究模式，侧重培养懂法律、懂经济、懂管理、懂外语的高层次复合型人才，着力培养中国最具影响力的企业法律顾问。

为突出教育的国际化特色，中国人民大学在其网站上公布了其近几学年部分全英文授课的课程简介。其中，法学院开设的有五门，包括英美法概论、国际知识产权法专题研究、国际商事仲裁法、商事仲裁法等。在所有设置了全英文授课课程的学院里，法学院是唯一将全英文授课的所有课程都作为专业选修课来开课的。

为吸引优质生源，法学院（系）各种改革措施将纷纷出炉，法学教育开始注重办学特色。以对外经济贸易大学法学院的商法学为例，在课程设置上将其分为商法学理论和国际商法学。在国际商法学的科目下又设置了一系列课程，其中包括：比较商事组织法、比较公司融资法、比较破产法、比较证券法、比较合同法、国际货物买卖法、比较财产法、比较侵权法、比较产品责任法、海商法、比较保险法、国际信用证法律与实务、比较票据法、国际商事仲裁，等等。从内容上讲，这些课程讲授的主要是外国的法律制度，它们大都配有本院教师编写的教材或专著，实际上形成了在教学和科研上一个由众多子学科构成的学科体系，并展现出了自身的特色。各高校只有结合自身的特长和优势实施差异化的培养方案，正确定位和区分培养目标，满足社会对人才的不同需求，打造多样化的特色方案，才能真正打造出能够契合市场需求的"产品优势"。

（二）法学教师教学和科研素质不断提高，教师管理机制不断改善

法学院学生减少导致教师需求大幅减少，法学教师冗员增多，老师为了能被聘任，积极争夺课时工作量。由于生源减少、工作量减少，教师有更多的时间备课，从事科研工作。为提高自己的职场竞争力，中青年教师更加注重自身的继续教育和综合素质的提高，如考博士，到国内外大学拿学位、进修的愿望也表现得更加迫切。同时，有：大量法学教师面临失去岗位，成为中国高校的包袱。总体来说，由于职场上日益严重的就业压力，中国教师的素质将不断地提高，师资力量将不断地得到明显改善。

面对中国法学教师队伍人才流失、结构不合理、素质良莠不齐等现状，未来中国的法学教育应着力改变或者建立四种机制：一是应改变法学教育的管理体制和评价机制，使之符合法学教育规律，避免以"行政政绩"的评价标准或者单一的科研成果对法学教师进行管理和评价；二是应改变对不同学科的法学教师"一视同仁"的管理和评价模式，应根据不同学科的教学和科研规律进行分类管理和评价；三是应改变法学教师束之于理论高阁的现状，应建立法学教师走进法律实务、亲历司法实践的长效机制，同时拓展法律职业机构与司法实务精英参与法学教育的范围；四是应改变基础性教学以青年教师队伍为主的法学教师结构，合理调整法学教师内部结构，促进梯队建设，既要给予青年教师成长的环境及必要的指导，又要调配好新老教师和具有实务经验教师的教学利益关系。

（三）中国法学教育的功能定位将会重新调整

当法学教育与法律职业的关系备受诟病、法律职业伦理与技能教育被广泛呼求、律师与公平正义的关系被质疑、国家司法考试中80%的应考人

员不能正确解读社会主义法治理念之内涵时，人们开始意识到，中国法学教育经过六十多年的发展，在下一个崭新步伐即将迈出之际，迫切需要对中国法学教育的未来予以明确定位。与此同时，中国法学教育六十多年来的实践发展也告诉我们，伴随着国家法治进程的不断深入，特别是国家统一司法考试制度的建立，中国法学教育传统定位的历史使命已经完成。

有学者认为，法学教育的使命就在于提升人们对正义的认知水平，拓宽社会的正义之路，培养社会正义的守护者，搭建社会正义的阶梯。这一目标应当成为未来中国法学教育前行的方向。法学教育作为国家法治实践活动之重要一环，应当承担起引领时代法律思想走向、提升整个社会法治素养的责任；应当承担起构筑社会伦理体系的责任；应当承担起维护社会主流价值——社会正义的责任。因此，当下以及未来中国法学教育的整体功能定位就是要培养信仰法治、忠诚于正义的法律人，由他们去守护正义，靠着他们的智慧与理性、良知与勇气，搭建社会的正义之梯，让社会中的每一个人都能够登临正义的高地，正如习近平总书记所说，"让每个人民群众感受到公平正义"。

同时，必须重新调整对中国法学教育从通识教育向专业教育与精英教育相结合的功能定位的转化，把法学教育的培养目标从单一的法律知识型人才培养转变为法学应用人才、法学研究人才和社会管理人才的共同培养。在未来的法治国家建设中，要求法律职业必须走上专业化和职业化的轨道，法学教育肩负着为法律职业部门和全社会培养高素质法律人才的历史使命。"这种高素质的法律人才，绝不仅仅只是掌握了法学知识体系的人，他应当是而且必须是法律专业知识、法律职业素养和法律职业技能的统一体"。要转变将法学教育等同于法学院校和科研机构的一次性的学历教育的传统观念，构建法学教育的大教育观，认识到法学教育不仅有高等院校和科研机构中的法学专业教育，也有法律职业机构和有关组织的互补与继续教育；法学教育不仅包括学历和学位教育，也包括非学历、非学位教育；法学教育不仅包括法律学科教育，也包括法律信仰、法律伦理与法律职业教育。

（四）法学教育、司法考试与法律职业之间将会进一步良性互动

法学教育与法律职业具有互为"源头"与"活水"的相辅相成、共生共长的辩证关系。面对中国法学教育与法律职业屡受诟病的脱节现状，未来的法学教育应当是与国家司法考试和法律职业三者之间的良性互动。

在未来的法学教育中，首先，法学教育和法律职业的资源将被整合，法学院校和职业机构将实现师资共享和信息共享。这一目标将通过建立教师互教制度、学生互换制度等方式来实现。

其次，司法职业化进程的推进将成为实现法学教育与司法职业良性互动之契机。在中国未来的法治进程中，司法职业化已是大势所趋。因此，第一，应明确司法职业化的总体发展方向和趋势，使法学教育据此确定教育内容和培养目标。同时，法学教育界人士应当积极参与司法职业化进程建设，为司法职业的健康发展提供坚实的理论基础和指导。第二，应确定司法职业的层次标准，为法学教育目标的设定与人才的培养提供可以参考的坐标。

最后，通过改革司法考试制度，实现法学教育与法律职业的良性互动。第一，应当重新设置司法考试的应试条件。将对于法律思维的考核延伸至司法考试之前的法学院系学习。规定获得非法学本科以上学历者，必须经过国家指定的法学院校培训合格后才能参加司法考试。而未来司法考试制度的改革则在法律硕士培养得到长足发展之后，确定以法律硕士考试代替第一次司法考试。实行司法考试第一次笔试与第二次面试相结合的考核方式，全面考核应试者的法律职业能力与素养。第二，改革司法考试的内容、题型。转变以背诵内容为主的考核理念，改变以客观题为主、主观题为辅的考核题型，重点考核应试者运用法律知识进行思考的过程和解决实务问题的能力。第三，设置法律职业的强制性入职培训及考核。一方面使受培训者有针对性地接受职业技能训练，缩短其进入工作后的适应期；另一方面及早启动淘汰机制，使司法考试得以向后延伸，避免"一考定终身"的弊端。

为提高教育竞争力，中国有条件的法学院势必会积极开展上述各种形式的对外教育交流合作。在全球化的大趋势下，法学教育要有全球化的视野，法学院或者是法学教育机构的教学要有国际思维，法学教材要有适合全球化的知识，学生要有机会接触世界。无论提供法学教育服务的人员构成如何，他们必须具有引导世界潮流的知识、眼光和技能，积极应对全球化法学教育市场的挑战，广泛的跨国交流是法学教育的大势所趋。

二、完善法学教学模式的意义

（一）有助于加快开创和发展权利文化

我国几千年传统文化的一个关键词为"保守"。中国社会的保守观念渗入全体民众，源远流长，任何对命运安排不满的实际表现都会受到强有力的压制，他们自然感到不幸，但是他们认为不幸是不可避免的。严肃地一致地采取这种观点的人，之所以不可能致力于推翻已经建立的旧秩序，只是因为他们自身所承受的压力实在太沉重了。中国的知识阶级在思想和行动上实际发挥着领导作用，这是任何其他国家不能比的。但是知识阶级坚定不移地做着这样的规劝：对于中国和中国人来说，现存制度是所实行的最佳制度。

权利观念是现代文明最重要的观念，而实现向现代社会转型的一项重大文化使命，就在于破除权势意识，确立权利观念。法学教育的首要使命就在于此。要让教育的对象知晓在文明和社会的转型发展中，人的独立和自主，而非权力的依附物、身份的依附者。要形成以权力为核心的价值信仰和思维方式。从这一层面来讲，21世纪中国法学教育中关于权利文化的建设还正处于启蒙阶段。较之于西方，中国古代向来缺少孕育权利的文化，尤其政治权利的文化。在"五四"时期，作为新文化运动先驱者的陈独秀在其《吾人最后之觉悟》中直言："近世西洋之道德政治，乃以自由、平等、独立之说为大原，与阶级制度极端相反。此东西文明之一大分水岭也。"陈独秀将西方文化作为我国权利（即自由、平等、独立等）文化启蒙教育的素材。但是启蒙教育（运动）在适当条件下遇上批判旧政权的政治运动时，两者极易一拍即合、彼此支援，而造成浩大的声势。再到改革开放40多年来，虽然我国国民的权利意识、自由观念在逐渐增加增强，但是始终还处在初级阶段、启蒙阶段，中国的法学教育应当迅速地承担起这个时代使命，认清方向，又好又快地推进权利文化的启蒙教育，为法治的健全和完善打下扎实的文化基础。

（二）有利于强调并建立对法律的信仰

我国自古以来都有着强大的制定法，尤其在改革开放以后，为了适应国内各行各业的迅速发展和世界的飞速变化，国家法律制度建设逐渐地完善起来。国家的发展和建设固然离不开大量法律的制定和颁布，但是仅仅作为一种静法而悄悄地躺卧在纸上，其自身功能也便发挥不了，反倒成了资源的浪费。法律的制定到法律的实施之间存在着一条鸿沟，而填充或逾越这条鸿沟需要的是我们对法律的信仰。在对法律信仰一词的理解上，首先需要了解法律和信仰之间的关系。"缺乏信仰的法律将退化成僵死的教条，而没有法律的信仰则是狂信或盲信"（日耳曼语）。对法律的信仰所表达的并不是指我们简单地将所制定的法律付诸实施即可,更不是指法律的信仰作为一种理念为广大民众或者法律人所接受就真正建立了法律被信仰的社会。法律的信仰是一个过程,在这个过程中需要通过各行各业的法律人,甚至在高级阶段还需要通过社会的普通民众一起努力。任何法律只有在这种不断调整以适应人们的利益(当然这种利益并不以某种固定形态出现,它也会因受到法律规制以及其他社会因素的影响而变化)的过程中,才能逐渐使人们接受它,逐渐形成遵循法律的习惯,以至产生对于总体法律的信仰。然而,对于在法律教育中来强调并建立对法律的信仰,我们也必须清晰地认识到这一点:信仰不能被简单地教育而形成,因为它不是外在的强制或灌输才形成的"服从意识",而是一种自觉的"归依意识"。在教育中又如何来发现或者培养人们对法律在内心所产生的归依呢?这个问题的解答面临着一个哲学的事实:"凡人之情,见利莫能勿就,见害莫能勿避"。人本质上既然是趋利避害的,只有通过法律才能使我们得到自身需要的利益,若与利益无关或者将会导致恶果的违背人们意愿利益的法律,终究是不会被信仰和尊重。也就是说,"必须以实际的法律运作使他(她)感受到还是信仰法律好,感受到法律值得尊重和崇拜,否则倒真可能成为一个法律虚无主义者"。故而,法学教育要真正承担起建立法律信仰的时代使命,一方面要了解这一哲学事实;另一方面要增强相关部门和人员在立法上的功利性倾向,同时加强在法律执行过程中的监督教育,以取得法律制度在修订过程中的必要素材。

(三)可以优化我国法学人才培养模式

法学教育的根本目的是培养高素质的、符合社会需要的法律人才。改革开放以来,法学教育为国家培养了大批优秀法律人才,无论在数量上还是在质量上都取得了巨大成绩。但是我们还应该清醒地看到,我们的法学教育还不完全适应经济社会发展的要求,不完全适应国家和社会对法律人才培养的要求。随着社会、经济的发展,主要表现出以下两种人才的短缺:

一是创新型、实用型、复合型的法律人才紧缺。学了法律还要懂其他专业知识的人才在我国是比较缺乏的。现在很多法律问题涉及高科技方面,比方说涉及环境保护,只懂环境科学却不知如何用法律来治理污染,给企业施加法律的约束。再如,建筑上的法律问题、互联网上的侵权、互联网上的拍卖成立不成立、互联网上的隐私保护的法律、新闻报道中的言论自由、客观报道与诽谤恶意中伤的法律界限、保险理赔中的法律问题。单纯的法律人才和单纯的其他学科型的人才都是做不好的。

二是缺少外向型、国际化的法律人才。现在国内大学法学院培养的人才都是内向型的，在国内从事法律业务，代表公司、企业、个人、政府从事法律诉讼业务及其他法律方面的业务。随着改革开放越来越深入，我国国际化的程度越来越高，已经跟世界经济连成一体。虽然在涉外交往中产生大量的法律问题，但是没有多少法律工作者能够独立解决。据统计，全国现在几十万律师，却没有几千人是可以直接用外文来处理法律业务、处理国际官司的。在中国人才紧缺榜上涉外法律高端人才赫然名列前茅。律师事务所因缺乏三懂（懂外语、懂法律、懂经济或懂管理）人才，巨额标的的涉外法律服务拿不下来的情况比比皆是。这几年情况尤其突出，每天报纸上关于对我国产品的倾销与反倾销案件、中外知识产权诉讼中的案子还是大量存在的，但通过观察和研究并不难发现，我国的企业、政府在出庭的时候，请的不少律师都是外国人。这使中国的一些法律教育工作者觉得很没面子，因为自己身为一名法律工作者，却不能为律所、为国家分忧解难。的确，许多国内的法学院系尚不具备培养能代表我国企业、政府到国际上去从事诉讼业务的高端法律人才的办学条件和师资力量。

面对法学人才培养中的问题，就需要国家既要制定保障法律职业人才"有效的知识教育""有效的能力培养"的最低法学教育标准、不同类型的法学人才培养质量标准，又要鼓励高校以社会需求为导向，办出特色、办出水平，全面提高法学教育质量。

加强法学质量教育标准的研究，制定和实施科学的人才培养质量目标，建立一套包括质量监控、评估、分析、改进等环节的质量标准保证体系，对发展现代法学、激励和监控教学质量提高、加强教师队伍管理、推动教学方式改进、提高人才培养质量有重要意义。

（四）提高法学专业就业率

在高校改革的几年里，法学专业的队伍在高校扩招和其他高校不断开设此专业后逐渐壮大。在社会对于国家法治建设需求的舆论导向下，法学专业一直有着自己的神话：需求一定广大，就业前景一定光明。"外行看热闹，内行看门道""人前显贵，人后受罪"。需求大、前景好的神话让外人看起来羡慕不已，但只要稍作了解并关注法学专业的就业现状，所谓的神话不攻自破。据统计，法学学科毕业生就业率竟列文科毕业生最低，而即使有些毕业生毕业以后从事法律工作，但薪资水平也令人担忧。因此，法学专业毕业生面临的压力不容小觑。而这种种现象表明我们只有从根本上变革教育模式、转变教育思路，培养实践型、专业型法学人才，才能给法学毕业生创造更多的机会，法学专业的就业率才会逐渐提升。

（五）增强我国法学教育在教育全球化过程中的竞争力

20世纪80年代以来，世界范围内兴起了高等教育质量保障运动。美国、日本、英国、法国、澳大利亚等国不仅建立了五至七年不等的周期性高等教育质量认证制度，以此保障提高本国高等教育的质量和水平，同时更广泛地开展国际与地区间的高等教育质量互认，大大促进了高等教育质量标准国际化。例如，英国大学把国际化列入重要发展目标，不论是爱丁堡大学、伯明翰大学还是曼彻斯特大学，都非常强调国际化战略。爱丁堡大学的"四个确保"即，确保国际影响与知名度，让世界知道爱丁堡大学在干什么、为什么；确保吸引世界最好的学生，不分国籍；确保科研实践水平世界一流，吸引世界一流人才来校工作；确保产生知识被应用，充分体现了它的国际化水准定位。国际化大学能够面向世界来观察高等教育发展，以国际视野来指导学校的教学、科研和社会服务，将教育的视野从自己国家扩展到其他国家直至整个世界，把国际的、跨文化的、全球的观念融合到本校的教学、科研和服务等诸项功能中。

进入21世纪，国家之间的竞争在很大程度上表现为法治力量的竞争，法治力量的竞争又体现在法律人才的竞争，而法律人才的竞争又体现为法律人才国际化的程度。吸收和借鉴世界各国的法学教育经验，建立适应世界高等教育发展趋势的法学教育标准，是参与高等教育国际竞争、增强我国法学教育在教育全球化过程中竞争力的必然要求。

第四章 高校法学实践教育课程理论

第一节 法学教育的实践原理

一、法律教学方法和培养目标观念的改革

国家的兴衰与是否有一批厉行法度的仁人志士密切相关，我国在高扬法治的旗帜，把建设社会主义法治定为新时期治国方略，全力推进法治进程之时，一批高素质的法律人才是我国法治建设过程中的关键环节之一。而要造就一批高素质的法律人才，法学教育的重要性则是显而易见的。如果只有法律规则而没有适用规则的高素质人才，规则之治就仍然是座空中楼阁。我国从一开始提出加强法治时，就认识到了法律人才对于法治乃至国家兴盛的重要作用。在这一认识下，社会对法学教育倾注了极大的关注。

尽管法学教育随着我国法治的发展正在十分迅速的发展，但数量的激增并不等于法学教育的成功。我国法学教育仍然处于一种摸索和开创的阶段。无论是在法学教育的指导理念、培养目标、结构设置等宏观方面，还是教学模式、方法、内容和课程设置等微观方面，都没有形成系统的成熟经验和模式。不少法律院系并没有自觉或认真地思考法学教育的指导理念和培养目标等问题，更谈不上有目的地设计自身的课程和探讨有效的教学方法。教学内容的相对陈旧和教学方法上的僵化单一也是有目共睹的现实。按这种方式训练出来的学生一来到社会上，便会发现在书本上明确的法律规范在现实中竟然会变得如此模糊和具有伸缩性；发现所面对的社会现象如此千差万别，课堂中那些明晰的典型案例很难找到可供套用的具体事实；发现要把法律规范和社会现实相结合，需要如此之多的书本和法律条文以外的真功夫和批判性的创新思维。他们因而手足无措、无所适从。

纵观我国法律院系的课程设置，其历来以传授系统和科学的知识为目的，很少考虑实际操作能力的培养，也很少考虑社会的实际需求，这使法学成为一种坐而可论之道。这种课程设置忘记并抛弃了法学教育的两个重要功能，即培养学生的职业实践和操作能力以及法学教育，历来被中外法学教育所公认。而我国法学教育的实践往往偏重知识传递和学术研究，忽略了职业思维训练和能力的培养。显然这种情况有悖于法学教育的宗旨。我国法学教育的这种弊端可以从以下三方面略见一斑：①法律课程的开设主要以部门法学科的划分或国家颁布的主要法律（基本法）为标准，而以培养和训练学生实际操作能力为主要目的的课程开设得很少。②大多数教师在课堂上所讲授的主要是如何注释现有的法律条文以及论述各门课程的体系和基本理论，其目的在于引导学生掌握系统的知识体系，而这种对于条文的纯粹分析在现实当中几乎是不存在的。③与我国当前努力实行市场经济和对外开放的需要相比较，法律课程中涉及市场经济、比较法和国际商事法的课程所占的比重不够，有些课程的内容也亟需改进或者充实。

由于社会的批评和学生的责难，越来越多的法学教师认识到了这种教育模式的弊端，这对现行的法学教育模式构成越来越大的压力。在这种压力的推动下，我国法学教育界开始探索法学教育方法的改进，并将这种方法运用到法学教育中。在更多的情况下，教师是以自己对法律的学理认识去影响学生，甚至依照自己对法律的理解去选择合适的案例，指导学生进行讨论，然后达到统一认识的圆满结果。于是每一位教师都会因为把自己的知识传授给了学生而沾沾自喜，而学生也会以自己对法律的认识最终与教师的相吻合而感到高兴。总而言之，虽然在不断努力进行法律教育方法的改革，但在根本上并没有改变"以理解法律含义、传授法律知识为宗旨的教育模式"，因而法律教育忽略了一个重要的问题，即培养学生成为法律职业者。法学教育不仅要传授法律知识，同时也要培养和训练学生的实际操作能力。能力的培养应当提到与知识的传授同等的地位。在明确了上述目标后，课程和教学改革的必要性和方向也就清楚了。

二、法学教育的具体培养目标

法学教育应当培养什么样的法律人才的答案从未统一过。每个观点从其自身角度而言都有其道理。但从法学教育的整体而言，尤其对其主要构成部分——法学本科教育（对有些院校则是法律硕士教育）而言，其培养目标应当以"高素质的法律职业人才"为主。"学术型"人才在任何国家和领域都是少数群体而非大多数群体。因此，就整个法学教育（主要指法学本科、法律硕士和大部分法学硕士）的培养目标而言，应当以法律职业人才为主，而非以学术人才为主。少数高层次法学院系坚持以学术人才培养为主也未尝不可，但是也要实事求是地分析一下到底有多少毕业生能够从事法学研究和教学工作，合理分配其教学资源和设置课程。不能仅仅为了标榜是"层次高"或"一流"，而不顾社会的实际需求及其毕业生的就业现实，不考虑法律人才培养的一般规律。

学术型人才的培养应结合法学教育的具体项目而言，在所有培养项目中，法学博士项目应当是培养学术型人才的主要途径，把对博士的要求用于所有其他法律人才培养项目难免有些不切实际。博士要少、要精、要有独特的思想，当从具有学术潜力的本科生和硕士生中百里挑一精选出来，不可大规模批量化生产。尽管是否有博士点成了衡量一个法学院系是否为优秀法学院最明显的标志，但是应当客观如实地评价博士生项目在一个法学院系各种项目中占据的实际分量和地位。实际上，法律实践的每一个环节都为深层次的理论研究提供了丰富的素材和多元化的课题。法学研究和教育应当具有强烈的现实关怀、问题意识、深入剖析和理论升华的视野和能力。

法律人才应当具有广博的人文社会和历史哲学基础，甚至需要反科学技术基础，即法律人才知识结构和通识性基础的塑造问题，我国法律硕士的设立无疑也有同样的初衷。但是对于把本科教育作为主流的我国法学教育而言，这种把学术训练和通识教育都融入法学教育框架的做法，则是想鱼和熊掌兼得的想法。不排除个别天赋很高的学生能够成才，但却很难作为普通的模式普及。解决的方法不外乎两个：①改革法学本科培养方案。在一年级甚至二年级第一学期主要学习各种通识性课程（人文、社科等），在高年级开始学习法律课程；②在适当时机把法学教育变为研究生教育。主张培养"博雅型"或"通识型"法律人才的观点，强调综合人文、社科知识的基础性；如果法律人没有坚实的人文、社科和历史哲学等知识，就难逃"法律匠人"的泥潭。这一观点很有道理，但是也不能以此来否定法学教育的职业性和应用性。

除了理论与实践不可截然分隔，通识与职业教育可分阶段进行，法学教育的培养目标不在于填鸭式的知识灌输和背诵，也不在于对天文地理的简单通晓，而在于培养法律人才独特的法律思维和处理法律疑难问题的综合能力。而高层次法律职业人才也包括能够从现实法治实践中发现并致力于解决其深层理论问题的学术敏感和研究能力。这种基于法治实践而产生的学术人才是社会急需的人才。知识结构和基础固然重要，但是张嘴夸夸其谈，遇到实际问题束手无策，只会讲理论知识而不会办理案件的半成品绝非法学教育培养的目标。反之，仅仅会办理案件却不具备上升到理论层面提出新思想和创新观念的实用性人才，也称不上是"高层次的法律职业人才"。为了培养真正能够解决社会和法律难题的人，仅仅靠知识储备远远不够，而应当在理论知识学习的基础上，培养法律人才精到的法律思维、处理问题的综合能力和全方位的大视野。为此，我国法学教育应当明确培养目标，改革教学模式，加强实践性教学，从实务界吸收具有丰富实践经验的职业法律者参加教学，注重培养学生独立发现和解决问题的能力。

卓越法律人才培养计划提出的培育目标应适应多样化的法律职业要求，坚持厚基础、宽口径，强化学生法律职业伦理教育，强化学生法律实务技能培养，提高学生运用法学与其他学科知识方法解决实际法律问题的能力，促进法学教育与法律职业的深度衔接。

三、操作方案的设计与具体实施方法

如果上述培养目标能够确立，下一步就需要推动法学教育的课程设置。我国法学教育注重宏观教育理论和概念的分析与争论，而忽略了操作层面上对课程设置等问题的深入研究和精心建构。

（一）课程设置应考虑实际情况

课程设置不应仅仅按照法学学科分类或部门法的划分标准，简单做出对应性的课程设置；更不能把一门课程的学分多少或是否是必修课作为衡量某个分学科或部门法是否重要的标准。法学课程的设置应当以培养高素质的各类法律职业人才必备的知识、素质和能力为指引，即根据应具备的知识、素质和能力设置相应的课程体系。其中的核心课应当是对培养这些基本素质和能力具有基础作用的课程，围绕这些课程建立相应的不同类型的法律人才的课程体系和培养方案。现在很多核心课程的设置并没有按照这种培养思路

和教育规律进行设置,而是成为标榜某一分学科或部门法是否重要的标志,这种状况造成的结果是各个分学科或部门法努力把自己的课程列入核心课,而很少考虑这些核心课对培养高素质法律职业人才有哪些实际作用。再加上实际操作的教务办或教务员往往缺乏对法学教育内在规律的深入了解和研究,缺乏科学务实的态度,从而形成了核心课不断扩大,法学院学生的必修课学分远远超过选修课学分,学生选课的空间日益压缩,难以有效进行分类培养的局面。可以说,这种课程设置的做法缺乏对法学教育规律性的研究,从而缺乏科学性,对法学教育质量的提升也鲜有帮助。

(二)课程设置不应追求千篇一律的局面

各个法学院系所处的区域和面临的就业市场不同,其办学条件和优势也不一样,其具体的培养目标和类型也有所差异,因此其培养方案和课程设置也应当各有特色。即使在一个学院内,不同类型的项目也应有不同的培养目标,其培养方案和课程设置也应有所区别。卓越法律人才培养计划的一个亮点,就是承认发展的差异性和法学教育的多样性。

(三)课程设置是一门要投入精力和时间进行研究的学问

作为教师,应当了解一些教育学;作为法学院教务部门和院系领导,应当了解法学教育的规律和高层次法律职业人才培养的路径。我国法学教育正处于大发展的阶段,对于法学教育规律尤其操作层面上课程设置和培养方案的深入研究则非常必要。凭借卓越法律人才培养计划的实施,弥补这一短板的时机已经到来,需要我们潜下心来补上这一课。

(四)按照形成高层次法律职业人才应具备的基本素质和能力的要求设置核心课程和整个课程体系

就卓越法律人才培养计划提出的三类培养模式而言,每一类模式的具体培养目标和就业出路都有所不同,其基本素质也应有所不同。课程设置和培养方案作为实现某一具体培养目标的路径也就因此而有所不同。

总之,课程设置和培养方案的制订是一门科学,需要在研究具体类型的法律人才所应当具备的基本素质和能力的基础上,有目的地进行科学设计和实施,不可盲目决策,也不可没有顶层设计。

第二节 法学实践课程的内涵

一、法学实践课程的概念和特点

（一）法学实践课程概述

对于法学实践课程这样一个新概念，需要结合法学教学实践的特征进行界定。有学者认为，课程是为达成训练儿童和青年在集体中思维和行动而建立的一系列经验的总结，有学者认为课程是学生在学校指导下获得的全部经验。纵观国内外相关文献，对课程的定义多达上百种，其中较有影响的定义为以下几种：①课程是一种学习方案。这是中国较为普遍的对课程的理解。把教学计划作为课程的总规划，把教学大纲作为具体知识材料来叙述。②课程是一个具体学科的内容。③课程是有计划的学习经验。这是西方最为流行与最有影响力的课程定义，它认为课程是学生在学校教师领导下所获得的全部经验。而相对于课程概念的多元化，实践的含义则较为统一，主要有四个方面的要素：一种活动；改造自然和社会的活动；客观的活动；与理论相对的活动。结合实践的概念，并考虑到法学教学的实际，法学实践课程是指贯穿着法学学科运行整个过程的活动，与法学理论课程相对，注重学生的参与体验与反思，通过个性化体验来完成。

（二）法学实践课程的四个特点

从其形式的角度，相对于课堂教师讲授而言，法学实践课程特指通过一定真实的和模拟的实践形式培养学生实践能力的教学方式。据此可以看出，法学实践课程具有以下四个主要特点：

1. 实践性

法律实践是一种具有创造性的工作，并不是简单的逻辑推理过程。实践教学主要通过课堂外有计划、有组织的一系列实践活动，来培养法学专业学生具体应用法律基本知识、解决实际问题的能力。法学实践课程在目标上注重学生实践技能的培养，以能力为本位，具体包括学生的法律思维能力和法律操作能力。

从法律思维能力来讲，司法实践是复杂灵活的，不像书本知识那样相对凝固，它没有现成和绝对确定的答案，教师应当在与学生讨论的过程中，假设各种可能性，引导学生去发现有关的事实材料、法律规范、各种可变因素以及各因素之间的复杂关系。通过这种思考和分析，找出最佳的可行方案，培养学生的法律思维能力。

从法律操作技能来讲，传统教学的目的在于引导学生掌握系统的知识体系，学会通过分析条文和逻辑推理得出正确的答案，但却使学生无法得心应手地应用法律解决具体问题。法学实践课程的主要内容就是学习如何收集、分析、判断和确认事实，如何运用心理学语言行为分析的方法以及经济、文化、社会、道德等方法分析法律的实际运行和操作。通过这些课程内容来实现对学生法律操作能力的培养。

2. 启发性

《教育部关于进一步深化本科教学改革全面提高教学质量的若干意见》中指出："要大力推进教学方法的改革，提倡启发式教学，注重因材施教。"在实践性课程中，教师为学生提供解决案情的方法和思路，通过讨论式、问题式、交互式等启发式教学方法，采用社会实践、社会调查等形式来提高学生研究和探索的兴趣，从而激发学生的全面性、主动性、批判性思维，增强学生对新知识的解释、推理、运用能力。因此，法学实践课程在方法上的启发式有利于因材施教，增强教学效果。

3. 灵活多样性

与法学理论性课程的教学相比，法学实践课程的学习和实践形式更加灵活多样。其强调课内与课外相结合、课上与课下相结合、校内与校外相结合。同时，每门具体的课程都有自己独特的实践形式。比如，在观摩实习中，学生以旁观者的身份认真观察各类司法机关的运作模式，获得直观上的认知感。而在模拟法庭上，学生则通过亲身饰演法官、检察官、律师、原告、被告等不同角色来体验庭前、庭中和庭后的情况；又如，法律诊所，学生以代理人的身份接触真实的案件，直接为当事人提供法律援助，完整地体验案件的整个处理过程。

4. 综合性

法学实践课程把学生置于真实或近乎真实的环境中，以学生亲身参与实践为主，以教师指导为辅，在实际的工作或模拟的实践活动中让学生学会主动应用所学知识，并结合自身能力解决问题。学生不仅要综合地运用各章节的法律知识进行分析，而且要综合地运用本学科的知识进行分析，建立起优化的认知结构。实践教学培养了学生的操作能力、自学能力、组织能力、观察能力、写作能力、表达能力、管理能力以及专业意识等综合性能力。

二、法学实践课程的关键意义

教学目标的实现应当根据不同学科的不同要求来确定，法学教学目标的双重性决定了实践教学的必要性。实践教学既能提高学生分析问题和解决问题的能力，又能活跃学生的思维，强化学生主动学习的意识，弥补课堂讲授中的不足，全面提高学生的专业素质和能力。法学实践课程设置的意义主要体现在以下四个方面：

（一）实现教育国际化

美国法律哲学家指出：如果一个人只是一个法律的工匠，只知道审判程序之规程和精通实在法的专门规则，那么他不能成为第一流的法律工作者。有学者则认为，司法是一种"人为理性"，需要通过长期直接接触司法实践才可能形成。从未来社会经济和科学技术发展对高等教育人才需求的基本趋势及其质量标准看，人才的素质问题逐渐成为人们关注的焦点，而人才素质的核心之一，就是人才的创新意识、创新思维和创新能力。法学人才的培养模式决定着社会法律的运转模式。因此，法学教育必须树立国际意识和全球意识，以具有国际性和国际竞争能力的法学教育来应对经济和法律的全球化，培养具有应变能力和适应能力的高素质人才。

（二）克服传统法学教学方法弊端

我国的传统法学教育通常是以传授系统和科学的法律知识为目的，教学方法注重书本和课堂理论教学，忽视对学生分析和处理实际法律案件能力的培养。这种法学教学模式由于过于抽象，学生的主动性和创造性不能得到最大限度地发挥。同时，因为实际应用的欠缺，也使得学生对其所学的知识得不到准确的认识和理解，知识掌握难以牢固。单纯的讲授式教学不利于培养学生的创造性思维，更不利于培养学生运用法律独立分析和解决问题的能力。因此，通过实践教学对学生进行实践性法律教育，可以训练学生解决具体案件的能力，并从中学习选择法律、分析法律、解释法律和使用法律的方法。

(三)培养高素质法律人才

在激烈的社会竞争中,具有竞争力的人才必须具备很强的以创新能力为基础的适应能力、分析问题与解决问题的能力。为此,法学教育必须注重对学生分析问题、解决问题能力的培养。教师必须在观念上从被动接受型向主动思维型转变,通过实践教学使学生在实际工作中发现自己的潜能和价值、培养自己的个性、锻炼自己的能力和素质。实践性课程的开展可以使学生真实体会法律职业的特色,增强职业技能。在概念、原理这些思辨性的规则之外,依靠主体的情感体验来完成知识的现实应用。同时,由于法学实践教学使用的策略也并不是单纯的法律规定,而是综合运用社会学、政治学、心理学、经济学、医学等多学科的知识,这样能够对学生进行多方面的培养。

(四)它是衡量法学教育质量的重要指标

高校的教学质量水平是高等教育质量水平的重要体现,提高法学教学质量,培养理论扎实又具备创新能力与实践能力的复合型法律人才一直是法学教学孜孜以求的目标。从当代高等教育的人才培养来看,课程设置应当满足时代性、实践性、探索性、综合性的要求。法学实践课程正是对以上课程设置要求的满足。法学实践课程可以反映立法与司法的最新进展,反映法学学科研究的最新学术成果,可以很好地体现时代性。法学实践课程以实践为主要形式,能够满足学生走上社会的实际需要,具有很强的实践性。法学实践课程重视培养学生的创新精神,具有较强的探索性。法学实践课程打破了部门法教学的局限,完整地体现了司法实务的整个流程,学习的内容上不仅使学生们学到了法律应用常识,还增长了其他方面的社会知识和自然知识,能全面完善学生的知识体系,具有综合性。由此可见,实践性课程开展的好坏可以作为衡量法学教育质量的重要指标。

三、法学实践课程的教学目标

法学实践教学体系构建必须以实践教学目标体系为前提和依据。我国法学实践教学的目标应当是培养符合社会需求、具备法律职业技能以及专业素养的专门性人才。这个目标要满足以下三方面的要求:

(一)培养法律专业技能

法律职业肩负的特殊使命要求其从业者必须具备广泛而专精的职业技能。法学专业的本科教育应强化学生的职业技能,使他们毕业后能尽快适应法律职业的要求，培养法律职业技能具体体现在以下三个方面：

1. 基础性能力

基础性能力主要包括社会认知能力、人际沟通能力和社会适应能力三种能力。培养社会认知能力是法学实践教学最基本的教学目标，也是培养人际沟通能力和社会适应能力的前提和基础。作为法律人，应当有一定的生活经验、社会阅历以及对社会现象的感知力、适应力和理解力。因此，首先要学会与社会接触，了解社会、认知社会，实现其最基本目标。在此基础上训练良好的人际沟通能力，善于使用社会群体语言与社会成员沟通，帮助其正确认识自己和恰当地展示自己。同时，必须具有较强的社会适应能力。社会适应能力是社会对学生的总体期望，也是判断办学效果的基本标准，因此，训练人际沟通能力和社会适应能力也是法学实践教学最基本的目标。这种能力的形成需要通过法学整体实践教学过程来实现。

2. 应用能力和基本操作技能

法学专业学生的应用能力是指能准确、适当、熟练地将法律运用于社会问题，在法的适用过程中善于发现问题，运用法律思维观察、分析问题，最终以法律手段解决问题的能力。法学专业学生的基本操作技能主要包括语言表达能力、掌握和运用信息能力、推理能力与论证能力。语言表达能力是指学生应当具备准确掌握法律术语，以口头或文字语言的方式与他人交流，表达自己对特定事实或问题的看法的能力。语言是律师的职业工具，语言表达能力是法学专业学生的重要技能。除此之外，学生还应当掌握运用现代办公设备的技能、获取信息的技能以及严密的推理能力和严谨的论证能力。在律师们的技术中主要的就是正确的推理和有力的论证技术。因此，推理能力和论证能力也是一种法律职业者的基本技能。该目标主要通过完善的各类实践教学环节来实现。

3. 拓展性能力

拓展性能力在法学专业中主要指的是创新能力。创新能力是参与全球化人才竞争的重要砝码，也是法律工作者必备的能力之一。因此，培养学生的创新能力也必定成为法学实践教学的重要目标之一。法学专业学生创新能力的培养需要在具备基础能力的基础之上来实现。这要求教师在日常教学中拓宽学生的视野，对其进行拓展性引导，让学生在实践课程中广泛接触具有典型特征或争议的案件，对独立性思考能力和创新能力进行针对性培养。

（二）培育法律职业道德

法律职业道德是基于法律职业的特殊性而演化出来的严格且详细和具体的职业规则。虽然这些规则不是由国家的强制力保证实施的，但却是由职业团体强制实行的，具有一定的法律效力。法律职业道德关注的是法律职业者应该如何从事社会的法律事务，它不仅要关注职业道德之于法律职业的意义，还要关注法律职业行为对错、好坏的标准，以及证明法律职业行为正当与否的适当理由，并合理解决法律职业领域的道德冲突。只有法律知识不能算作法律人才，一定要于法律学问之外再具有高尚的法律道德。可见，法律职业道德修养是维护法律职业的一个不可或缺的因素。较高的法律道德修养是法律职业者在实际工作中维护法律的尊严和价值的根本保证。立法者如果欠缺法律道德修养，那么所立之法难免会偏袒部分利益群体而背离广大人民的利益；执法者如果欠缺法律道德修养，就会在执行法律的过程中滥用职权，危害正常社会秩序；司法者如果欠缺法律道德修养，就更难以保持中立与公正。因此，培养法律职业道德、提高法律职业素养是法学实践教学追求的首要目标。

法律职业道德的培育，应从态度或情感教学入手。完善实践课程体系和教学方法，同时将讲授法、渗透法、案例教学法、示范和角色体验等方法引入法律职业道德教育，为学生创设情感体验场并为学生积累情感经验提供机会。

第三节 建构主义学习理论与法学实践教学

一、建构主义学习理论概述

（一）构建主义基本概念

建构主义是认知理论的分支，被广泛应用于哲学、教育学、心理学和语言学等学科。就建构主义学习理论而言，古代思想家已经关注到了类似的研究范畴，例如，苏格拉底和柏拉图就是教育领域最早的建构主义者。

建构主义学习理论现在已经达到较为成熟、完备的水平和阶段。作为一种与传统客观主义不同的学习理论，建构主义学习理论认为，学习是积极主动的建构过程，认识是个人独特构造活动的结果。知识是个人经验的合理化，知识是在学习者头脑里被构造出来的。知识的建构并不是任意的和随心所欲的，学习者的建构是多元化的。究其本质，建构主义学习理论重视主、客体的互动，反对只讲主体或只讲客体，强调学习的主动性、社会性和情境性，这种观点无疑为法学专业实践教学提供了坚实的理论基础。

（二）构建主义教学模式

为了让教师更好地引导学生构建知识体系，建构主义学习理论描述了其独特的教学模式，主要包括支架式教学、抛锚式教学以及随机进入式教学三种模式。

1. 支架式教学模式

学界一般将支架式教学定义为：为学习者建构对知识的理解提供一种概念框架。由于学习者对问题的理解呈现逐层深入的规律，所以事先要把复杂的学习任务加以分解，概念框架就是为学习者顺利迈进下一个层次的学习任务的支架，目的是为了将学习者的理解逐步引向深入。

支架式教学模式来源于苏联著名心理学家的最邻近发展区理论，在学生智力活动中，在所要解决的问题和自身原有能力之间往往存在差异，即"最邻近发展区"——学生独立解决问题时的实际发展水平和教师指导下解决问题时的潜在发展水平间的距离。教学可以在最邻近发展区有所作为，当然教学绝不应消极地适应学生智力发展的已有水平，而应当不断地把学生的智力从一个水平引导到更高的水平。

建构主义学习理论正是从最邻近发展区理论的思想出发，借用建筑行业中使用的"脚手架"这一施工设施，形象地将上述概念框架比喻为学习过程中的"脚手架"。概念框架应按照学生智力的"最邻近发展区"来建立，框架中的概念是为发展学生对问题的进一步理解所需要的，学习者可通过这种"脚手架"的支撑作用更顺畅地构建起深层次的意义。

2. 抛锚式教学模式

建构主义学习理论认为，学习者要实现对所学知识的意义建构，最好的办法是让学习者到真实环境中去感受、去体验，而不是仅仅聆听别人关于这种经验的介绍和讲解。抛锚式教学模式将教学建立在有感染力的真实事件或真实问题的基础上。抛锚式教学模式的关键是确定真实事件或真实问题，这被形象地比喻为抛锚,当这类事件或问题被确定,整个教学内容和教学进程也就会被确定。由于抛锚式教学要以真实事例或问题为基础,所以有时也被称为实例式教学或基于问题的教学。

3.随机进入式教学模式

建构主义学习理论凭借"弹性认知理论",将教学的主要目的定位为提高学生的理解能力和知识迁移能力。该理论认为,事物本身复杂多样,要准确地认识事物并把握事物本质及事物之间的内在联系,从而全面地进行意义建构,对学习者而言具有一定的困难。要全面深刻地认识事物、建构知识,适宜从不同的角度加以考虑。以"弹性认知理论"为理论基础,随机进入式教学模式强调随机性,学习者可以通过不同途径、不同方式进入同样教学内容的学习,摆脱教师单纯灌输知识的状况,从而获得对同一事物或同一问题多方面的认识与理解。

随机进入式教学模式的积极意义在于实现对事物理解和认识的提升,而不是简单对同一知识进行重复和巩固。然而,该模式必然对教师提出更高的要求,教师必须根据具体教学内容、学习者的学习特点及学习情况,及时引导学生开展多维度、多途径的学习,有效处理学生在学习过程中出现的个体差异性问题,并激发学生的创新思维能力,使得不同学习者可以获得对同一事物或同一问题多方面的认知与理解。

二、建构主义学习理论对法学实践教学的应用

(一)贯穿于法学实践的教学过程

建构主义学习理论认为,学习总是与一定社会文化背景相联系,实际的情景可以让学习者利用已有的经验积累和知识基础去检索与同化当前学习到的新知识,对新、旧知识产生新的认识;如果原有经验不能"同化"新知识,则要引起"顺应"的过程,即对原有认知结构进行改造与重组。通过"同化"与"顺应"的过程,学习者才能达到对新知识的"意义建构"。

由于真实与实际的"情景"具有复杂性、丰富性和生动性,传统课堂讲授不能给学习者提供更好的"意义建构"条件。建构主义学习理论认为,学习环境是学习者进行自主学习、探索的场所,学习者可以充分利用学习环境中的各种信息和工具实现自己的学习目标。在这一过程中,学生与教师、学生与学生之间的关系都发生了变化,学生不仅能得到教师的帮助与支持,

而且学生之间也可以相互协作、相互支持。在建构主义学习理论指导下的教学设计强调针对学习情境的设计，利用各种真实或信息模拟的资源来支持学习者进行主动探索并完成意义建构。

我国法学本科实践教学过程通过实践知识教学、实践观摩教学、实践模拟教学和实践参与教学来完成。法学实践知识教学主要是对学生基础知识的教学，重点在于法律运行理论与实践的答疑解惑；实践观摩教学就是带领学生去法院旁听审判，获取司法现场的感性认知；模拟教学阶段是对有关真实情景模拟，让学生参与其中，体会法律程序和法律智慧；实践参与教学阶段是安排学生进入法律实务部门，协助法官、律师或检察官等办理真实的案件。整个过程呈现出四个逐层递进关系的实践教学阶段，建构主义学习理论一直贯穿其中，要求学生张扬个性，充分发挥学习的主体性意识，完成"意义建构"。学习者学习的过程是学习者原有知识结构在学习环境中与客体相互作用，不断进行"意义建构"的过程。

（二）应用于法学实践的教学内容

建构主义学习理论认为，通过同化与顺应，学习者才能达到对新知识的"意义建构"。"意义建构"的关键意义表现在：①解构旧知识，即对原有的知识结构进行整理分析的过程；②建构新知识，学习者在具体的学习情境中，根据原有的知识结构基础，通过个人加工，将新的知识与原有知识进行分化、整合，形成新的认识两个方面。建构主义学习理论认为，对教学内容的把握需要通过"解构"与"建构"来完成，必须打破原有封闭结构，将原有系统瓦解后的各因素与外在因素重新自由结合，形成一种具有开放扩展特征的知识增长系统。

法学本科实践教学的开展，通常以分组形式将学生分配至实践教学场所，使学生在特定的情境下进行自主学习，完成知识的"解构"与"建构"。第一，学生每天面对的并不是法学教材中所讲授的知识体系，而是一个个具体的人、法律关系和问题，以前在脑海中存储的经验知识瞬间无用了，他们必须去接触新的信息和符号，这必然冲击到原有的解码系统，这是解构的过程。第二，学生实习是要完成工作任务的，在解构自身知识原有系统的同时，面临着新符号和编码的进入，他们必须解答原有系统崩溃的原因才能合理地接纳新编码，并在重组编码和重新阐释的基础上最终提出解决问题的方案。

学生在提出问题并小心求证的过程中，自身原有知识系统的各要素被分化、重组，教材中的法学理论、法律条文中的法律规则与社会现实在学生自身的主体意识中重新建立了一种链接，这就是新知识的出现。

（三）实施于法学实践的教学方法

建构主义学习理论认为，学习者是教师教学指导的中心，教学的目的是让学习者建构自己的知识，学习者是建构知识的主体，是价值世界和经验世界的建构者。在教学过程中，教师并不占有主体地位，教师发挥得更多的是辅助和促进的作用。与传统的教学模式相比，建构主义学习理论中的教师与学习者地位、教师作用、教学方法都发生了较大变化，更加强调在尊重学习者主体性的前提下促进学习者个体知识的形成。学习者与周围环境的交互作用对学习内容的理解起着关键性的作用，学生在教师组织和引导下参与讨论与交流，建立起学习群体并成为其中的一员。在这样的群体中，知识和思维通过协作的方式进行共享，学习者通过协商、辩论和讨论，在个体和群体的意义上都实现了对所学知识的"意义建构"。

在法学专业实践教学期间，学生根据指导教师的要求，依托社会实践基地、模拟法庭、法律诊所等实践教学平台，通过对具体法律事务的参与，让学生在潜移默化之中将所学知识在实践中进行检验、扬弃和重组，锻炼和提升自身适应社会现实的法学素养和能力。法学实践教学方法的运用，其实质就是以建构主义理论为基础展开的，即学习者是根据自己的经验、思维逐渐建构知识，学习者个体直接参与而不是被动接受，学习活动是学习者根据个体的学习、积累、推论、反思等一系列具体实践活动而形成的，教师只是观察者、协助者、启发者和促进者。显而易见，建构主义的"意义建构"自始至终都强调主观与客观相结合，即个人经验及原有认知结构与事物性质及事物之间内在联系结合，使建构主义学习理论的内核和精神在法学实践教学的方法中得以全面地应用。

三、基于建构主义学习理论的法学实践教学体系建设

（一）法学实践教学体系建设的系统化

建构主义学习理论要求知识以及专业理论的形成与培养均需要学习者自己去构建完善，从而最终形成完整的理论体系。从系统化的角度来看，建构主义学习理论给法学实践教学提出了三点要求。

首先，从宏观层面来看，建构主义学习理论要求法学实践教学形成明确的知识系统与框架，将孤立、分散的实践教学环节联系起来，使各实践教学环节既具有相对独立性，又相互支撑，实现各实践教学环节的和谐共生。

其次，从中观层面来看，建构主义学习理论的要求是按照系统知识的指导，形成以宪法为核心、以各个部门法为主要支撑、以实然法为主要目的、以程序法为主要手段的法学体系，在实践、应用和观察中逐渐形成对法学理论系统的理解与感悟，并且将理解转化为对知识的补充与扩大，从而最终构建起完整的知识体系，也只有通过这种方式才能够对知识进行科学、完整的消化吸收，实现知识体系的完整与系统。

最后，从微观层面来看，实践教学是对实体法与程序法、应然法与实然法等在实际操作中进行应用。例如，通过刑事法庭或者民事法庭某一类型法庭的学习，在原先理论学习的基础上将知识系统化、完善化，并不是盲目进行实践学习。

（二）法学实践教学体系建设的层次化

建构主义学习理论最为重要的要求就是循序渐进地接受知识，在积累与更新过程中不断完善知识，在发展过程中形成对某项知识与事物的理解。以层次化的角度来分析，建构主义学习理论要求法学实践教学要尊重规律，注重知识、实践传授的层次性，让学生在实践学习中经历由浅入深、从低到高的过程，循序渐进，最大限度地实现法学实践教学的作用。

从法学实践教学体系的构成形式来看，建构主义学习理论要求对实践教学环节在不同层次上进行合理分布。对自主学习能力要求低的实践教学环节设于较低年级，比如，模拟法庭和实践基地教学，通过案例材料或实习选题引导学生进行模式化的学习；而对自主学习能力要求高的实践教学环节设于高年级，比如，法学实验室和法律诊所，充分发挥学生的主观能动性。通过构建层次分明的实践教学体系，使学生在学习、实践过程中逐步获取和完善知识，形成合理的法学专业知识体系。

从法学实践教学体系的内容来看，建构主义学习理论要求实践教学循序渐进地展开，构建起从法理学、法制史等理论法学到宪法母法，再到刑法或民法等各大部门法的多层次法学专业知识体系。如果没有科学合理的理论指导，在实践教学过程中就会出现理解上的混乱，以至于让学生对接收到的知识无动于衷，产生心理上的挫败感，进而无法真正构建层次分明的知识体系。

从法学实践教学体系的运行过程来看，建构主义学习理论指导下的实践教学，强调在实践过程中反复构建知识框架，不断补充与扩展新知识，这个过程本身也是层次化的。首先，学生在课堂教学过程中建立对法学知识的初步认识，大多是较为宏观与理论的认知；其次，在这些理论的指导之下，学生在课后自主学习中扩展新知识；再次，经过实践教学发现理论与实践的差异，对理论或实践进行修正；最后，学生在头脑中形成层次分明、主次清晰的法学理论与实践的知识体系。

（三）法学实践教学体系建设的特色化

建构主义学习理论提倡情境性教学，即教学应使学习在与现实情境相类似的情境中发生，以解决学生在现实生活中遇到的问题为目标。

从实践教学体系的整体情境来看，建构主义学习理论要求学习内容选择真实性任务，不能对其进行过于简单化的处理，使其远离现实的问题情境。由于具体问题往往同时与多个概念理论相关，对此有学者主张弱化学科界限，强调学科间的交叉。目前，高校法学本科人才培养实践教学还缺乏围绕行业特色、学科优势开展，不利于提升法学实践教学的影响力、竞争力。法学本科实践教学体系建设应根据学生在不同学习阶段对行业特色、学科特色的认知与需求，安排有特色的实践教学内容。

从实践教学体系的个体情境来看，建构主义学习理论要求以学生为中心，重视学生主体之间的差异性。每个学生在实践教学过程中遇到的问题既有相同也有不同，即使遇到相同的问题，学生也会因个人理解而存在差异，导致最终解决问题的方式方法不尽相同，使得实践教学体系的运作在个体之间存在差异，表现出明显的特色化。此外，法学专业知识体系对于学生主体而言也是独一无二的，对该体系的把握与理解只有学生个体可以进行深入的研究和分析，除去主体本身，其他人无法进入其构建的知识体系中，无法将其经过实践教学之后的心得体会适用到自己身上。因此，建构主义学习理论指导下的实践教学体系在结果上具有明显的特色化。

第五章 高校法学实践教育的路径探析

第一节 法学实践教育原理分析

一、法学实践教育的要素

（一）法学实践教育的功能

目前，法学实践教育已经逐步被我国各高校接纳，在教学活动中所占的比重也日益增加，主要的原因在于法学实践教育在弥补传统理论教育不足的同时，更提升了学生的专业能力。具体而言，法学实践教育的功能有如下几方面：

1. 道德教化功能

法学作为一门特殊的学科，在教育教学方面更加强调对学生道德素质的培养，而法学的实践教育活动，更具有道德教化功能。无论从事哪个行业，都要具备一定的职业道德素质与职业操守，而对于将要从事法律工作的法学专业的学生来说，除了要具备过硬的专业知识技能之外，更重要的是要有公平公正的职业操守和相应的职业责任感，积极维护当事人的合法权益和社会的公平正义。正如古希腊哲学家亚里士多德所说，"公正不是德行的一个部分，而是整个德行；相反，不公正也不是邪恶的一个部分，而是整个邪恶"。当一个社会中出现纠纷时，在非诉讼的调解机制不能化解的情况下，以诉讼程序解决纠纷避免社会冲突的发生无疑是最佳的途径，但是如果诉讼过程中的各个法律参与者都缺乏职业道德，那么整个社会就会进入一种无序的状态，通过司法的手段化解矛盾也就无法实现。当前在我国从事法律工作的人员包括法官、检察官、律师和法律代办等，他们中的一些人可能仅仅是接受过一定的法学方面的教育，并没有取得法律执业资格证书，更有甚者没有接受过相应的法学专业教育，仅依靠在该领域较长时间的工作经历和较强的关系网络来处理一些法律方面的事务，这就导致法律从业人员的素质良莠不齐。学生时代正是一个人世界观和价值观塑造的关键时期，如果我们能在法律专业学生的培养过程中设置实践教育环节，让学生在学习过程中能够接触到具体的案件，通过实践活动去体会法官、检察官、律师、当事人等不同的角色，激发他们维护社会公平正义、化解纠纷的决心，通过让学生切身体会去潜移默化地提升他们的道德素养，那么我国法律工作界所面临的从业人员道德素质不高的困境便可以得到很好的解决。总之，从长远来看，法学实践教育的道德教化功能对于提升法律人才的道德素质是非常重要的。

2. 转化功能

实践是检验真理的唯一标准，但同时认识对实践活动又具有能动的反作用，法学的教育也是如此。法学的理论教育与法学的实践教育是相互依存、相辅相成的，法学的理论教育是法学实践教育的前提，只有经过大量、充足的理论知识的积累之后，才能在之后的实践活动中做到有的放矢。相对于具体的自然科学，学生对抽象的理论知识的理解更加困难，通过具体的实践活动，有助于学生理解所学的理论知识，重要的是能将学到的理论知识转化为他们的具体的操作能力。在现实生活中，法律从业人员接触到的事务要比书本上的内容更加复杂，格式化的思维方式不能适应生活中千变万化的法律事务，在强调客观公正的同时，也对法律工作者的灵活性和创造性提出更高的要求。学生可以通过实践教育的过程，将所学到的理论知识运用在具体的事件中，进行分析、判断、处理，将所学的理论知识转化为自身的业务能力。在模拟庭审的过程中，假如学生作为被告方的辩护人，就需要与原告及其辩护人进行答辩、举证质证、互相辩论。在这一过程中，学生必须运用到所学的专业理论知识，同时考虑事件的特征，对于学生来说，他们收获的不仅仅是对事件本身的思考，更是能够将学到的知识转化为实践的能力。

3. 调整功能

在传统的法学理论教学的模式下，法学教育主要以书本的理论知识为主，对学生来说这些理论仅仅是存在于书本上的，对现实生活并没有太大的影响。传统的法学教学模式更多地陷入一种"为教育而教育"的困境，与中国传统的教育模式一样，教师是教学活动的单一主体，主要向学生灌输知识，而学生的教学活动处于被动地位,仅仅是接受知识,缺乏具体的实践操作,更多的是"纸上谈兵",挫伤学生的学习热情和学习积极性。而法学实践教育,更关注学生作为主体在实践活动中的作用,强调师生之间的一种平等的主体地位,将对学生的技能的训练摆在首要位置,及时对传统的教学模式、教学方法、教学体系进行调整,虽然当前在这方面还没有取得较为突出的成就,但相信通过不断的变革,法学实践教育最终将会体现其独特的价值。

(二)法学实践教育的目标

在传统法学教育模式的影响下,对于法学教育的目标存在着不同的看法,一种观点认为法学教育是为满足社会对专业的法律工作者的需求而培养技术性、实践型人才;另一种观点认为法学教育是为了法律知识的传递和研究而培养学术型人才。在不同的教育目标的影响下,各高校采取的教学方法也各不相同。根据我国的具体国情和近年来的司法考试的改革趋势,在众多的法学院院校的毕业生中,无论是研究生还是本科生,其中只有很小部分会从事法学的学术研究工作,他们中的大部分还是会进入相关的法律事务部门从事一些法律方面的技术性工作,其工作的性质更倾向于实践性。但是,在法学通识教育的培养模式下,法学教育的实践性难以体现。法学教育的实际情况与社会需求之间的矛盾日益凸显,需要厘清两者之间的关系,正确解决这一矛盾。

要实现法学教育的高效性,需要建立以需求为导向的教育教学机制。这意味着对于大部分的学生来说,法学教育要坚持实践性的主要目标,但对于这一问题的探讨不能一刀切,不能过于片面,而要坚持主要目标与次要目标的相统一。我们要认识到,部分学生在毕业之后有致力于法学学术方面的志向,尽管这个群体的学生对于整个学生群体而言只占小部分,但是我们不能忽视他们的存在,要在确立教育目标的同时考虑到他们的需求。

具体的法学实践教育目标主要分为三个层次:首先,要让学生具备运用法律思维去思考的能力和惯性,法学实践的最终目的是要将成果运用到实际工作中的,这时考验的不仅仅是学生的专业技能,对于他们的思维方式也是一种考验,要让他们像法律人一样去思考,尤其批判性思维对于他们处理复杂的法律事务来说是必须具备的素质。其次,只拥有法律的思维方式但是没有经过专业的技能训练和实践的磨炼也是不可行的。在法律事务中,有许多专业技能，如，会见、咨询、谈判、起草法律文件等都是需要经过专门的训练才能达到实践的要求的，就像要成为一名优秀的医生，只学习理论是远远不够的，需要在与病人的接触过程中不断地揣摩研究才能实现实践技能方面的质的进步，法律的实践也是这样，需要不断的历练才能做到精益求精。第三，要明确法律人的职业道德伦理与职业操守。法律工作作为一项特殊的行业，它不是像流水线的工作一样机械地完成就可以了，它是一份需要包含着某种价值判断与情感认同的神圣工作，需要法律人在实现社会公平公正的同时，勇于承担相应的责任，培养具有良知与责任感的法律人。

二、法学实践教育的运行

（一）法学实践教育运行中的学分制管理与学制

在传统的法学通识教育的模式下，基于大陆法系的特点，中国大部分院校都只将法学的理论教学内容作为对学生进行考核的主体部分，给予较高的学分，而实践方面的教学所占的必修学分比例很小。学生作为受教育的主体，在很大程度上由于"有限理性"的存在，对实践教育这一环节的重要性认识不足，需要通过制度化的规定来实现实践教育这一目标。通过设置实践教学环节一定比重的学分值，对学生造成相应的压力，才能确保实践教育的高效实施。

在我国，法学实践教育的培养主要在本科及研究生阶段完成，在学生进入大学之前，他们所学习到的大多是基础性知识，法学方面的知识积累几乎是空白。进入大学后，他们既要完成通识教育，又要去积累相应的专业方面的实践经验，短短四年的时间对于他们来说是有限的，无法完成超额的任务量，所以在学习完基础的理论知识之后，他们无法按质按量完成实践环节技能的训练。法律实践这一环节虽然在有的院校中有所设置，但由于时间的限制，大多流于形式，没有充分的时间去完成。在学制延长的情况下，借鉴医学生的培养模式，将法律人才的培养学制由4年延长至5年或6年，不论是对于学生还是对于学校，均为其完成法学的实践教学环节提供了有利的条件。对于学生，在掌握了一定量的法学基础性知识之后，才有可能去进行法学技能方面的训练，才有可能将所学的理论知识转化为实践技能。没有相应的知识的积累，就像一只行驶在没有水的河里的舟，无法前进。延长学制情况下，学生将会有更充足的时间在实践中体验、理解法律的规则、原理，最终实现理论与实践的有机结合。

（二）法学实践教育运行中的教学方法变革

法律诊所、模拟法庭、审判观摩、案例教学、法律文书等是当前我国众多高校法律实践教学最常用的方法，虽然具备了法学实践教育的形式，但还存在着理论与实践相脱节、学校和学生对实践教学环节的不重视、师资力量的不匹配等诸多问题。

传统的法学教育中教师是教学活动的主体，而法学实践教育强调的是学生的参与，主张教学活动要实现"以教师为中心"向"以学生为中心"的转变，所以在教学理念上要以学生为中心，将教学方法由教师主导的"填鸭式"向学生自主参与体验的方向转变；要在教学实践过程中凸显学生的主体地位，让学生在实践活动中发散思维，教师在积极引导的同时更加注重培养学生解决问题的能力和创造性的思维方式；在法学实践教育的过程中，要拓宽法学实践教育的场所，除了学校、模拟法庭等基本场所外，社会也是进行法学实践的一个重要场域，在教师的引导下，让学生参与法院、检察院等部门的具体事务中，更能强化学生对实践性的理解。此外，参与到真实案件的代理、咨询、辩护等环节也是培养学生实践能力的有效途径；教师在教学过程中不能过度地依赖教材，可以结合自身经历进行实践环节的教学。同时，要具体内容具体分析，了解各个教学方法的优缺点，选择适合本节课所讲主题的教学方法。

（三）法学实践教育运行中的教学设计

法学虽不同于自然科学，但是就具体实际情况而言，法学在日常生活中是一门应用性极强的学科。由于当前高校在法学实践教育方面还存在着一定的缺陷，能否运用现代化的教学设计模式与方法成为法学实践教育能否成功的关键因素之一。

1. 法学实践教学设计的依据

（1）法学实践教学设计的功能

法学实践教育要实现跨越式发展，离不开科学合理的教学设计。而有效的教学设计能够实现法学实践教育的科学化、高效化。科学的法学实践教育能够从实际的教学情况出发，尊重教学过程中的客观规律，尊重学生的学习规律，能够全面、客观地看待实际运行中出现的问题并加以解决。虽然在法学实践教学活动中也有教学设计这一环节，但就整体实施状况与实施效果而言，科学性、系统性不足的缺陷仍然存在，法学实践教学活动中的教学设计大多流于形式。部分教师在法学实践教学活动中根本没有教学设计，而有些教学设计只是教师在自己的教学经验的基础上主观作出的或者是根据理论课的教学设计经验总结出的教学方案。由于对实践性教学活动的不重视，担任实践性教学的师资力量远远不如担任理论知识教育的师资力量强大，教学设计也远不如理论知识的科学、系统。因此，较为系统、全面、科学的法学实践教育的教学设计，对提升法学实践教育的质量是至关重要的，对卓越法律人才的培养也是必不可少的。

法学实践教育教学活动中的教学设计还有利于更好地组织利用所拥有的实践资源。通过合理、科学的教学设计，法律人才培养单位可以根据本地区的具体实际情况，在分析学校学生的特点之后，对实践教育的具体时间和地点、师资力量的分配情况作出判断，真正做到人尽其才、物尽其用，让法学实践教育的作用发挥到最大化。

（2）法学实践教学设计遵循的原则

在法学实践教学设计的过程中，应坚持如下两个原则：传统教育理论与现代教育理论相结合的原则、遵循法学实践教育规律的原则。传统教育理论与现代教育理论相结合的原则强调，法学实践教者在运用传统教育理论的同时，不能忽视现代教育理论的作用。法学实践的教育者在进行教学设计时，要注意现代教学策略、教学理念的运用，使教学设计更能与学生的需求相匹配。许多现代性的教学设计理论也可以引入教学设计，如，建构主义学习理论、人本主义、认知理论等。遵循法学实践教育规律的原则认为，法学实践教育的最终目的是让学生运用所学到的知识解决实际生活中的具体问题，是培养理论知识与实践技能同时具备的高素质法律人才，其中，提升法律人才的专业技能与职业道德是主要目标。遵循法学实践教育规律包括两方面的含义：一是在法学实践教学设计的过程中，要遵循本地区特殊的社会环境与实践资源状况，以上海为例，作为首批沿海开放城市，上海已经成为国际经济、金融、贸易、航运、科技创新中心，在法学实践教学设计过程中，更应该把握这一特殊的社会环境，利用好这些社会资源，让学生参与到这一类型的法学实践教育活动中去；二是要在对不同时期的学生了解的基础上对他们的学习能力与学习特点进行甄别,设计出更适合他们的教学方案。法学作为一门特殊的学科,在实践中还具有较强的学科性和专业性,在掌握一定量的专业基础知识之后才能作出合理的判断。诸如,不同年级的法律专业的学生在法律方面的知识储备量与法律事务方面的经验是不同的,所以在教学设计过程中,一定要充分考虑学生的实际情况选择适合于他们的实践方式,如:低年级学生可以安排他们参加校内的观摩活动、社会调查等;中年级学生可以安排他们参加辩论赛、模拟法庭、案例教学等;高年级和即将毕业的学生可以安排他们参加社会实习、担任法律义工等。

2.法学实践教学设计过程

(1)法学实践教学起点设计

法学实践教学设计要坚持以学习为中心,教学活动要与学生的需求相符合,要多关注学生的学习动机。法学实践教育活动包括法学实践教学设计,目的都是为了促进学生的发展。关注学生的需求、了解他们想要通过学习获得什么是进行实践教学设计的前提。通过对法学专业学生的学习动机、兴趣、学习背景进行相应的了解,选择合适的教学内容、教学方法与教学策略。在教学活动中,学习动机起着基础性的前瞻作用,它通过影响学生的学习态度进而间接影响教学的效果。因此,应当了解每一位学生的学习动机与需求、相关教育背景等,如,法律专业的学生在之前有没有阅读过有关的法律方面的书籍、有没有相关的法律方面的实践经验、日常生活中有没有感兴趣的法制节目、将来毕业后是否想要从事与法律相关的工作。通过对学生的了解,强化学生对法律相关工作的认同感,激发他们提升自我专业技能与专业素养的动力,同时对他们的职业道德起到良好的教化作用。

(2)法学实践教学模式设计

虽然法学教育在我国已经有近百年的历史,但是由于特殊的历史环境的限制,我国的法学教育形成了重理论知识、轻实践技能与职业道德教育的状况,法学的实践教育在教育界仍没有形成一致认同的模式。法学专业一向以理论与实践并重,加上法学实践教育也有自身的独特之处,故而法学的实践教育应当坚持教学活动的多样化、教师的主导性与学生的主体性。多样化的教学活动是指在法学实践性教学活动中,开展各种不同类型的教学活动,如:法律辩论、社会调查、案例分析等,根据学生教学活动偏好的差异,各取所需，通过种类丰富的教学活动，训练学生职业技能进而强化学生对职业的认同感，达到培养提升其职业道德修养的教学目的。在法学实践教学模式中，要突出教师和学生作为不同的主体的作用，在强调师生地位平等的基础上尊重每位学生的主体地位，教师发挥的作用是引导，加强师生间的交流与互动，体现出学生在学习活动中的自主性与积极性。在教师有目的、有计划、有组织的引导下，促进学生积极主动地掌握基础知识和基本技能，促进其全面发展。这种模式须注意以下几个方面：第一，规范法学实践教学活动的开展。这其间包括对实践教学大纲与指导用书的审慎选用；另外，实践活动的一步步开展需要制定详细的计划和步骤；也涉及对教学活动的评估和监督，例如，可以设立教研组。通过这些以使整个实践活动有章可循。第二，提高实践教学师资队伍的素养。不仅仅要关注教师的理论培养，还要加强教师的实践水平，有针对性、有计划地对学生进行实践教学的培训，提高驾驭实践教学的能力。法学教师实践水平的提高有利于搞好法学实践教学，提高法学专业学生实践能力，达到双赢。第三，丰富课堂教学模式。通过案例教学、课堂辩论、小组讨论、情景剧表演、影视作品观摩、DV制作等一系列教学方法，实现法学教学内容与社会现实和学生思想的结合，将实践贯穿于教学的各个环节，加强师生之间的广泛互动，提高课堂教学实效。第四，加强实践活动场所的建设。采取"内外结合"的思路，一方面，应当加强对学校图书馆、模拟法庭、实验室软件与硬件建设；另一方面，注重开辟建设校外实习基地，增加学生的学习机会，弥补校内实践的不足。

（四）法学实践教育运行中的教学评价体系建设

1. 评价体系建构的必要性

法学实践教育运行的评价指对参与实践教育的各个主体及其表现依据科学的评价标准进行客观评价。进行评价的目的不仅仅是对学生在这一阶段学习的成果进行检验，也能及时了解这一教学模式运行的情况，总结经验改进不足，及时对所采用的教学方法进行调整，保证法学实践教学的高效运行。我国各高校的法学实践教育尚在发展初期，对于法学实践教育运行中的教学评价体系建设没有系统化。没有评价就没有提升，没有比较就很难取得进步。因此，要提高法学实践教育的质量、实现法学实践教育的可持续发展，既满足学生对教育的需求又能让培养出来的人才符合社会的要求，就必须建立科学化、规范化、高效化的法学实践教学评价体系。在确保法学实践教学评价体系完整性的同时，要考虑到其可操作性，让法学实践教学评价体系真正有效地服务于培养卓越法律人才的教育目标。

2. 评价体系的主体

在法学实践性教育教学的过程中，参与的主体是多方面的，因此在确定教学评价体系的主体时，要将各种关系主体都考虑进来，保障评价主体的多元化。这些评价主体包括学生、教师、领导者和其他人员。

（1）学生

学生是教学活动的主体，法学实践教育教学在实现"以教师为中心"向"以学生为主体"的转变后，学生在教学评价体系中的主体地位更加突出。学生作为教学活动的亲历者，对教学活动的质量和效果也更有体会，所以实践性教学活动开展的效果如何，学生也更有发言权。所以要让学生对法学实践性教育的实施内容、方式、效果等方面作出客观的评价并对这些反馈进行及时的回应。这些评价可以是对于教师教学方面的评价，也可以是对学校在法学实践教育环节的评价。

（2）教师

在法学实践教育教学的环节中，教师更多的是扮演一种参与者和引导者的角色，学校为教师提供实践教学活动所需的场所和条件，教师在遵守学校相关制度的前提下，依照教学内容采取灵活的教学方式与教学手段。在这一过程中，教师承担了一种过渡的作用。他们能够认识到学校实践教育活动中的哪些设施或者制度存在不足，同时对学生的知识掌握情况又能有所了解，所以让教师参与到教学评价过程是非常重要的。

（3）领导者

领导者是指在学校或者实务部门专门负责管理实践性教学的部门或者人员。他们一方面对教师的教学活动进行管理与监督；另一方面，他们要为教师的教学活动提供相应的物质支持与资源支持。让领导者参与教学评价不仅能起到对教师的激励与约束作用，更能对教学资源进行合理的规划。

（4）其他人员

其他人员包括校外专家、同行、实践过程中的当事人等，他们在实际运行的过程中通过与参与者的接触或者运用自身的经验来对参与者的行为表现作出评价。

3. 评价内容

法学实践教育活动中，各主体基于自身角色、地位、认知的不同，对教学评价内容的范围也就不同。整体来看，主体的评价一般包括硬件与软件两个方面。硬件方面的评价主要是指实践性教学的场所、设备等物质方面的基础设施建设是否齐全，是否能满足师生进行教学活动的需求。软件方面的评价主要包括考试评价、效果评价、制度评价等。其中，软件方面的建设在整个教学实践活动中仍处于薄弱环节，在教学评价中要摆在重要位置。

（1）考试评价

考试评价是指在法学实践教学活动进行到一定的阶段之后，采取考试的方式对学生在实践活动中的各个环节的表现进行测评。考试评价既包括对学生实践技能方面的考评，也包括对学生职业道德方面的评价。对实践技能方面的考核是让学生在具备了一定量的基础理论知识之后能够将理论应用于实践，符合社会对法律人才的要求，提升他们应对实际工作的能力；而对学生职业道德方面的考评则要求培养出来的法律人才是具有法律精神、具有追求公平正义职业理想的。对于一名合格的法律人来说，这两种素质必须同时具备，缺一不可。只具有较高的法律实践技能却不具备相应的职业道德素质，这种人并不能致力于维护社会的公平公正，更不能去打击违法犯罪，维护广大人民的合法权益。而只具备较高的道德素质却没有相应法律技巧的人，他们只能是心有余而力不足，相较于那些两者兼具的人来说，他们的贡献也只能是有限的。

（2）效果评价

实践性教学是否达到培养训练的效果有待学生和教师的评价。学生的评价包括自我评价和对教师的评价，评价可通过问卷、座谈、总结等方式进行。教师的评价也包括自我评价和对学生的评价，评价可通过工作总结、学生评语等方式进行。对学生的评价内容包括：学习和工作态度、责任心和职业道德、团队合作精神、工作效率和能力等；对教师的评价内容包括：敬业精神和工作态度，教育理念，知识水平和业务能力，教学内容、方法和手段，教学效果等。

(3) 制度评价

制度性评价是指在教学评价的过程中，通过对与法学实践教育相关制度的考核对其作出相应的评价。制度评价既包括对正式制度的评价，也包括对非正式制度的评价。通过对制度的评价，及时对制度作出调整与变革，使制度能高效地发挥出其应有的激励与约束作用。对于那些不符合实际教学情况、不能对法学实践教育起到积极作用的制度应及时修正。参与制度评价需要制度践行主体的多方参与，他们对制度的实际运行状况更为了解。评价可以通过调查问卷、深度访谈等形式进行。

第二节 我国法学实践教育模式改革与创新

一、构建中国特色社会主义法学实践教育模式

（一）要求

如何提升法学学生的实践能力，发展具有中国特色的法学实践教育是当前法学教育中极为重要的任务。对此，在宏观上应当把握以下三点办学要求：

1. 结合中国特色社会主义的特征，注重社会主义的方向性

办好具有中国特色的社会主义法学实践教育，首先要坚持社会主义的办学方向。《关于全面推进依法治国若干重大问题的决定》（以下简称《决定》）指出，全面推进依法治国的总目标是要建立中国特色社会主义法治体系，建设社会主义法治国家。并指出"要培养造就熟悉和坚持中国特色社会主义法治体系的法治人才及后备力量"，"着力建设一支忠于党、忠于国家、忠于人民、忠于法律的社会主义法治工作队伍"。《决定》的发布给未来的法学教育指明了一个方向，也给未来的法学教育提出了新的要求，即法学教育应当与中国特色社会主义法治理论紧密结合，应当加强与实务部门的联系。法学教育能否实现高质量、有特色的发展与我国法治体系、法治国家的建立和建设息息相关。唯有提高法学教育的质量，才能够为依法治国的总目标提供人才保障。

2. 符合当前中国法学教育的发展状况，具有现实可能性

首先，法学实践教育要立足于现有的法学教育条件。实践教育的开花结果需要建立在当前法学教育的土壤之上，超前的或者脱离当前实际的实践

教学不仅不能促进实践能力的培养，同时还会因为不具备教学实施的条件而成为一纸空文。应当立足于我国法学教育的现实，在此基础上进行发展。其次，法学实践教育要与法学教育的目标、方向相一致。法学实践教育是法学教育的一部分，如果其发展目标、方向与法学教育不一致甚至南辕北辙，不仅难以实现其初衷，也不利于法学教育的整体发展。

3. 要满足构建新时代中国特色社会主义法治国家的需求，具有实用性

法学学生就业率低、薪资低、就业满意度低的三低问题不仅与高校增设法学专业、法学专业扩招导致的法学学生数量增加相关，而且和我国目前法学教育与市场需求之间的不平衡也有很大的关系。其中一个重要的问题便是法学实践教育的缺失，导致法律学位教育无法满足法治的实践需求。我国全面依法治国提出了建立中国特色社会主义法治体系，建设社会主义法治国家的总目标，要实现这个目标就要逐步提升当前法学教育中的这个短板。

（二）内容

1. 教育培养目标

《决定》中习近平总书记强调要坚持立德树人、德育为先导向，推动中国特色社会主义法治理论进教材、进课堂、进头脑，培养造就熟悉和坚持中国特色社会主义法治体系的法治人才及后备力量。此后，习近平总书记在多次会议上强调要加强品德修养的建设，"培养德智体美劳全面发展的社会主义建设者和接班人"，"要在加强品德修养上下功夫，教育引导学生培育和践行社会主义核心价值观，踏踏实实修好品德，成为有大爱大德大情怀的人"，"要把立德树人融入思想道德教育、文化知识教育、社会实践教育各环节"，等等。

纵观历史，不论在哪个社会历史阶段，法学学科教育对人才德行的培养要求都是很高的。每个法学学生在初入法学之门时都会经历一次说文解字的课程，即中文繁体"法"字的解说。这一番说文解字便是要让法学学生了解法是公正的代表，法学学科人承载着社会对公正的期待，如果这些学习法学从事法律工作的人德行不正，那么社会的公正底线就难以保障。法学实践中教育最终要培养从事法律实务的人才，这些人是否有良好的品行、是否能够在法律工作中坚守法律人的职业伦理道德，关系着社会公正是否能够实现的问题。因此，中国特色社会主义法学实践教育要培养不仅具有过硬专业能

力，更要具有优良品德的法学人才。

2. 教育培养方式

在教育培养方式上我们仍然可以延续采用多方式、多层次的培养方式。我国法学教育一贯采用多方式、多层次的培养方式，形成了以法学学士、硕士、博士教育为主体，以法学专科教育等为补充的多层次高等法学教育体系。其中，硕士、博士阶段的教育主要以培养学术型法律人为目标，而专科教育以及在职学位教育更倾向于培养职业型法律人。因此，我们在发展法学实践教育时，也应当结合各个学历阶段的不同特点进行安排设置。

此外，在培养主体方面采用多主体共同培养的模式。新中国成立至改革开放之前，我国主要采用国家统一组织，法律院校独立承担法学教育任务的培养模式。经过近七十年的探索实践，我国法学教育早已改变了单一主体的培养模式，形成以高等院校和科研机构为主体、以在校法科学生为主要对象的法律素质教育，以法官学院、检察官学院、司法行政学院等为主体、以法律职业人员为主要对象的法律职业教育和由各级司法行政部门统一组织实施的全民普法教育。在上述《决定》中也提到"健全政法部门和法学院校、法学研究机构人员双向交流机制，实施高校和法治工作部门人员互聘计划，重点打造一支政治立场坚定、理论功底深厚、熟悉中国国情的高水平法学家和专家团队，建设高素质学术带头人、骨干教师、专兼职教师队伍"。

因此，在法学实践教育模式中，更应当增加以公、检、法等司法机关以及其他法律实务工作单位为主体的培养课程。实务部门的工作人员常年接触司法实务案例，对于如何从事法律实务工作有自己独到的工作经验和技巧，增加这些部门、单位为培养主体，对于迅速提升法学学生的实践能力具有很大的帮助。

3. 教育内容

新中国成立初期，法学教育的目标是培养政治素质过硬的无产阶级政法干部，因此，教育内容上除了向苏联借鉴法学教材和著述外，还包括国家政策法令，"讲授课程有法令者根据法令，无法令者根据政策……如：无具体材料可资根据参照，则以马列主义、毛泽东思想为指导原则，并以苏联法学教材及著述为教授的主要参考资料"。改革开放以后，我国的立法事业发展，法学理论和法学人才有了一定的积淀，教育内容逐渐转变为国家颁布的法律法规和国内学者编撰的教材。以国内法为主，兼顾外国法及国际法，法学本科教育的14门核心课程统一化。

要发展中国特色社会主义法学实践教育，需要对传统的教育内容做较大的调整。传统教育内容中不论是国家政策法令还是法学教材著述，无不是以学术理论内容为主，对于实践教学的内容目前尚没有哪一所院校有较为体系化的课程设置。根据目前我国法律相关行业的情况，实践教学内容根据实践主体身份的不同可以分为三大块：国家司法系统实践教育、律师实践教育、法务实践教育。

4.教育方法

我国传统法学教育以课堂讲授为主，强调教师的主导性，在20世纪50年代初期，基本上是由苏联专家直接授课或者由经过苏联专家培训的中国法学教师授课。在后续的计划商品经济时期继续延续这种教师授课的教育方式，直至改革开放社会主义市场经济时期，我国才开始引入实践性的教学方式。但事实上我国在教育方式上主要还是秉持传统的课堂讲授方式，教师主导讲授而学生被动接受。

法学实践教育培养模式下，应当以实践性教学方式为主、课堂讲授方式为辅。实践教育不同于理论教育，注重的不是对法理、法条的理解和适用，而是对于实际生活中遇到的真实法律问题的解决。在这个过程中，不仅会有法律关系的判断、行为人行为的定性等法律理论层面的问题，还有类似与当事人的相处、与国家机关工作人员的沟通等人际关系的问题，这些问题没有标准答案，依赖于实践经验的总结积累。因此，在实践教育中走出课堂、走向实践十分重要。在实践教育中，教师更多的是充当引导和提醒的角色，避免学生在实践中出现不合规的行为。

二、提升和创新我国法学实践教育形式

目前法学实践教学活动在教学时间和教学内容的设置上都存在一定的问题，要提高实践教学的人才培养效果和实用性，还需在以下几个方面进行调整：

（一）以小学期的形式开展实践教学活动

就目前的实践教学模式而言，将实践课程独立设置于小学期中是一种较为可行的方式。首先，小学期贯穿于整个本科学习阶段，任何一个常规学

期之后都可以设置小学期，以小学期方式进行实践教育，有利于保证实践教学均衡分布于本科学习阶段，从而保证实践教学的连续性和连贯性。其次，小学期的授课时长通常为两周至一个月，比起每周仅有一次授课时间的选修课，小学期可以提供充分的教学时间，从而保证实践教学的深度。此外，小学期安排于常规学期之后，学生在接受法学学科的理论学习具备一定的知识储备后，接受实践教学不仅可以复习理论知识，同时还可以将其运用于解决实务问题之中，有利于理论学习与实践学习之间的衔接，一举两得。

（二）扩大实践教学授课主体的范围

实践教学旨在培养具备实务操作能力的人才，因此实践教学的授课主体必然是深入、高度参与法律实务的主体，唯有此其才能为学生介绍、讲解实务问题以及教导实务技能。因此，在选取实践教学授课主体时不应当局限于校内教师这一主体，不妨根据不同的教学内容邀请公检法的工作人员、律师、仲裁员、法务等诸多不同领域的法律职业人进行有针对性的授课。授课主体的多样性不仅可以减轻教师的教学负担，同时有利于学生掌握不同法律职业的知识和技能，某种程度上还有利于学生形成对自己职业设想的预判。

（三）增进不同实践教学活动之间的联系

当前法学实践教学活动不仅在课程时间上设置零散，实践教学活动的形式设置也较为随意，不同阶段的实践教学活动保持较强的独立性，联系不足。事实上，不仅不同的法学理论学科学习中存在交叉关系，实践中不同法律主体之间的实务活动也呈现交叉关系，甚至形成环环相扣的结构形式。因此，实践教学活动如果保持过分的独立性不仅脱离实际，同时也会加剧学生学习和实践的难度。在设置实践教学时应当注重把握各项学习内容的性质，以各项教学内容的关联性和难易程度将其安排于不同的小学期中。

三、构建中国特色社会主义法学实践教育课程体系

（一）法学实践课程的教学特色

如何确保法学实践课程体系具备实践指导性、逻辑体系性以及科学灵活性是现今各大高校教学设计时必然面临的痛点与难点。我们参考、借鉴国外优秀的法学实践教育模式，结合我国法学教育特色，新设的法学实践课程将会采取小学期教学模式、学分考核模式、双师指导模式，以及设立校外实践基地，等等。

1. 小学期教学模式

区别于正常的春秋学期，小学期设置在一年的寒暑假期间，也是放在正常学期结束之后。如此设置的好处是学生已经掌握了一定的法学理论知识，在此基础上进行实践培训具有良好的效果。

另外，整个本科生阶段一共设置七个小学期（大一至大三阶段各两个，大四阶段一个），大一至大三阶段每个小学期的长度均为4周，大四阶段小学期的长度为12周。最后一年小学期的长度增长，主要是考虑到大四实践性课程与助理见习项目相关，需要更长的时间来学习、适应和考核。

2. 学分考核模式

在参与教学活动的同时，学校应当将相应法学实践课程纳入法学教学计划，设置一定的学分，以此考核学生对于法学实践课程的掌握程度。每门法学实践课程设置为全校选修课，相应学分通常设定为2学分（"法律助理见习"项目的学分为4学分），课时安排为16课时（每周4课时）。而法学实践课程最终的考核方式，既可以是量化考核，也可以是操行评定，也可以是两种考核方式相结合，具体考核方式以实际情况而定。

3. 双师指导模式

考虑到以往法学实践课程的教授均是由高校老师担任，而这种教学模式存在一定的不足，一是高校教师缺乏实务经验；二是教学过程缺乏真实案例予以支撑，很难具有说服力与吸引力。因此，非常有必要给现有院校的师资队伍"输送新鲜血液"，从合作的校外法律事务部门（如法院、检察院、律师事务所等部门）聘请专业能手作为兼职的双师型教师，丰富师资队伍的实践经验。

4. 设立校外实践基地

法学实践教育创新性地采取课堂教学与校外实践基地并重、教师与学生互动的授课模式。传统的授课模式主要是由教师主导的填鸭式课堂教学，学生永远是被动接受法学知识的输入，学生学习的积极性不高。

高校与校外法律实务部门建立起校外实践基地，如，本省市或者外省市的检察院、法院或者律师事务所。根据法学实践课程的不同，高校向校外实践基地输送优秀的本科生。

(二)法学实践课程的具体安排

综合考虑学生的入学时间、知识储备、实践经验等各方面因素,校方有针对性地设置一个由浅入深、由易到难的循序渐进式法学实践课程体系。在该课程体系下,不同年级的本科生将有机会递进式地接触到不同类型的法学实践课程。

1. 大一法学实践课程

作为刚进入大学校园没多久的新生,大一学生关于法学实践的知识储备尚不完备,需要教师作为引路人带领他们认识、熟悉法学实践领域。这个阶段安排的法学实践课程难度不高,偏向于实践理论、观摩性质等。具体课程安排如下:

(1)"法律职业伦理培养"

"法律职业伦理培养"是法学实践类课程中最为基础,也是最为重要的,是法学院学生进入司法实践前的一门必修课。该课程教授的内容注重培养学生的职业意识和职业伦理观念,提升学生职业道德素养、职业荣誉感和认同感,同时要求学生掌握不同职业伦理规范,包括法官、检察官、律师、公司法务等具有代表性的法律职业。

学校根据教学内容的不同会邀请不同法律事务部门具有丰富实践经验的专家进行该课程的教学,通常包括法官、检察官、律师或者公司法务等。在课堂教学过程中,实务专家会结合各自所在职业规范与亲身经历传授大一学生较为宝贵的法律职业伦理知识。

本课程的考核方式则是采取量化考核与操行评分相结合的方式。所谓量化考核是采取考试的模式;操行评分是审核学生平时的作风作为,考核学生职业伦理观念的养成。

(2)"真实庭审进校园"

"真实庭审进校园",顾名思义,就是与学校有合作关系的人民法院选取近期几起具有典型意义的刑事案件或者民事案件,将真实的庭审过程"搬进"校园。是学校组织大一学生进行旁听观摩、学习庭审的过程。在庭审中,旁听学生能够了解法庭纪律,熟悉整个庭审过程,知道庭审的重要环节。该类课程也能够有效地帮助大一学生真切感受司法庭审活动的进展,引导他们积极培养法治意识和法律思维方式。

(3) 法学夏令营、冬令营实践活动

大一的两个小学期可以抽取其中的某一周或者两周,举办相应的法学夏令营或者冬令营。通常来说,法学夏令营或者冬令营的活动安排相当丰富,包括实践法学学科介绍、实践专家学术讲座、实践难题座谈研讨、学长见面交流会、模拟法庭、辩论比赛、参观访学、法律英语水平测试、法学专业水平测试、综合素质考察,等等。大一学生从中能够结交好友,习得宝贵的实践经验。

2. 大二、大三法学实践课程

随着法学专业课的深入学习,大二、大三学生的法学理论水平相较于初入学时已经得到了很大的提升,也能够参与、学习更为精细、复杂的实践类课程。具体课程安排如下:

(1) "法律诊所"

法律诊所的优点在于培养法学学生的职业技能和职业道德意识,特别是律师职业技能,有利于实现法学理论与法律实践的统一。此处所指的法律诊所有别于传统的法律诊所,华东政法大学开设的"法律诊所"教学活动的运行模式由两部分组成:课堂模拟教学与基地实训教学。其中,课堂模拟教学部分在于提高学生的实践理论素养,基地实训教学则能提高学生的实务技能。而学生参与实训的基地一般均是学校的法律援助中心。本课程最终的考核模式采取的是学生根据"法律诊疗室"的实践经历,书写相应的法学实践报告。

(2) "案例课程教学"

区别于传统法学理论教育中简短的、易懂的虚构案例,"案例课程教学"选取的教学案例均来自司法实践,通常有多个争议焦点,具有极高的研究价值。该课程所面向的学科主要有刑法、民法、刑事诉讼法、民事诉讼法等传统的法学学科,也包括知识产权法、公司法、证券法等近年来较为热门的法学学科。该门课程采取的是小班化讨论的模式,老师、实务专家引导学生从理论往实践发展,学生则是参与讨论和提炼争议焦点,进而提升自身的案例分析能力。

本课程的创新点在于,高校老师仅作为课程的主持人介绍每次案例课的主题,而真正讲解案例内容的主讲人是各界的实务专家,如,律师、检察官、

法官等。本课程的考核方式同样是量化考核，包括课堂表现、课后案例作业完成情况以及结课考试等。

（3）"模拟法庭"

"模拟法庭"一直被各法学院广泛采用，是法学实践课程的重要方式。模拟法庭通过案情分析、角色划分、法律文书准备、预演、正式开庭等环节模拟刑事、民事、行政审判及仲裁的过程，增强学生对法官、检察官、律师等司法角色的了解和认知，使学生能较好地将所学的实体法与程序法融会贯通，熟悉庭审规则、掌握庭审技巧，培养学生司法实践能力和实战经验。

模拟法庭环节同样需要邀请各界的实务专家，如，法官、检察官、律师等，由实务专家对学生做模拟法庭的专业指导。本课程的考核方式主要是考察在模拟法庭之后学生对刑事诉讼、民事诉讼、行政诉讼基本程序的了解程度，以及对我国三大诉讼法具体诉讼制度的理解，掌握案件审判具体操作过程。

3. 大四法学实践课程

经过前三年扎实的法学实践学习，大四学生需要更为专业化的培训，提升自身的综合素质，为毕业后走向工作岗位或进一步深造打下良好的基础。具体课程安排如下：

（1）"法律助理见习"

"法律助理见习"旨在通过司法实践，提高学生运用法学感性知识和基本技能，巩固和运用所学理论知识、培养学生独立分析和解决实际法律问题的能力。

以往的毕业实习都是学生自己找实习单位，具体实习内容也比较随意，很有可能达不到提升自身法学实践能力的目的。此番"法律助理见习"项目的创新点在于，学校与校外的法律实务部门（如检察院、法院或者律所）合作、签订协议，建立起校外实践基地，向校外实践基地输送优秀的大四学生，成为检察官助理、法官助理或者律师助理，等等。助理见习的内容主要由校外实践基地的实务老师来安排，包括了解诉讼或者非诉流程、书写法律文书、与委托人或当事人等角色进行深入交流等。

本课程的考核方式要求学生在见习项目结束之后撰写相应的见习报告，以及结合见习经历书写与司法实践有关的见习论文。

（2）"实践经验交流会"

"实践经验交流会"是指在经过四年的法学实践教育之后，大四学生向其他年级的学生分享本科时期学习法学实践课程的相应经验教训。本交流会是由高校老师主持，大四学生做主要内容的分享。在交流会的尾声，其他年级的学生根据分享的内容向大四学生提问。该交流会同时也为本科生的大学生涯画上一个圆满的句号。

第三节 法学教育实践教学模式系统化建设

"法律人才培养模式"是指在现代教育理论的指导下，按照特定的培养目标，以相对稳定的教学内容和课程体系、管理制度和评估方式，实施法律人才教育过程的总和。而法学实践教学当属于法律人才培养中的一个重要环节，也必须置于宏观的"法律人才培养模式"之下，构建属于自己的"法学实践教学模式"。

其中，目标的确立是人才培养模式的设计基础，因为法律人才的培养必须将培养目标与培养方式联系起来进行合理的安排。应当把应用型、复合型法律人才的培养目标作为法学实践教学的科学目标。在此目标指引之下，法律人才培养模式需集学术教育和职业教育于一体，从法律人才培养模式的历史和国外的培养模式中总结经验教训，在宏观上为法学实践教学创建一套系统的体系。

那么，首先应当关注的是构成系统化法学实践教学模式的各个环节和步骤。其中包括法学实践教学的教学计划、教学管理、教学配套等环节，也包括教学形式等实践教学内容的具体载体。

一、选择"嵌入式+集中式"实践教学模式

现实中"3+1"的实践教学模式在国内外备受推崇。如：美国实行绝对的精英化教育，法学专业只有非法学学士毕业后方可研习。如此，学生的人文素质培养早已完成，法学教育的目标即是培养律师职业人才。英国也规定大学学习3年、律师学院培训1年、实习2年后方获得职业资格。德国也是分为两个阶段，大学学习4年和职业预备2年左右，学习后参加一次考试，合格者进入预备期，在法院、检察院、律师事务所进行专业实习，实习后再

参加第二次国家考试，通过后方可从事法律职业。在法国，法律人才培养也分为两个阶段，大学学习4年和法官学院培训2年。这种方式就是分阶段培养法律人才的知识、素质和能力。这种模式的优势在于可以在扎实的基础上进行实践教学，提升学生的应用能力，但是这些模式的缺点则在于过分地耗费时间和精力。

当下必须清楚地认识到我国的国情，只有法律硕士培养层次方面与上述模式略显相似，而其他层次的培养均与此方式大相径庭。尤其法学本科教育，4年的时间里既要完成知识的教育、素质的培养，也要完成能力的锻炼，这样的要求使得4年的时间捉襟见肘，无法完全适应上述分阶段培养学生能力的要求。目前尚未探索出比"3+1"人才培养模式的更科学方法，所以只得在原有"3+1"模式之下进行完善以及改革，与其过分强调"1"的作用，不如将目光转向更大的基数"3"，逐步构建嵌入式实践教学体系，以"3"的职业教育为学生打下扎实的基础，再用"1"来进一步提升学生的实践能力和理论能力。

（一）在"3"的基数里加大嵌入式实践教学比例

嵌入式实践教学体系的切入点在"1+3"模式的基数"3"上。所谓嵌入式实践教学体系，概括而言，是指在本科前3年的学习阶段穿插实践教学环节，使得3年的学习中实践不断，在这段时间内完成专业认知型、实践教学和应用技能型实践教学，为第4年的综合应用和理论研究实践打下坚实的基础。

第1学年，由于学生的公共理论必修课刚刚开课，其理论基础尚不扎实，宜通过采用第二课堂的形式，包括到法院进行庭审观摩、到社区进行社区矫正、到基层进行普法宣传等。培养学生的专业认同感和使命感，同时完成学生法律职业伦理的初步构建。这些实践教学的嵌入可以体现在课外的社团活动当中，以校园文化建设促进法学认知性实践教学目的，也可以体现在课内观摩式教学方法的运用上。

第2学年，学生接触到更多的是专业主干课程，除了各新开专业的认知性教学外，还要加入专业课理论应用的教学方式。如，倡导自主实习以加深学生对所学专业的认知，以课堂案例分析教学、仿真模拟实验、模拟法庭、法律诊所甚至课外法律援助等方式进一步促进学生对所学知识的认知水平和运用能力。

第3学年，由于国家司法考试的安排，多数时间被学生安排为复习时段，受时间和精力的限制，法学实践教学无法深入地开展，虽然这样的考量具备非常浓厚的功利主义色彩，但为师者不得不为学生的就业有所考虑。法学本科教育既要教书育人，又要完成职业教育，这早已成为不争的现实。所以，在实践教学体系设计上只能够维系与课程相伴的嵌入式实践教学。但事实上，司法考试的小案例式考查方法恰恰使得司法考试成为本科理论学习和实践锻炼的系统性总结和融汇，不妨把此也当作一种实践教学的平台，从而为最后一年进行"综合运用"和"理论研究"的实践教学做足准备工作。

嵌入式实践教学的另一项题中之义，自然也包括法科学生复合型能力的培养，通过以上实践教学的形式对其他与法学相关学科的专业知识进行引入，帮助学生形成相关专业的简单认知。这样，嵌入式实践教学加上专业理论教学，使得法律人才的知识要素和能力要素都达到了一定的高度，剩下的便是水到渠成的跨越，跻身于高素质法律人才行列。以另一些教师的目标分类法来衡量，嵌入式实践教学和专业理论教学完成了法学学生法学素养和综合素质目标的实现，仅剩一个法律专业职业技能目标有待于最后的提升。

（二）在"1"的加项中重构集中式实践教学任务

根据对加项"1"的重新理解，"1"不仅仅指学生在校最后的1年，其更深的含义在于是一种对学生集中式的锻炼和培养，"1"要完成的目标是认知型实践和能力型实践的综合，即从认识到再认识的提升与飞跃。在"3+1"的传统模式下，"1"表示在最后的1年里学生可以有机会接触法律实践，在实践中完成法学实践认知的任务，而无法进一步完全实现法律的综合运用任务和以行促知的理论提升任务。

而在重新审视的"嵌入式法学实践教学＋集中式法学实践教学"模式之下，我们必须重新审视集中式实践教学的任务。在嵌入式阶段，学生已完成了法学基本理论的学习、相关专业的粗浅认知、法学实践的认知和法学专业知识的基本运用，基本达到了法学人才需具备的知识储备和能力要求。而不同阶段适当的集中式实践教学可分阶段提升学生的实践认知能力、实践动手能力，并在最后完成实践综合能力的提升，实现飞跃，使学生跨入另一个高度，成为一名高素质的法律人才。学校应当把最后一年的实践教学设计为法律职业教育环节，以学生就业意向为导向选择实践基地进行毕业实习，完成对学生法律综合运用能力的培养，并据此设计毕业论文写作和指导环节，促使学生在实践中发现理论问题，又以理论知识来解决实践难题，以促进法学实践教学和理论教学双重目标的实现，培养出应用型和研究型兼顾的高素质法律人才，实现卓越人才培养的终极目标。

二、"嵌入式＋集中式"实践教学模式体系化的建设

如此庞杂的体系工程若想得以实现，必须要有精心设计的教学计划、实效显著的教学管理和经验丰富的师资队伍做为必备条件。

（一）教学计划设置的科学化

该体系的设置是按照学年逐次实现目标的。因此，在教学计划中各课程的教学安排必须科学合理，能有效协调理论课程和实践课程，形成完整的、连续的法律人才能力培养架构。

1. 注意课程设置的协调性

首先，理论课程要符合其内部协调性要求，如：开设了民法学课程之后方可开设民事诉讼法课程；其次，理论课程和实践课程之间要符合协调性要求，如，开设民事疑难案例分析课程应以各民法学科的有效学习为前提；再次，要兼顾学生知识能力同所学课程之间的协调性，以免出现接受困难的局面；最后，教学计划如何完整地体现各学年阶段的理论和实践要求则需要各院校结合本校实际情况加以规划。连续性、完整性和协调性是教学计划、课程设置的原则要求，最大限度地实现该要求才会最大程度地发挥嵌入式实践教学的功效。

2. 注意实践课程的创新性

实践教学课程的设置现下多局限于实体法案例教学或者实体与程序相结合的双师教学，这些课程通常有助于学生对所学理论知识的认知，也可在一定程度上达到增强法律运用技能的效果。即便如此，各案例教学科目的任课教师也必须根据各自学校、学生的特点进行适当的损益和创新，使案例教学课程不断适应变化的社会需求和学生需求。除此之外，若想构建一个完整的法律人能力结构，尚需要其他实践课程的创新，如，模拟仿真实验课程、锻炼学生竞争性陈述能力的论辩课程、实际操作的司法文书课程以及WTO法律的双语教学课程等。

（二）实践教学管理的规范化

无论对嵌入式还是集中式实践教学而言，制度的规范化管理都是其不可或缺的外在监督和内在激励措施。全面的实践教学监管有助于及时总结实践教学过程中的经验教训，以外力敦促师生对实践教学的重视程度；科学的实践教学激励有助于激发师生参与实践教学的热情，以兴趣为出发点，更好地践行实践教学的宗旨。

在教学管理方面，要树立精细化的培养观念，建立以指导为主的教学模式。长久以来，我们法学专业的培养模式都是停留在以"讲授为主"层面，这一点对于理论教学而言是无可厚非的，但是若在理论教学中加入实践教学的目标，那么在制度上就必须把以"指导为主"的教学模式确立为法学实践教学模式，要求教师在课堂上多运用启发式教学法、讨论式教学法、参与式教学法、判例教学法、诊所教学法以及模拟教学法等，始终突出教师的指导作用，教师对学生发现问题、分析问题及解决问题能力进行点评，并在技术方面为学生提供比较好的选择方案，是实践教学模式中教师地位最佳写照。

（三）教学师资队伍的社会化

没有丰富实践经验的教师自然难以培养出具有实践能力的学生，故而师资队伍的配套建设必定成为践行"嵌入式+集中式"应用型人才培养模式的关键所在。

就师资队伍建设的整体布局而言，首先，要在政策和经济上加大对法学实践教学师资培养的力度，从数量上保障实践教学的教师队伍，再从经费等方面激励教师对实践教学的研究；其次，在教师整体资源方面，要注重不同学科背景和不同专业领域的整合，以促进教师提升解决实际问题的能力；最后，注重对专家与学者的整合，专家是拥有专门知识并能够将专门知识转化为实用知识的实务型人才，而学者系拥有广博知识的研究型人才，只有将这两方面的精英进行整合，学生才会在受益广博知识的同时掌握职业技能。

目前各高校致力于将自己的教师培养成实践理论兼具的全面人才，同时又注重在实务界招贤纳士，这些举措虽不能从根本上使教师达到专家和学者双身份的兼任，但也是一种阶段性的必要手段。但在过程中也要注意一些细节：①在实务型教师遴选引进的过程中必须要注重其本身理论功底的考量，一般从具有较高学历的实务型人才中选任比较妥当，否则聘请的专家将会是没有"灵魂"的工具论提倡者，而非集专家学者素质为一身的高层次法律人才。这会对学生的培养造成很大的负面影响，会拉大实践与理论间的差距，打击学生的学习热情。②要建立开放式的教师管理制度，促进不同学科背景及不同专业背景教师间的交流与合作，促进实务教师与理论教师的共同切磋，更要大胆地将教师放入社会中进行历练，以此达到提升教师实践水平的目的。

三、战略性实践实验平台

如果理论教学是讲授—理解的模型，那么法学实践教学便是以设计—指导—练习—提高为教学模型。而法学实践教学平台即是围绕此模型构建的，是旨在训练学生的法律技能，为学生提供交流、模拟、仿真、实践等互动性质的环境或条件的所有平台的总和。为了防止该平台中的实践环节与法学实践教学的混淆，在此将该系统的实践教学平台改称为实验教学平台，实验平台包含了虚拟、模拟、仿真、实践的内容。

实验平台是根据学生能力的形成规律，为学生创建不同阶段所需具备的环境、条件，帮助学生通过观察、模仿、练习、实践等方式循序渐进地提升法律实践能力。这个实验平台中包含了网络虚拟平台、真实模拟平台、仿真综合实验平台和校外实践基地教学平台，是一个可以让学生在各个平台中锻炼寻找法律的能力、证据判断的能力、辩论能力、法律文书写作能力、法律谈判能力等的完整训练体系。这样的实验平台刚好服务于体系化的"嵌入式+集中式"实践教学模式，是在目标指引下与系统实践教学培养模式相匹配的科学配套建设。

其中，网络虚拟平台、真实模拟平台以及仿真综合实验平台的建设集中在实验课程和配套实验室的建设方面，包括培养与模拟职业能力相关的模拟法庭、模拟仲裁庭、模拟谈判、法庭辩论、法庭科学等课程设置，以及在学校内部建立"模拟仿真实习情景"，配置模拟法院、检察院、律师事务所、仲裁委员会等，同时将所需的实验室和设备配备齐整。

可以说，以上的实验平台建设可以服务于理论知识的"讲授理解"模型，也可以独立地实现实践教学的"虚拟、模仿、仿真"要求，这些都是"嵌入式"实践教学的题中之义。而最后的"实践"阶段要在实践基地中完成，这便是对"集中式"实践教学的最后提升。

（一）网络虚拟实验学习平台

虚拟实验学习平台是通过现代信息技术设计开发的法学实验教学软件系统，学生通过网络可以完成法律实务的全部操作流程。它的优势在于可以弥补传统模拟教学由于时间、场地等原因所带来的学生受益面窄的问题，学生可以不受时间和教学场地的限制，实时通过网络进行协作性、自主性的学习和模拟。例如，Blackboard（数位）网络教学系统可以构建一个以教师为主导并以学生为主体的教学环境。在这个环境中，任何教师、学生和研究者都可以在任何方便的时间浏览内容、获取资源、评估教学效果、实现彼此的协作。在Blackboard教学管理平台中，教师可以有效地管理课程、制作内容、布置作业和加强协作，从而协助学校达到与教学、交流和评价有关的重要目标。其服务于实践教学的重要功能包括：课程管理、课程内容制作、在线教材资料补充、教学工具支持（如术语表、电子记事本等）、讨论区（支持多议题的异步讨论）、小组合作项目（每个组都有自己的文件交换区、讨论区、虚拟教室和给小组所有成员发送信息的小组邮件工具）等。网络虚拟教学平台的应用使学生的学习交流障碍大大减少，所以无论是服务于实践教学，还是服务于理论教学，其都是非常强大的主平台。

（二）职业模拟能力训练平台

职业模拟能力训练平台的实质就是角色模拟的平台环境。它主要是根据不同法律职业的特点构建模拟训练所需要的环境或条件，以便学生在校内就可以置身于法律职业环境，体会并学习不同法律职业角色所需要的能力和技巧。常设的模拟训练平台包括模拟法庭审判、模拟仲裁、模拟谈判、模拟辩论、模拟侦查实验等实验课程，同时配备相应的实验室，如，谈判室、法庭、仲裁庭、模拟犯罪现场、法医学实验室、痕检实验室等。

公安及其他专门的政法院校一般会开设法学实验实践课程，不同学校的实验实践教学有不同的风格。而中国人民大学的法学实验实践教学中心对于此类模拟实验平台的说明最具有典型性，该中心开设了模拟专业技能训练、职业意识培育等，课程设置不仅面向公安、检察、审判、仲裁及律师实务等司法活动，还面向行政机关法务、工商企业法律顾问等与法律相关的职业。为此，人大实验实践教学中心通过物证技术鉴定中心、地石律师事务所、法律援助中心、法律诊所等机构的运作，方便学生掌握诉讼文书写作、谈判与调解、证据调查、法庭辩护、法律咨询等各方面的实务技巧。其还通过建成证据技术实验室，为学生学习物证技术学、法医学、司法精神病学、物证显微镜学等与法律实践密切相关的知识与技能提供了实验和实践场所，强调培养学生全面的法律执业能力。

此外，该中心还依托人民大学作为综合性大学的优势，着力培养学生跨学科的全方位综合素质。例如，整合本校资源，同其他院系共同组建了司法影像技术实验室、计算机取证实验室、司法统计实验室及司法现象调研分析室等跨学科研究部门，已经培养出数届知识产权双学士，并准备开展信息法学双学士的培养，为学生的成长提供综合性的平台。既着眼于现在，又面向未来，从而实现学生的全面协调可持续的培养。良好的职业模拟能力训练平台不仅可以解决实践平台资源不足的困难，也可以培养学生的多样化能力，在模拟的环境中促进法学学生综合实践能力的提升。

（三）法律实务综合仿真实习平台

法律实务工作一般包括很多类别，如：审判工作、检察工作、律师工作以及仲裁委工作等，各个法律实务部门的工作性质不同，相互之间的程序衔接点和业务上的配合性也各不相同，所以单一的实验教学平台无法展现完整的工作状态。因此，在高校内打造一个综合的法律实务仿真实验平台可以有效解决这个问题。例如，广东商学院开展的全校性的"校内仿真实习"教学活动，就是模拟真实的企业运作环境，完整地体现现实社会中法律实务部门的工作状态，全面地训练学生的综合能力和素质。

（四）校外实践基地教学平台

实践作为系统实践教学模式中的一项重要内容，可以通过诊所式教学和实习得以实现。就诊所式教学而言，它所建设的不同类型的"诊所"即是学生实践的平台，在此并不单独进行介绍，而是归于实践教学形式的介绍当中。所以，以下介绍的实践教学基地目前最广泛的用途即是作为学生的实习基地而存在。

1. 实践基地建设之于实践教学的意义

实践教学基地是高校提高学生实务操作能力和人才综合素质培养的重要物质基础，也是提高高校对实践教学的认知和理解的重要经验来源。基地教学不仅有助于提高学生的能力和水平，也是提升教学科研水平、打造高校品牌和扩大社会影响的重要途径。实践教学基地建设是高校教育改革的重要内容，对于提高人才培养质量具有重要意义，有利于提高对实践教学的认识，有利于提高教学水平和人才培养质量，有利于提高学生就业率，有利于培养高水平的师资队伍。

首先，有利于提高对实践教学的认识。实践出真知，而实践需要场所，只有加强实践教学基地的建设，才能有助于增加高校师生接触社会、接触实际的机会，进而增强师生对实践教学的认识和了解。一方面，高校教师可以更好地了解经济社会发展对人才素质的需求和发展趋势，推进与社会实际需求紧密结合的教学改革；另一方面，学生在实践中参与和体验工作，可以克服重理论轻实践和理论脱离实践的不良倾向，大大提高实践操作能力。

其次，有利于提高教学水平和人才培养质量。在实践教学基地内获得的一手经验才更有助于教师根据社会需求和学生能力锻炼的实际状况，促进教学内容和教学方法的改革，提高教学水平，彻底打破传统教学模式，推动教学改革的不断深化。实践教学过程中，应将学生的理论知识、技术技能训练与职业素质训练有机结合起来，提高学生的综合素质。将教与学融为一体，调动教师教学与学生学习的积极性和主动性。

再次，有利于提高学生就业率。实践教学基地的开发和建设将有效增加高校与企业的接触和沟通，有助于企事业单位了解学校和毕业生的具体情况，一定程度上解决企事业盲选员工和毕业生盲选单位的窘境，促进真正意义的双选。实践教学基地的建设中，企业和高校可以根据需要或者其他实际情况和条件共同开发课程，完成对学生的针对性培养。学生参加校外基地企业的实习可以深入了解企业的情况，企业也可以通过实习来考察学生的实践能力和综合水平，通过实习使双方增进了解，实现双向选择以达到双赢。这种做法既可缩短工作适应期，也可使学生的实习和就业真正实现零过渡。

最后，有利于培养高水平师资队伍。实践教学基地建设可以将企业的设备优势、经验优势和高校人才优势相结合，共同开发新项目。我们应当明白，法学是一门经验的社会科学，无论是大陆法系还是英美法系，无论是否承认判例法，有一点是达成共识的，那就是经验对于法学教学、科研和学习的意义重大。实践教学基地不仅有助于学生从无经验到零星经验的累积，也有利于教师参与科研，以理论解决现实中的问题。实践基地为科研提供了一个平台，一个真实且资源丰富的平台，这个基地恰恰是高校与社会、理论与实践集合的突破口。教师利用假期参与实践基地的工作，有效促进其学术水平和实际动手能力的提高，也为教学活动提供了教学案例。实践教学基地不仅能为学校解决实习的困难，同时长期合作也能为高校培养出一支优秀的双师型教师队伍。

2. 巩固和发展现有实践基地的举措

各高校对实习基地的建设是比较全面的，虽然水平不一，但是确实具有一定的广泛性。所以，巩固和发展现有实践基地最快捷和最有成效的切入点便是对现有实习基地进行改良，加深实习基地和高校的合作深度，进而将单纯的实习基地发展为供高校系统化实践教学的重要基地。对此，武汉大学的实践基地建设方案便是一个典型的成功案例，他们在传统的实习基地建设经验之上清晰地认识到实习基地发展的必要性和重要性，在致力于扩展实习基地数量的同时，严格把握实习基地质量，密切注意双方的合作深度，把实习基地的作用由单纯的毕业实习环节转向全方位的深度方向发展。武汉大学这个成功的典型案例可以作为其他法学专业院校对现有实践基地进行巩固和发展的榜样，以努力实现现有实习基地的"全覆盖、全方位、全过程、全年度"建设作为实践基地发展的新目标。

首先，集中统一的教学实习实现对应届毕业生的"全覆盖"。虽然现在各高校法学毕业生的数量有增无减，做到每一名毕业生都实际参与统一的毕业实习实践锻炼具有一定的难度，但是这个困难并非不可解决，各高校应当充分利用当地资源、教师资源、校友资源甚至学生资源，努力扩展实践基地数量，把对应届毕业生的全覆盖作为最低限度来要求。

其次，法学实践教学基地类型"全方位"服务于法学专业人才的培养。基地类型包含各级法院、检察院、司法局和监狱，还包括仲裁机构、律师事务所和银行法务部门。传统的职业部门岗位和实习机会有限，则要不断扩展可能的实习场合，除了公检法司、律师事务所，还要不断拓展代理机构、服务机构、房产机构、破产清算公司等。凡是与法学专业相关的、能够提供法律服务的各领域均要覆盖，以实现法学实践基地类型的多样性。

再次，教学实习实现"全过程"质量管理。这一点是实践教学基地的作用得以充分发挥的重要制度保障，只有充分利用、充分监管，才不枉费辛苦建立的基地，不罔顾教师的辛勤工作。实效性的考评是对教师进行的激励和监督，实效性的收获是学生对实习乃至对实践教学发挥主观能动性、积极响应的必要鼓舞。

最后，与实习基地的合作"全年度"运行。除了安排毕业生专业实习外，暑假期间则安排学生的社会实践活动，至于法院旁听、庭审观摩、监狱参观等活动，在全年时间里可随时联系、随时安排。

这样的巩固和发展模式是基于对实习基地改良而形成的更密切的基地合作关系，是目前各高校可以掌握的最方便资源，也是各高校开展基地建设的重要起点，但不可以成为实践教学基地建设的终点。这样的改良建设可以为各高校的实践基地建设获取经验上的实效，也可以解决各高校关于毕业生实习或实践教学的基本型问题，但这并不是实践教学本身对基地建设的全部要求，可以说这仅仅是系统化建设道路上的奠基石。虽然如此，这至少为我们提供了一套可以借鉴的巩固和发展实践教学基地的思路，为那些尚未达到实习基地普遍化的高校提供了指引。

3.新背景下实践基地的开辟方向

在实践基地的普遍度和纵向深度建设同时，各高校可根据自身实力和条件，对实践基地建设赋予更多的功能和要求，建设有梯度的实践基地，从满足"实务型"应用人才的基础要求向国际型、复合型人才的高端要求提升；把学生从"以法谋地位，以法谋金钱"的错误择业理念中拉出来，培养法科学生"投身西部，投身基层"的法律人使命感。

（五）实验平台的配套管理

各高校根据各自的实力创建实验平台的种类和深度各不一致，但是就实验平台的管理而言，则需要遵循一些共通的原则。

1.必须树立合理的实验室管理理念

以学生为本，以学生利益最大化为一切实验室建设和管理的根本出发点和落脚点，必须避免实验室建设空而无实效的浪费现象的出现。另外，要努力追寻实验室效益的最大化，要对实验室进行经营，如，对依托于某些高校的司法鉴定中心进行有效经营等；准确定位院系、校与实验中心管理职能，各司其职以形成管理合力，有效服务于学生的实践性学习。

2. 必须充分认识实验平台建设的重要意义

第一，校内的虚拟网络平台、模拟训练平台以及综合仿真实验平台在建设方面并未受到广泛的重视，我们必须看到这些平台的建设可以弥补实践基地不足的现实困难，可以提供多元的实践环境和条件，所以各高校应当系统地进行适合本校的校内模拟仿真平台建设。

第二，校外实习基地建设的重要性已经得到了广泛重视，今后要做的重点工作是深化拓展相关基地的功能，密切基地与高校之间的合作程度，进一步拓展校际、校企之间、高校与科研院所之间的合作，加快各种形式的实践教学基地和实验室建设。

第三，必须秉承科学的实验平台建设理念。①把提升学生的实践能力、创新精神作为评价教学效果和质量的重要标准。②必须高度重视综合实验平台和实习基地建设的质量。对数量的追求固然重要，但对质量的追求才是决定实践教学质量的关键所在，盲目扩大基地规模却不能提升基地质量的做法是不可取的。要以点带面，以示范性基地带动其他基地的发展。在示范性基地内进行实习等实践教学方式的实验，从管理制度、实践效果到实践教学内容等方面进行全方面实验，以推动典型的建立，进而带动一批高质量的实践基地建设。③要把共建、共享、共赢作为实践基地建设的基本方针。在校外实践基地的建设过程中，必须努力调动各方的积极性，最大可能地追求各方利益的共同点，只有互惠、互利、双赢的合作模式才是基地建设长期稳固发展的前提。

第四节 法学教育实践教学形式多元化发展

一、庭审观摩法解析

为配合讲课内容，一般会有针对性地选择法院审理的案件，组织学生进行旁听。这种方式对程序法课程的学习尤其重要，随机旁听的案件可以不够典型、不够疑难，但需要学生揭开审判的神秘面纱，深入了解审判的全部程序。这样可以让学生对司法程序形成初步的印象和了解，有效缓解程序课程的枯燥性。

（一）庭审观摩教学的特征

1. 直观性

观摩是一个直观的过程，这个过程对知识点的记忆有着其他方式所无法比拟的优势。如果说记忆的规律是识记、保持、再认、回忆和遗忘，那么识记是指对学习材料进行编码、组织并储存在记忆系统中；保持则是指对学习过的事物在脑中保留的一定时间；再认是指当感知过的事物重新出现在眼前时能够识别出来；回忆是指已感知过的事物不在眼前时仍然能重新回想起来。再认和回忆是对记忆的信息加以提取的形式，而视觉和听觉相结合的情景观摩会对事物的回忆和再认起到不小的刺激作用，进而达到以观摩辅助学习的目的。

2. 真实和丰富

学生在法庭观摩到的情景是真实且丰富的社会写照，任何理性的解释在对于形象的直觉感悟面前都往往显得简单、枯燥和拙劣，庭审给学生展示的是一个丰富生动而又真实的社会形象，这对促进学生的社会认知起到了十分重要的作用。

3. 生长性和教育性

庭审是一个充斥着丰富的法治符号和社会真实的综合场所，在这里学生可以发现很多课本上没有的知识。社会是学生的另一个课堂，法庭是同学们汲取经验和教训的重要渠道。对于学生而言，这是一种自我成长；对于教师或者法律自身而言，这也是一种法的一般预防作用的教育和体现。

4. 成本低且便于操作

公开审判的案件均接受群众的旁听，所以观摩庭审的成本也仅仅是一个路费而已，相较于其他形式，其成本低而效益高。

（二）庭审观摩课的问题

观摩后缺乏老师的及时系统分析可能造成第一手观感资料和第二手课本资料不能有效衔接，从而影响教学效果。

观摩的组织主体过于官方化，不能有效发挥学生的主动性。[1]此类观摩一般仰仗校方联系法庭到高校进行审判，或者组织学生集体到法院进行旁听，对人员协调等要求过高，其易操作性也不能得以有效体现。

（三）庭审观摩作用的拓展

观摩式教学虽以其直观生动、真实丰富以及低成本的优点见长于其他实践教学形式，但其应发挥的作用也因诸多原因而没有得以充分发挥，所以在观摩式认知教学的过程中必须扩展其作用：①引导学生以不同的立场看待问题、分析问题；②引导学生运用比较的方法认知相似的知识点；③引导学生在知其然的情况下探索其所以然；④引导学生在观摩的同时总结案件事实认定和法律适用的相关技巧，把观摩与案例教学结合起来。

除了扩展庭审观摩的纵深作用之外，还应当不断探索观摩式认知教学的其他方法。亲临庭审现场的观摩具有一定的时间性和偶然性，学生自主前往的积极性也得不到保障，所以探索其他便捷有效的观摩教学形式可以解决由学生惰性和劳师动众带来的不必要麻烦。如，指定学生观看特定的网络电视节目、具有启发意义的电视电影或者网络公开课等，把观摩的场所扩展至无尽的网络空间。同时，可以依据学校能力创建网络资源共享平台，组织专门人员进行网络资源的上传和共享，达到观摩式教学横向拓展的目的。另外，应把观摩庭审与模拟法庭进行结合，促进教学目的由理解掌握向技能训练方向发展。

二、研讨课教学模式解析

（一）研讨课教学模式概述

在美国某些高校法学院的教学计划中，研讨课是与讲授课并列的一种课程形式，而非一种单纯的教学方法。在法学本科阶段，研讨课就已经相对普及，诸如，公司法等许多课程均在讲授课之外安排研讨课；至于研究生阶段，研讨课所占比例几乎可以达到一半以上，甚至有些课程只设置研讨课。研讨课可以分为两种，它们分别是适应课程模式和专业课程模式。其中，适应课程模式是一种以引导教育为侧重，为学生在不同的生活、学习环境中实现过渡提供支持和帮助的课程模式，它更加注重师生的互动，对学生进行心理疏导，培养学生的适应能力和协作精神；专业课程模式则是以学术性专题为主，着重在互动讨论中培养学生的研究型思维方法的课程模式，侧重于对专业学术型问题的探讨、专业思维的训练和专业技能的培养。而研讨课的主题是非常广泛的，其包括主题型话题、一系列的具体问题、案例等。所以，研讨课并非理论教学所独有的形式，它既适用于理论教学，也适用于实践教学，是一种综合性的法学专业教学模式。

将该教学模式纳入法学实践教学模式的探讨虽不具有独特性，但不得不承认的是，法学实践教学所追求的深度实践认知和综合实践能力都可以通过研讨教学的形式得以实现，所以在法学专业开展研讨教学对于法学专业实践教学是非常必要的。如若在开展的研讨课程中对具体问题和案例的内容加大比重，完全可以达到实践教学的目的。可以说，研讨课程的设置是案例教学法的更深层次的延展，它以一种更专业、更具有针对性的形式对案例教学进行拓展，可以更有效地提升学生分析问题、解决问题的能力。

（二）法学专业实践性研讨课程的设定

1. 提高法学专业对研讨课程的重视程度

应当提高法学专业对研讨课程的重视程度，尤其探讨研讨课程对法学实践教学的作用。在这一点上，毋庸置疑，法学专业研讨教学无论在法学理论教学还是在实践教学领域都具有十分重要的作用。法学专业作为一门社会科学，本身并不存在亘古不变的真理或者符合自然规律的公理。法学作为国家上层建筑的组成部分，只能做出价值上妥当与否的判断，却无法给出科学上真伪的论断，甚至在解决纠纷的方案中也只能选择最优方案而并非唯一的方案。所以，法学教学必须在观念上进行革新，提高对研讨型课程的重视程度。在法学专业研讨课方面，应采取"整体规划，重点突破"的方针，对观念、制度、器物进行综合协调。

第一，要求在观念上重视研讨教学对法学专业教学的重要性，强调"独立性"思考和"创新性"思考之间的关系，在价值方面摆正研讨教学的地位，在作用方面认清研讨教学对传统教学的重要补充作用，进而促进更多的高校尽可能多地开设法学专业研讨课程。

第二，在制度建设上，将研讨课程纳入教学计划当中，循序渐进地更新计划内容，逐步完善计划方案，达到逐步实现研讨课程管理制度化、规范化的目标。同时，要注重研讨课程教学的信息反馈制度的构建，可以以召开研讨会、撰写经验总结、鼓励申请教改课题等方式，逐步汇集研讨课程的一手资料，为建章立制夯实经验基础，也为制度改良提供借鉴意见。

第三，在器物方面，要加大对法学专业研讨教学人力、物力、财力的支持力度。大力开展教师培训，除了要求教师了解自己所传授知识的内容以外，还要培训教师选择何种方式和技巧进行知识的传授、如何进行课程设置、如何推进课程进度等，以免教师不懂得适时地变化传授方法以适应不同学生的个性需求。在物质保障方面，可根据研讨课小班教学的模式建设专门的研讨教室，配备多媒体设备，如，圆桌教室或者小型会议室等。同时，要求在预算方面必须为研讨教学划定特定的款项，并且做到专款专用，必须用于研讨教学的师资培训、物力投资以及教学活动经费需求等。

2. 针对新生开展适应课程模式的研讨课

新生教育是法学教育的重要环节，虽然我国法学教育并非一种精英教育，而是某种意义上的通识教育或者职业教育，但是除了职业技能培训之外，无论什么模式的法学教育均要求法学专业学生必须具备相应的法律思维和学生综合能力（包括资料查阅、分析问题、口头表达、综合运用）等，所以对法学新生进行法学思维模式的训练是必需的。除此之外，法学本科学生多是通过高考后直接进入大学学习的，对法学专业的选择很大程度上都是盲目的、随机的，存在对法学学习完全提不起兴趣、有兴趣却不知道法学是什么或者法学该怎么学等一系列问题。这都要求必须为法学新生开办适应型法学研讨课，从而激发学生的学习兴趣，更直观地展现法学专业的学习内容，更有效地将学生循序渐进地引入法学知识的殿堂。法学新生适应型研讨课的设计可分为以下五个方面：

（1）新生教育的目标人群

新生教育课程对象特定为法学专业本科一年级学生，适应性研讨课本身即为这样的一批学生量身定做，来帮助学生从惯性的应试教育、标准答案环境向松散的、专业性的、多元的学习环境过渡。

（2）新生教育课程开设主体

开课主体限定为各高校具有较高学术造诣的教授、专家等。从国内外经验来看，开课主体均是如此。这样的学者本身对学生具有很大的吸引力，辅之以大家深入浅出的讲解、博学多识的累积和生动丰富的阅历，很容易引人入胜，可以做到真正的育人而非单纯的授课。

（3）新生教育课程人数

课程人数最好限定为30人以下，但可根据师资和学生情况略有调整。如，哈佛大学研讨班人数为12人；加利福尼亚大学为15人；普林斯顿大学则要求各课程根据自身特点自由设定，但多数在30人以内。小班教学是保证充分互动的前提，但是作为适应型研讨教学也可以不必像专业型研讨教学那般严格。比如，可以通过对社会热点问题讨论的形式，帮助学生认识社会问题的多因性，再探讨法律之于社会问题解决的作用等，来促进学生对法学专业的认知。这类内容的课程没必要开设整整一个学期，例如，可以设计为6个课时，分3周开展课程，每10～20个学生为一个研讨班，每周1个主题，这样可以很多研讨班同时开课或先后轮流开课。如此设计既可以保障适应型研讨课目的的实现，也可以保障学生的充分参与。

（4）课程推进宜采用互动模式

教师首先布置一定的话题，该话题内容不宜过于专业化，亦不宜过于浅显，最好是结合法学教育或者社会上的热点问题展开讨论，同时应当选取具有较强综合性的话题，尽可能包罗万象，同时也要避免歧义性言论。这样的话题一方面可以锻炼学生的多方面思维能力；另一方面也可以保证学生都有话说，以此打开学生的话题，引起学生的兴趣，启发学生的思考。选取好合适的话题后，教师对相应的话题进行问题设置，如，针对某一社会热点问题可以进行原因分析，可以要求学生提供解决问题的建议，可以请学生思考法律在相应问题中起到的作用等。要提前布置给学生相应的内容和问题，使其提前进行准备。在课程过程中，可以采取交叉提问、分组讨论等方式。最后，教师必须要进行一定的点评，此画龙点睛之笔既是实现认知型研讨课教学目的的关键所在，也是学生实现自我肯定和进一步改进的有效途径。

（5）研讨课程保障方面必须予以重视

在师资方面，既可以由在校教师来完成，也可以由已退休的教授、机关工委老师等来完成，充分利用学校资源，调动各方积极性。另外，在师资方面可以给每位老师配备1～2名助教，硕士研究生或博士研究生即可完成相关工作，辅助教师进行内容收集、问题设计、课前布置、课后答疑等工作。这样的师资配备既减轻了在校教师的工作压力，也充分发挥了"老中青传帮带"的作用，对于学校师生的深度交流和感情建设都是非常有益的。

3. 以学生为中心展开专业课程模式的研讨课

研讨课教学模式本身是一种借鉴和移植的教学模式，若想在专业教学中发挥研讨课的优势作用，可以采用比较研究的方式，通过借鉴他国相似背景高校的研讨课教学经验来构建属于自己的研讨课程体系。其中，在国外比较有代表性的即是牛津大学的研讨课教学活动，而国内比较有代表性的即是清华大学的研讨课教学活动。

（1）课程内容的安排

这一点是专业型研讨课和适应型研讨课的关键区别所在，也是理论型研讨课和实践型研讨课的划分依据。一般来说，专业型研讨课和适应型研讨课的区别就在于对专业学术基本功的要求不同，若适应型研讨课是以帮助学生适应法学教育、理解法律的作用、激发学习兴趣为目标，那么专业型研讨课则是以培养学生的法学职业思维，提升学生分析和解决现实问题的能力作为目标。目标的不一致则要求对话题内容的选择必须要有所区分。适应型研讨课的话题可以多选用当下热点话题，不宜太过复杂，以启发式为主。而专业型研讨课的话题则要尽量专业、更学术、更复杂、更具有现实意义，一般根据内容可以分为"学术专题""社会热点""系列问题""案例解析"等。除了"学术专题"的内容侧重于法学理论研讨以外，其他的专题均更侧重于法学实践能力训练，是一个从提出问题到分析问题再到解决问题的一整套的法学思维锻炼过程。所以，研讨课内容的设计是研讨课成效的关键所在。以研讨"多元纠纷解决机制"为例，则可以在理论上完成"诉讼是纠纷解决的一种方式"的认知教育，在实践上可以罗列出多元的纠纷解决办法，从而给法律人提供一种思路，即纠纷的解决并不是以诉讼为唯一的方式，通过对各种纠纷解决方式的优势及劣势的比较性探讨，在纷杂众多的解决方式中选择最利于己方的最优方案的原则和方法，进而实现当事人利益的最大化或损失的最小化。这样的研讨课事实上就是一个法律人综合思维、全面思维的锻炼过程，所以内容的设计对于学习效果的取得具有非常重要的作用。在专业研讨课程中，一定要选取综合程度高、在本领域内或社会范围内热议并与法律学科密切相关的内容，以此来实现专业研讨课辅助理论认知和锻炼学生能力的目标。

（2）课程同步设置

一般要将研讨课程与同门讲授课程结合起来，并在考核中合并考查，以此来保障研讨教学的质量。这样就可以通过在考试题目中设置对研讨课的相关问题进行论文创作的形式来实现理论的更深化教育，或者理论与实践的结合。也可以以此来告别法学教育只考查知识点而不考察法学思维和法学功底的应试模式，把法学学生培养成为有知识、有能力的复合型人才。

（3）师资配备要求更专业化

如果说适应型研讨课的教师要选择综合造诣深厚的法学大家，那么专业型研讨课的教师则要求是精通本领域的法学专家。适应型以广度见长，而专业型以深度见长。虽然在专业型研讨课方面也可以由助教进行协助，但是其对教师的工作要求明显提高，不仅要求教师认真甄选课程内容，而且要求教师课前对相关问题进行深入的思考和研究，甚至在必要的时候要有相关专业其他教师或者实践部门人士的参与，诸如，律师、研究员、设计师、会计师、清算师、经理、公关部门官员等，"术业有专攻"在专业型研讨中体现得最为明显，而这些人员参与到课程当中是需要在课程计划中事先进行设计的。

（4）研讨推进方式

在专业型研讨的推进中，可以采取不同于适应型研讨的形式。如，采取轮流主讲的形式，由固定的小组或者个人在课时时间内轮流主讲，主讲发言人承担选题、启动、衔接、总结研讨课的基本职责，其他人包括教师均可以交互提问或进行讨论。也可以由教师担任主讲人的角色来推进研讨课程的程序。相比较之下，选择学生主讲的形式更好一些，这是因为：①可以减轻教师准备课题内容的压力，每个学生每学期最多准备一个内容即可，但如果全数交由老师准备则压力过大，难免会出现粗制滥造的现象。②也可以最大程度地发挥学生的主观能动性，汇集大多数人的智慧，使研讨内容的全面性得到更大的保障。在这个过程中，教师作为一个把关者，可以为主讲学生的选题、问题设计等进行把关审核。同时，其也是一名参研者、研讨共同体的成员，这样可以充分依据学生个性设计学习内容，更彻底地摆脱"讲解—传授"的模式，使教师也可以平等地参与到学生主持的话题当中去。这对于法学教学改革而言也是一种全新的探索，甚至可以邀请多名教师或其他专业人士一起，形成一个学生和教师共同参与的研讨共同体，促进智慧的深度碰撞。

总之，研讨课对于法学学生的意义是重大而深远的。无论是对于学习兴趣的激发还是法学样貌的认知，无论是对于理论知识的拓展还是实践思维的锻炼，研讨课均可以发挥其他实践教学形式无法比拟的优势作用。它是一种综合的教学模式，不会过分偏重于讲授式的理论教学，也不会过分偏重于动手式的实践（如，诊所），这种综合的方式恰恰是我国法学教育最应追求的集理论与实践为一体的教学方法。

三、模拟法（仲裁）庭解析

（一）模拟法（仲裁）庭在高校的存在形态

所谓模拟法庭，是指教师组织学生就诉讼的中心环节——开庭审理部分进行模拟和再设计的一种实践性教学方法，扩大其框架则可以归入角色扮演的实践教学方法。模拟法庭由法官、书记员、律师、当事人等角色同台构成，事实上就是一种在假想环境之下真实行为的能力，起初，人们将其认定为诉讼程序的教学手段，不要求激昂的诉讼辩论，基本要求仅在于庭审流程的正确、流畅以及法官庭审驾驭能力的展现，学生所要做的只是展示一个正确的庭审流程而已，对于实体的关注并非重点；而更进一步的要求则是要所有的"角色扮演者"把自己当作案件的当事人，从收集、分析、判断和确认事实，到运用心理学、语言、行为分析的方法，以及经济、文化、社会、道德等分析方法分析法律的实际运行和操作，把庭审当作真正的庭审，既考查法官的庭审组织力，也考察原被告双方的案件分析能力和辩论能力。这是一个综合的模拟和表演场所，所追求的已不再仅仅是程序的正确，而且包括了实体辩论的对抗。所以，这两种样态是模拟法庭的初级模式和高级模式的不同要求，这样的表述并不构成模拟法庭本身价值的混乱，通过抽取同类项，即可得出模拟法庭所追求的价值样态，即在完成程序认知和实践的基础上，尽可能地实现学生在模拟法庭中对实体问题的对抗式辩论，尽可能地还原一个庭审从最初收集资料到最终判决的全过程。

模拟法庭不仅在追求目标上存在两个样态，就连实行状态也是有学生自发组织、课程设置两种状态。学生自发组织的模拟法庭有时像兼具表演性质的"话剧"，有时又像极具文化色彩的辩论竞赛，这些自发组织的活动有些是对实体的侧重，有些是对程序的侧重，根据主办学生组织的策划和规则来决定其定位和价值。模拟法庭作为学生课外活动的重要组成，为法学实践教学的课外形式增添了不少活力和成效。然而对于模拟法庭的课程设置而言，虽然模拟法庭课程是高等院校法学院系的一门实践性质的专业必修课，但是就目前来看，单独设立该门课程的高校尚属少数，而伴随着程序课程推进的教学相伴环节则更多地配置了模拟法庭活动，由程序法课程的任课教师在本班级内组织模拟法庭，并进行评断，这是模拟法庭形式用于课堂实践教学的通用形式。

（二）模拟法庭教学完善路径

模拟法庭教学若想取得进一步的成效，必定要求广大师生进一步对其进行系统、科学的探讨，形成规范化的计划、管理体系，落实切实可用的配套设施，在软硬件条件上为模拟法庭教学贡献力量。对单纯的程序型模拟法庭进行适当的重构，建设综合型模拟法庭，从宏观上看包括以下四个方面：

第一，模拟法庭活动需明确目标。模拟法庭教学本身即存在认知和能力的双重目标，一方面是作为程序课程传授—理解模式的需要，是促进学生理解程序的关键所在，这属于一种认知型的模拟；另一方面，法律实务本身即是一个非常复杂的综合性过程，单纯的程序学习不能满足法律实务学习的客观需要，模拟法庭同时就是一个学生综合能力训练和展示的能力型模拟。在这两个目标的处理上，目标显然是一个方向，不应将模拟法庭这种优越于其他实践教学方式的教学仅仅定位在认知型教育的位置之上，而是应该在秉承完成认知教育以促进理解的基本目标的基础上，进一步利用模拟法庭促进学生实际发现问题、分析问题和解决问题的能力，把其定位于能力型实践教学更为恰当。也许实践的效果仅达到了认知型目标，但是我们的理想必须放在能力型目标上。只有这样，才会促进我们进一步完善模拟法庭教学，才能开发模拟法庭教学的更多价值。

第二，实验室配套建设。模拟法庭是一个典型的实验课程，它是通过模拟的形式来综合锻炼学生的庭审驾驭能力、辩论能力、文书写作能力甚至表达能力等，这样的综合性实验课程必须配备相应的实验室建设。首先，要以独立的模拟法庭实验室取代原本以教室作为模拟法庭开展的场所，当然也不能以多功能厅等场所来替代独立的实验室，为了保障模拟法庭的庄严性，应当建立一个尽可能体现法律公正与内涵的专门场所以服务于模拟法庭的需要。其次，要按照《人民法院法庭规则》的要求布置实验室、购置服装道具，添置国徽、审判桌椅、书记员席、原告席、被告席、旁听席、法槌和诉讼参与人员标牌，并参照正式法庭的样式摆放，配备法官服、检察官服、律师服、法警服及其他诉讼参与人员服装及道具等，同时备齐主要的法律文书和相关资料。最后，除了要在场地上实现法庭的原貌模拟外，还要在设备配置上符合教学的目的，即，适应现代教育技术的发展，配置先进的教学仪器设备，加强多媒体手段在模拟法庭教学中的运用。主要设备包括电脑、投影机、电视机、数码相机、摄像机和音响设备等。有条件的学院可以对模拟法庭的开庭过程进行同步的录像，这既有助于庭后的评价，也可将一些好的开庭资料保存下来。最后，最好在模拟法庭实验室建设中规划出档案室，以用来存档一些实验室使用的规章制度、登记手册，同时归档各登记过庭审的资料，包括所有的文书、流程设计、总结等。这样可以避免档案随开庭人员流动而带来的不固定性，保障案卷资料在时空上的相对稳定，有利于后期进行模拟法庭学习的学生借鉴经验，更好地发挥模拟法庭教学的余热。

第三，独立的模拟法庭课程设置。对于程序规则的认知教育未必要以模拟法庭的形式达到目标，其实庭审观摩等形式足以完成这样的教学要求。所以，应当尽早把模拟法庭课程从程序法当中解放出来独立开设模拟法庭课程，集中训练学生的模拟法庭综合能力。就具体的课程设置而言，可以在学生的第五或第六学期开展独立的课程，这个时间段内学生已经完成了实体法和程序法的课程，掌握了相关的基础，且在毕业实习前进行集中式的训练符合模拟法庭教学的价值位阶和追求，有利于模拟功能的最大化发挥。至于课程内容的设置，应全面覆盖刑事、民事、行政类模拟法庭和模拟商事仲裁庭。在师资配备上，不应以固定的某一位老师来进行指导，这样的方式似乎是在要求一个"全知全能"的万能老师的出现，这样很显然是不科学的。而应当进行各学科的双师指导，这样不但可以减轻模拟法庭课程教师的负担，也可以最大程度地发挥教师的特长。"双师"设计模式的理想状态是程序法老师和实体法老师同堂，而这两位老师中又要至少合理地存在一位实务型教师，以众师之合力促进学生能力的大幅提升。

第四，模拟法庭流程的设计构想。模拟法庭流程的设计情形通常包括确定案例、分角色讨论、诉讼文书准备、开庭和综合评价总结五个阶段，最后还要进行材料归档和保存的工作。现在就各个阶段来说均存在不当的问题，如，案例确定不够典型、可操作性不强，角色讨论容易陷入事先彩排的误区，文书写作缺乏专业指导，过分重视开庭过程但显现出机械化的特征，总结和归档工作做得不到位等。

为了流程设计目标的明确性，可以将上述流程归纳为开庭前准备工作、开庭和庭后收尾工作。模拟法庭各个环节的配合就像一部机器的各个零件，只有实现准确而完美的衔接，才能达到最佳的运转效果。其具体可分为以下五个步骤：

1. 要选择合适的案例

案例可以从法院、律所等单位收集、借阅已审结的刑事、民事案件来选择，也可以充分利用互联网资源进行选择，并且所选择的案例要具有一定的典型性、新颖性和可辨性，能够有足够的空间让各个角色充分发挥自己的才能，施展自己的才华。一定要避开过于简单无争议的案例，否则无法锻炼学生的判断、逻辑推理等方面的能力，且案例要尽可能做到各方当事人较齐全，若是刑事案例，则既要有被告人又要有被害人，既要有刑事辩护律师也要有代理人，同时尽可能地配备证人、鉴定人等角色，使案例模拟尽可能完整和全面。

2. 角色分配与分组讨论环节

要根据案例的具体情况对学生进行分组，如，刑事案例可分为公诉组、审判组、辩护组以及综合组等，民事案例则可分为原告组、被告组、审判组等。分组可以通过抽签、志愿选择、指派等方式进行，但是受制于模拟法庭的规模，班上的每个同学不可能悉数分配到角色，这对于激发学生的积极性是极其不利的，所以在分组方面必须充分顾及其他同学的感受和参与度，也可以通过固定分组、各组轮流承担不同角色的形式对所有同学进行编组。另外，尽量组织庭前观摩活动，为模拟法庭做些准备，在角色确定后，教师可以略对审判长、公诉人等比较关键的角色扮演人进行一定的指导，保障基本的程序稳定和顺利也是出于对其他同学的责任。

3. 准备相关诉讼文书（如起诉书、代理词、公诉书、证据目录、辩护词等）

另外，若是当庭宣判，则审判组需要提前准备判决书，但判决书必须根据庭审现场有所调整，或者可以选择另行宣判。

4. 正式开庭

虽然这是模拟法庭中最核心、最重要的环节，但是经过充足的准备，顺利开庭是没有困难的，只是在庭审过程中必须要按照正式的开庭程序进行，与相关诉讼法规定保持一致，这是庭审的最基本要求。另外，在法庭的座位安排、各角色着装等方面也要尽可能地与真实庭审保持一致，使学生切实感受到法庭的庄严、肃穆。

5. 庭后点评

庭审后指导教师一定要根据学生的庭审表现进行点评，条件允许的话可以凭借录像回放进行逐句逐字的点评，点评内容包括：对案件难点、重点进行总结，点评学生对案件事实认定是否准确，案件的法律适用是否正确，以及要指出学生对实体法和程序法的了解及运用程度，指出模拟法庭过程中的优点和缺点，同时对案件各角色的扮演做出补充、完善和提高性的评价。这个评价和总结的环节是教学最重要的环节，教师最后的点睛有助于学生的提高，否则会沦为一种单纯的表演性活动，失去其应有的价值。

另外，模拟法庭过程中还要注意制定一套较为完备的关于模拟审判方面的规则和使用办法，对模拟法庭教学进行规范管理；关注模拟法庭活动的整体性衔接；选择实践经验丰富的教师作为指导老师，在理论和实践两个方面进行深入全面的指导；还要不断加大支持学生社团组织模拟法庭活动的力度，在教师方面积极指导，在活动物资方面鼎力支持，最大化地实现模拟法庭活动的自主性。

四、课外实践形式的解析

多彩的课外实践活动其实也是进行法学实践教学的重要平台，作为法律职业技能、职业伦理锻炼的辅助手段，其一般包括法律咨询活动、法律援助活动、普法宣传活动、社区矫正活动、辩论竞技活动等，这些活动有的可以作为专业实践教学课程的补充，有的可以作为校园文化建设的重要部分。其中，法学课内实践教学最为重要的补充形式就是法律援助活动。我国法律援助工作的自我定位既是政府保障公民合法权益的应尽职责，又是全社会和法律服务者应该关心的社会公益。所以，在积极设立以司法行政系统为主体的国家法律援助中心的同时，也应努力调动各种形式的社会力量，开展力所能及的法律援助工作。

（一）法律援助作为实践教学补充的特征

鉴于法律援助活动在以政府法律援助机构为主导，以民间公益组织为补充的中国法律援助模式的指导之下，各高校法律院系充分利用知识优势，纷纷成立法律援助机构，致力于解决法律援助和法学实践场所的供需矛盾。目前，我国高校法律援助机构呈现出以下特点：

1. 灵活性

与政府法律援助机构相比，高校法律援助机构的运作机制更灵活，具有民间社团的性质、雄厚的知识实力以及非营利性的公益性特点。除此之外，在筹集资金的渠道上也体现出多元和灵活的特点，其不依赖于政府的拨款，可以从各种渠道获得资金支持。

2. 人才优势

与其他社会团体法律援助机构相比，高校法律援助机构更具有人才优势、知识优势，其由有经验的专家教授和热血的学生共同组成，他们所富有的纯洁风气、正直无私、崇尚公正的形象使高校法律援助机构具备更好的口碑。

3. 与高校法律诊所之间存在紧密的关系

在某些情况下，高校法律援助机构既包括诊所，也包括高校法律援助社团，高校法律援助机构仅指法律诊所以外的机构。在严格区分的情况下，高校法律援助社团可以有效地补充法律诊所教学的不足。社团会员与诊所学员几乎可以从事完全相同的活动，但法律援助社团可以弥补法律诊所教育受众小的缺憾，因为社团具有开放性特点，可以吸纳更多的人成为其会员来参加各种法律援助活动，帮助社员累积一些法律实践经验。有人指出，考虑到法律援助社团与法律诊所的关系，更觉得法律诊所是法律援助社团的进阶版。学员可以从社团中选拔较困难的案件交由更专业的诊所学院处理，法治宣传、社区矫正等公益服务类活动则社团和诊所均可开展，甚至可以联合开展。如此看来，若诊所是精英式的实践型人才教育，则社团是大众化的实践型能力锻炼。二者互相配合，一个作为补充，一个作为提升，促进二者之间的相互交流可以使诊所教育的受众通过民间的形式实现扩大。这既可以减轻教师的工作负担，又可以切实达到诊所教学的能力目标，课外实践活动的补充作用在此发挥得淋漓尽致。

（二）法律援助活动发展的完善

针对法律援助活动所存在的问题，可以从以下三点进行完善：

首先，促进司法部门法律援助中心对高校法律援助机构的指导和管理。针对高校特点进行有效的管理，推动高校法律援助机构的发展。除了与当地司法行政部门的合作外，还要促进法律援助机构之间的合作交流，包括与非高校法律援助团体和其他高校法律援助团体之间的合作，彼此订立合作协议，交流经验，实现资源共享。这不仅可以促进各自办理的案件质量的提高，还可以在异地办案的情况下缩减开支，避免人力、物力、财力的不必要浪费。

其次，注重法律援助服务的培训工作，把法律援助服务场所作为实践教学科目进行指导，提升法律援助质量，把实践教学和理论教学有效地结合起来。

最后，优化人员结构，建立一定的激励机制。高校法律援助服务人员的过分流动性使得学生犹如走马观花般在机构内飘荡一回，既无法真正学习到实用知识，也无法真正地帮助弱势群体解决纠纷。所以，优化高校法律服务机构的人员结构，保持一部分稳定人员的存在是很必要的。一方面，这些人可以作为学生进行法律援助的导师，系统培训学生的办案能力；另一方面，这些人可以切实地解决一些案件，实现法律援助的最原始目的，提升高校法律援助机构的口碑。另外，对于积极参加法律援助服务的学生给予激励，稳定其积极性也是很必要的。

除了法律援助活动之外，各高校还应当积极引导和鼓励学生参与法治相关的实践活动，包括扶植法学实践类社团的建设，支持该类社团开办学术讲座、学术沙龙活动等。

第六章 法律人才的培养模式

第一节 基层法律人才与法律人才培养模式比较

改革开放以来，中国法学教育取得了显著进展。但是由于与法律职业的要求之间缺乏制度性的联系，在主动适应市场经济发展、民主政治建设和依法治国的需要，并纳入高质量、高层次、高效益及可持续健康发展的轨道等方面，还存在着两个明显的不足。

其一，高等法律院校（系）未能在强调学科建设和构建学术体系的同时，全面重视和充分研究法律职业的发展和法律职业对从业人员提出的基本要求，由此导致各地区法学教育的发展在不同程度上缺乏正确的引导和规范，使中国的法学教育成为世界上品种最多、形式最繁杂的教育。

其二，法律人才培养的全过程被人为地分割为一个个缺乏有机衔接的不同部分，难以整体优化法律人才培养的全过程，更谈不上充分发挥法律人才培养模式的整体效能。

下面主要针对上述不足，提出解决问题的思路：

一、中东部发达地区法学教育模式比较

中东部发达地区的法学教育是在中国法学教育的发展背景下逐渐发展起来的。可以确定的是，中国法学教育的发展历程为中东部发达地区的法学教育奠定了基础。所说的中东部发达地区与西部地区仅仅是地理概念上的区分。事实上，中国的法学教育制度在地域上没有明显的区别，只是发展速度有快慢之分而已。

（一）中东部发达地区法学教育的发展状况分析

中东部发达地区由于经济、文化的快速发展，其所创造出的优厚物质

条件给法学教育提供了发展的基础。这里面的逻辑关系在于经济实力的强大，教育资源也随之丰富起来，法学教育自然也得到快速的发展。因为教育基础设施完备、师资力量雄厚、教育管理科学以及其他种种相关与不相关的因素都需要经济实力做支撑。所以，在马克思经典理论"经济基础决定上层建筑"的客观情况中，中东部发达地区的法学教育得以快速发展，发达地区高等院校的法科学生能够享受到更优质的教学资源。

以中国政法大学为例，作为全国重点建设大学，它不但担当着培养优秀、高端的法律人才的任务，更是积极参加国家的立法活动，引领着国家法学理论的变革和法律思想的更新，代表国家对外进行法学等领域的学术交流。

类似此种专门性的法学院校一般都拥有上万名的法学专业学生，法学一级学科和重点学科比比皆是，从本科教育到博士教育一应俱全，甚至有些学校和其他国家的知名法学院校建立了合作关系，提供法学领域的对外交流活动。此类型的学校目标多数是把学校建设成为开放式、国际化、多科性、创新型的世界知名法科强校。由此可见，中东部发达地区的法学教育确实拥有西部地区无可比拟的优势。

（二）中东部发达地区法学教育取得的成就

前面分析了我国法学教育改革开放以来取得的骄人成绩，所述的成就中固然有中东部发达地区法学教育的成就，但是由于我国客观存在的地理区域性差异，中东部发达地区在法学教育方面形成了自己的特色，其取得的成就也就自然地带有区域特征性。

1.培养高质量人才，国际化趋势增强

全国的重点大学大多分布在中东部地区，多数省份拥有不止一所重点大学，而这些重点大学中的法学院校不仅具备了地理优势，同时具备了培养高质量人才的优势。因此，中东部地区的法学院校在法学教育这方面发展较快，为国家培养了高质量的法律人才，而且这些院校，例如，北京大学法学院、清华大学法学院、武汉大学法学院、复旦大学法学院等，都与世界顶尖大学建立了教育交流关系，同时开设与法学专业相关的课程，培养的法律人才趋向于国际化。

2.科研目标是争创世界一流法学院

这是中东部地区法学院取得的较为突出的成就，在该地区聚集了全国最优秀的法学家、法学教育家，学术团体强大。"天时地利人和"的中东部地区法学院校在各种优势条件共同作用下，培养高端的法律人才，目标在于争创世界一流的法学院。

3. 建立了完善的法学人才培养体系和学科体系

中东部地区的法学院校的人才培养体系较为完善。位于该地区的多数重点院校已经建成了本科—硕士—博士的法律人才培养体系，部分院校已经拥有法学一级学科博士授予资格，还有七个二级学科博士点等。这些成就在我国法学教育发展的进程中，是中东部地区取得特有的成就之一，完善的法学人才培养体系有助于法学教育的发展，同时有助于推动社会法治发展。

4. 基础设施完备

中东部在发达地区一些主要法律院校都已经先后有自己独立的或相对独立的法学教学楼，或者部分正自筹资金，建设或筹建独立的或相对独立的法学楼。可以预期，法学院的教学条件、办公条件都会有进一步的改善，而且这些法学院尽力保证每位教员（如，北大）或每位教授（如，人大）有独立的办公室。并且该地区的法学院甚至有独立的法学图书馆或者法学资料室，资料方面相当丰富，为科研与学习提供了一流的基础设施。

二、西部地区法学教育概述

（一）发展西部地区法学教育的重要性

特殊的地理位置在于接壤的国家多，丰富的矿产资源与农牧产业使西部地区具有强大的发展潜力，旅游资源只有得天独厚的优势，应该可以使经济发展起来。但是，高原气候、地势险峻、交通不便等因素，使得经济发展一度受阻，教育文化事业也随之受影响。

早在20世纪90年代中期就指出，"没有西部地区的繁荣昌盛，就不可能实现中国整个国家的繁荣富强；没有西部地区的社会稳定和民族团结，就不可能保持整个中国的社会稳定和民族团结；没有西部地区的全面振兴，就不可能达到我们整个中华民族的振兴；没有西部地区的基本现代化，就不可能有我们整个社会主义现代化建设的最终成功"。

由上可知，发展西部相当重要。一方面，由于特殊的地理位置，西部地区需要稳定的法治环境；另一方面，我国的政治制度提供发展西部地区的政治基础。但是，促使西部地区经济与文化事业的发展，不光是嘴上说说的功夫，最重要的是"落实"，并且要以"抓铁有痕，踏石留印"的决心落实。因此，发展西部地区的法学教育、培养适合西部地区发展的法律人才就显得极为迫切。

（二）西部地区法学教育的成就

1. 形成了多层次的法律人才培养体系

西部地区早已存在专业性的政法院校，西北政法大学与西南政法大学就是其中的突出代表，它们是培养法学人才的重要场所。综合性大学里也有法律院系，法学教育资源丰富，软硬件设施比较完善。专业性院校和综合性大学里设立的法律院系都是西部地区法学教育的中坚力量，它们的招生条件要求相对较高。在划定为西部地区的十二个省区中，其中，有九个省区的院校具备法学硕士培养点，少部分还有法学博士培养点，培养人才的综合实力强。西部地区的高等院校在培养法律人才上已经形成了专科、本科、硕士、博士的培养层次，为从事教学研究的专家、学者提供了重要的平台。这表明西部地区在法律人才培养上取得了实质性的进步。

2. 具有特色的法律人才培养模式

西部地区在培养法律人才的过程中，基本上遵循国家统一的法律人才培养方案，大学本科是四年制的法律知识学习，教学内容以教育部确定的十六门核心课程进行教学，课程以考试与考核结合的方式检验教学效果。由于西部地区的十二个省区有些地区与其他地区相比有着较为明显的差异性。例如，在少数民族聚居的地方，就必须培养适应少数民族地区发展的法律人才，对民族知识有相当程度的了解。大部分高校在这方面发挥了良好的作用，培养出的少数民族司法工作者深受当地少数民族的欢迎，对维持民族地区的稳定起着重要的作用。在民族地区，双语教学是地方高校的一大特色。例如，内蒙古大学的双语教学已成为该校颇具特色的内容。

3. 学术成果突出

因为特殊的地域环境和民族历史等因素，西部地区有着丰富的法律文化研究原始材料，许多法学院系在确立学科发展方向时，往往结合当地的文化特色，优先研究民族习惯法。历史资源的丰富使西部高校巧妙地结合古代史与近代史，大力发展法律史学科，培养了一批专业的法律史研究型人才。至于西部的其他高校获得的科研项目、省部级奖励，数量也是相当可观的。

特别值得一提的是，前身是西北政法学院的西北政法大学，在20世纪80年代初期创办的学术刊物《法律科学》属于法学类核心期刊，是CSSCI的期刊源，在学术界已经形成了自己的品牌。

（三）法律人才培养过程中的突出问题

西部地区在法律人才培养的过程中遇到了一些较为突出的问题，有些问题甚至不能在短时间内解决，有些问题则不是因为时间就能够解决的，还牵涉到经济难题。在呈现的众多问题中，最突出的则是西部地区法律人才出现了断层，特别是基层法律人才。

西部地区的法律职业人才非常紧缺，这成为制约司法队伍发展的一个难题。法学院如何培养出足量合格的法律人才来满足西部地区的需求，与培养后的学生能否在毕业后扎根，是两个息息相关的问题。况且，解决人才紧缺的问题也不能单靠扩大招生。事实证明，扩招并非是个好办法，所带来的副作用更大。

另外，东西部不均衡的教育资源使得西部地区的法学教育在艰难中发展，由于环境的客观制约，西部地区的法科学生不能享受到与中东部发达地区的学生一样的教学资源。例如，在中东部发达地区，学校的基础设施完备，图书馆库存的资料更为丰富，而且可以经常更新，条件更好一点儿的高校还有专门的法学专业图书馆，如此丰富的图书资源，在做学术研究时就不会因资料的缺乏而半途而废；经济状况良好的地区可以集中力量搞教育，高校一般不缺少研究经费，还有各式的奖励与补助金。再者，某些条件充足的高校可以进行经常性的对外交流活动，也起到充实法律知识、交换法律思想的作用。以上提及的这些都是中东部发达地区的优势，而绝大部分西部地区没有这样的条件，根本上归因于"经济基础决定上层建筑"的客观真理。虽然国家在很早之前就已经关注西部教育的发展，财政给予了一定支持，各种西部支教计划也如火如荼地开展，但是现实情况只是较之前有所改善，并没有解决根本性问题，越来越糟糕的是，与中东部发达地区的法学教育差距越拉越大；还有师资的严重外流和人才匮乏，使得西部地区的法学教育越来越艰难。西部地区法学院校的软件、硬件设施都与东部发达地区相差甚大，致使培养人才的质量随之下降，无疑影响了其文化教育事业的发展。

三、法律人才与基层法律人才的异同

（一）法律人才的概念

法律人才是一个广泛的概念，按照当前我国的法学教育培养类型来分，一般高等院校的培养类型有复合型、应用型的法律人才。另外，对法律人才的培养类型还有别的称谓，例如，"通才型人才""专业型人才""精英型人才""涉外型人才"等。如果在社会分工越来越细致的基础上，还可以细分为各个部门法的法律人才。总之，法律人才囊括的人才类型很多。

（二）基层法律人才

"基层"是指各种组织中的最低的一层，它跟群众的联系最直接。在政治领域里的含义，一般是指与人民群众接触密切的组织。基层法律人才需要发挥的作用是直接解决人民群众关于法律方面的难题。例如，基层法院、检察院。这方面的法律人才更倾向于实务型，不需要对法律理论有十分深厚的学术功底，调解、沟通能力反而显得更为重要。所以，对于为基层服务的法律人才，出色的实践能力比满腹的法学理论实用。同时，基层的工作环境与中东部发达地区相比条件较为艰苦，面对的琐碎事情较多，各种福利待遇与工作量不成正比。目前，我国的基层法律人才是比较紧缺的，特别是在西部地区，有些县竟然连一位律师也没有，法院、检察院的工作人员更替出现问题，人才的短缺一直困扰着这些地区，慢慢发展下去，西部地区的法律人才已经出现了断层。造成这样的结果原因很多，一方面，是因为工作性质本身特别需要奉献精神，这是从西部地区自然环境与经济状况来说的；另一方面，不成正比地付出与收入使法律人才年年流失，在工作压力和生存压力的共同影响下，基层法律人才陷入了困境。

法律人才与基层法律人才的异同表现得相当明显。它们的共同之处在于：法律人才与基层法律人才有交叉的地方，法律人才包含了基层法律人才，二者都需要接受系统的法律专业知识教育，必须对法律体系有充分的了解，在实践中用法律手段处理事务。共同之处还在于二者都必须有较高的法律素养，依法办事，不逾越法律界线，恪守法律职业道德和法律职业信仰。

法律人才与基层法律人才的不同之处在于：基层法律人才作为法律人才的一类，倾向于实务型的法律人才，主要处理基层民众的法律问题，必须了解人民群众的需要，在少数民族聚居的地方还必须积累相关的民族文化知

识，了解少数民族的特殊需求。

同时，此类型的基层法律人才要对民族习惯法有所了解，在基层有时"摆事实，讲道理"比生硬地适用法律更有效，基层的案件虽然绝大部分事实清楚，但是群众也注重"情理"，如何巧妙地处理基层群众的纠纷，也显示出基层法律人才的实务水平。而法律人才与基层法律人才相比，其处理的法律事务更为复杂，特别是复合型、涉外型的法律人才的工作性质与内容，与基层法律人才有着较大的不同。

事实上，西部地区需要更多的基层法律人才，我们在认识清楚客观情况的基础上，应集中精力培养基层法律人才。但是在培养之前还必须充分了解基层法律人才的特点，或者说是应具备的品质。

1. 基层法律人才具备的特殊品质

基层法律人才的工作环境与发达城市有很大的区别，基层的司法实践具有多样性与多层次性，多数是广大的农村地区、民族地区与艰苦偏远的地区，并且这些地区社情、民情复杂，社会矛盾依然比较突出。基层群众的纠纷很多时候都是事小影响大，在处理这类事情的时候需要智慧，需要创造性、综合性地分析情况、解决问题。因此，由于种种复杂的因素交织在一起，基层法律人才必然需要某些特殊的品质。

吃苦耐劳、艰苦奋斗。这对西部地区基层法律人才来说，已经成为必备的品质，这是由当地的自然环境与社会环境共同决定的。在此谈及的特殊品质是淡泊名利、克服功利主义的思想。原因在于，某些法律人才选择到西部基层服务，仅仅是出于个人功利的目的，为以后的考试或就业升职提供证明而已，服务期一满就走人；有的在西部工作了好多年，但是繁琐的工作加上一直没有盼头的升迁，到最后也离开了。

抛弃功利主义思想是西部地区基层法律人才具备的一方面的特殊品质；另一方面，则要求这类法律人才具有"草根情怀"。"草根情怀是乡土法律人服务基层和坚守这种服务的前提"。这里所说的乡土法律人，是指西部地区基层法律人才，在基层社会的法律生活，法律人对民众的真实情感有助于他们养成正直的品格，而且个人品格在熟人社会中会被放大并影响社会的公众生活。所以，在某种意义上，"乡土法律人的道德素养是国家有效治理乡土社会的国家财产"。

2. 基层法律人才的职业价值观

法律职业体现着对公平、正义、效率、秩序等价值理念的追求，法律职业者必须具有宽容与理性的精神、刚正不阿与廉洁奉献的品质，而且还必须具有忠实于法律、忠实于事实与忠实于社会的高尚情怀。这样才不至于因为精通法律而造成社会的危害，或是成为社会秩序的破坏者。西北政法大学研究员对中西部地区法律人才的培养标准进行的调查报告中发现，中西部基层卓越法律人才应该具备的职业伦理按照降序排列为：关注公平与正义等法律精神的实现；负责任地为当事人提供有效的法律服务；为弱势群体无偿提供法律援助。基层法律人才职业价值观包括具备公平正义的理念，全心全意为人民服务的理念。事实上，只有树立了正确的职业价值观，才能在工作中乐于奉献，不迷失方向，有利于实现人生价值。只有坚持正确的职业价值观，才能在艰苦的环境中克服困难，成为"下得去，留得住"的基层法律人才。

四、人才培养模式的理论争议

人才培养模式并非是新概念，在教育领域方面，各专业的专家都在探索适合自己专业的人才培养模式，当然法学教育也不例外。在国家推出的"卓越法律人才培养计划"后，法学教育界引发了"卓越法律人才培养模式"的讨论热潮就是一个例证。因此，关于人才培养模式的内涵是什么、该如何界定人才的培养模式等等这些问题有必要进行一番探讨。

（一）人才培养模式内涵的争论

人才培养模式的内涵在法学教育界并没有形成统一观点，大致上有"狭义论""广义论"和"中间论"三种代表性的观点。

一是狭义论的人才培养模式。培养模式是教育思想、教育观念、课程体系、教学方法、教学手段、教学资源、教学管理体制、教学环境等方面，按一定规律有机结合的一种整体教学方式，是根据一定的教育理论、教育思想形成的教育本质的反映。这类研究者对人才培养模式的范围只限定在教育领域和教学活动中，培养模式仅是整体的教学方式，使用"人才培养模式"的范畴较为狭窄。

二是广义论的人才培养模式。人才培养是在一定的教育思想指导下，人才培养目标、制度、过程的简要组合，是为了实现一定的人才培养目标的整个管理活动的组织方式。它是在一定的教育思想指导下，为完成特定的人才培养目标而构建起来的人才培养结构和策略体系，它是对人才培养的一种总体表现。持这种观点的学者认为，人才培养模式并不只是限于教育方面，它是管理活动的组织方式，也就是人才培养模式的范围是宽广的，但是前提必须在教育思想的指导下。

三是中间论的人才培养模式。人才培养模式的内涵，是指在一定的教育思想、教育理论的指导下，为实现培养目标而采取的培养过程中的某种标准构造样式和运行方式。这类学者认为，人才培养模式如果仅限定在教育范畴，则过于狭窄。但是，如果扩大到管理领域，无疑又使培养模式过于宽泛，对人才培养模式解释不够精准，所以他们采取了折中的观点，认为人才培养模式贯穿于整个大学教育活动中。

综合以上的观点，人才培养模式的内涵可以表述为：人才培养模式包括培养的内容、目标、方法，在一定的教育思想和理论的指导下，学校按照既定模式担负人才培养的责任。

（二）通识教育与职业教育

法学教育以传授法律知识和培养法律技能为主要内容。注重法律理念、法律意识和法律职业道德的培养，是综合性教育，注重培养学生的实践能力。良好的法学教育制度有利于培养法治国家所需要的法律人才，是法治建设的重要保证。近年来，我国的法学教育发展迅速，法学教育事业相当繁荣。但是，长期的同一种人才培养模式使法学教育与法律职业存在脱节，所以法学界开始对我国的法学教育的性质、培养目标开始了争议，由此，关于法学教育是通识教育还是职业教育的争论不绝于耳。

1. 通识教育说

支持法学教育为通识教育的观点认为：法学教育是普通高等教育的一部分，在当代社会高等教育已经成为大众化、普及化的产物，高校提供的法学教育应该是一种通识教育。在本科阶段的法学教育更应该是通识教育，只有这样，才能培养出"宽口径、厚基础、强能力"的法律人才，而且为本科后的法学教育和职业教育提供优质的生源。法学教育应理解为通识教育，重点提高学生的综合素质能力，将法律知识与实践融会贯通，有利于分析与解决问题。

2. 职业教育说

职业教育说是多数人的观点，持这种观点的人认为，法学教育应该理解为职业教育。法学教育的目标应当是培养适应社会经济、政治、文化等方面发展的职业人才，充分发挥法律解决社会问题和化解矛盾的功能，它的最终目标是培养实践型的法律人才，并为此类人才提供科学而严格的职业训练。因此，法学教育的功能是进行职业培训，使学生掌握实践技能与操作技巧，以此处理错综复杂的社会矛盾。

清华大学法学院的王晨光教授认为，中国的法学教育还是应以职业教育为基础，因为大多数法学毕业生所从事的还是法律职业，只有少数人从事教学研究，况且研究型的法律人才也需要以职业教育为主。

3. 折中说

法学教育界还存在一种观点。他们并不认为法学教育单纯就是通识教育或是职业教育，而是认为法学教育应该要融合这两种教育。

法学教育的定位应该是专业教育、职业教育与精英教育。还有的学者在讨论法学教育的性质定位时指出，中国的法学教育不能完全是职业教育，完全借鉴英美国家的培养模式也不现实。所以，较为科学的做法是结合职业教育与素质教育，综合培养社会各层次需要的人才。一般认为，我们不能像美国那样，把法学教育完全等同于职业教育，也不能像日本那样，把法学教育的学习时间定得过长，而应该在中国的背景下，有机地结合通识教育、专业教育与职业教育。所以，对当前法学教育的重新定位是：法学教育不仅是高等院校中的法学专业教育，也是法律职业教育，是二者的统一。

五、法律人才培养模式的新界定

（一）重新界定法律人才培养模式的理论根据

中国的法学教育按学历层次来划分，有专科、本科、硕士和博士，形式有全日制、成人教育和在职教育之分，可谓多种多样。专科的全日制法学教育主要培养法律辅助型人才，学制短，一般为三年；本科阶段的在于培养应用型的法律人才；而研究生包括硕士和博士，以培养学术型法律人才为主。至于在职的法律教育性质更多倾向于普法教育，多数学生也只是出于获得文凭的需要。因此，应该如何重新界定法学人才的培养模式，可以根据以下几点来着手：

第一，以国家的教育方针、指导思想为基础。法律人才是法治国家的重要人力资源，一个国家的运转、社会的发展以及社会成员的行为都离不开法律规范。可见，法律在国家中的地位尤其重要。一国法学教育的得失，有关国家法治的前途。所以轻视法学教育，国家也等于自毁前程。

第二，依据培养目标构建培养模式。培养目标的确立对法学教育具有重要意义，办理法律教育应当认清目标，怎样的法律人才是中国社会所需要的，不要盲人瞎马，一味地提倡法律教育而不知法律教育的腐化，或一味地蔑视法律而不知法律的重要。并且在法学教育的不同发展阶段中应适时调整培养目标，以便于适应社会的发展需求。考察现阶段的社会发展状况，应用型、复合型的法律人才应是必不可少的法律人才类型，随着中国与国际社会交往的频繁，培养高层次的法律人才必然成为主流。

第三，培养模式应多样化。用同一种模式培养不同类型的人才，这是不可能的。考察不同国家的法学人才的培养模式，将发现它们的人才培养模式各不相同。例如，美国法学教育属于本科后教育，在硕士阶段才开始法学教育，招收学生的起点较高。这样安排的好处在于不同专业背景的学生在毕业后再来学习法律，一方面，可以增进学科知识；另一方面，对于选择进入法学院学习的学生通常经过深思熟虑。其次，美国的法学院入学考试是相当难的，还必须参考本科阶段的成绩，学校都力求筛选最优秀的学生。中国目前设立的法律硕士培养模式其实是借鉴了美国的模式，一定程度上丰富了先前固有的法律人才培养模式。

根据我国的具体情况，法学教育模式不能只是限定于某种具体的模式，特别是在中东部与西部区域差异性较为明显的现实情况下，单纯的特定模式并不适合中国法学教育的发展。而且现实阶段的中国，只有简单的一种培养模式，例如，法律职业人才培养模式对于一个法治水平并不高的国家并不适用。换句话来说，我们仍然需要通识教育的培养模式。同时，社会关系的复杂、分工的细化，决定了必须要有专业的法学教育，这样才能使社会充满活力。所以精英化、"治理类"的法律人才将会成为社会必然性的需求。综合客观实际来分析，法学教育若要扭转失败的局面，适时选择符合社会实际的培养模式很必要，理性地思考人才培养内容、培养目标以及培养方式，避免在通识教育与职业教育之间争论过多而浪费不必要的资源。

（二）法律人才培养新模式是区分中东部地区与西部地区

1. 区分的意义

正如以上内容所分析的，区分中东部地区与西部地区的法学教育只是地理概念。事实上，我国的法学教育制度在全国范围内是统一的，并没有实质上中东部地区的法学教育制度，或者说是西部地区的法学教育制度，这是由法的统一性决定的。不过，我们可以在全国统一的法学教育制度的基础上，适当区分中东部地区与西部地区法律人才的培养模式，何况这并不违背法治的统一性。

关于这点，马天山教授在其论文《中国民族地区法治统一的相关基础问题分析》中有详细的论述，并且这其中有着重大的意义。

其一，根据地域的差异性，从实际出发确定法律人才的培养模式，不仅有利于法学教育的长足发展，而且有利于为经济发展提供多种类型的法律人才，从而达到优化法律人才队伍的目的。

其二，这有利于社会的法治发展，为法治建设提供源源不断的法律人才，最终实现西部地区的长治久安。

2. 区分的法理学基础

"立法者制定的法律是普遍的、一般的规则"，这说明法具有普遍性。我国的法学教育制度是统一制定的，也就是说，关于如何开展法学教育有固定的体系。例如，在课程安排上，学生毕业事宜方面都有统一的规定。同时，"法律应该规定禁止做什么，而不是规定应当做什么，而且禁止应当是例外"。根据这一原理，在法学教育中，部分高校根据自身的地理优势以及学科特点，设立某些具有地方特色的法学课程，当然这必须仍然以教育部公布的核心课程为主，还有些高校灵活采用双语教学，这种情况多集中在少数民族聚居的地区。事物之间天然存在的差异性，致使不能按照一个模式完成所有事情，法学教育也一样，如果忽视地域的差异性，那么不仅浪费了本来可以充分有效利用的地理资源，而且使法学教育的发展走向歧途。这其中的原理在于"社会法律现象不是一个游离于社会整体系统的孤立的、自满自足的系统。相反，通过法律形式的合理性的理性构建是为了使法律制度能更好地为其社会目的和社会发展服务，以促进整体社会的进步和发展"。

事实上，在中东部地区的某些高校，例如，复旦大学的法学院已经获准成为培养涉外法律人才的培养基地，而西部地区则不适宜培养此类型的法律人才。众多的分析已经证明，它是基层法律人才培养的合适基地。因此，区分中东部地区与西部地区的法律人才培养模式，并不与我国现有的法学教育模式相冲突，由于地域方面的巨大差异而有所区分，反而有助于完善我国的法学教育制度。

六、适合西部地区的法律人才培养模式

西部地区需要的是基层法律人才，而这些基层法律人才又必须具备某些特殊的品质。因为存在特殊性，适合西部地区的法律人才培养模式究竟是哪种类型的模式，只有科学合理地选择恰当的模式，西部地区的法学教育才能得到长远地发展。

（一）法律人才的培养模式

一般来说，科学的法学教育应当包括两类：第一类是普通高等法学教育，主要培养律师、法官与检察官，以法学本科教育为起点。除此以外，还有少数法律院校及研究所培养学术型的法律人才，以法学硕士为起点。

第二类是高等法律职业教育，主要培养辅助类型的法律人才，最低层次以大专为起点，接受三年的法律职业教育才能从事法律辅助类职业。

1. 学术型法律人才

法学家们所从事的主要工作是从经验、从特定的案件和问题中推出有现实效果的结论，并把这些结果整合为一个系统化的法律体系。学术型的法律人才通过创造出一整套法律语言、法律概念与法律原则，为实践活动提供一系列的法律知识。而且法律是抽象性的规则，往往需要解释后才能适用，学术型的法律人才在这方面的研究颇为得心应手，他们进行的解释法律活动为法律实践提供了丰富的资源。另外，学术型的法律人才一般充当"社会的良知"，关注公平与正义，是建设法治国家不可或缺的人才。

至于如何培养学术型的法律人才，首先考虑的是生源问题，学习的起点从法学硕士研究生开始较为科学。一方面，是因为在本科法学教育阶段已经接受了完整的法学教育，对中国的法律制度有全面的了解；另一方面，学术研究本身是枯燥乏味的事，本科生刚刚脱离中学教育并不具备做研究的条件。其次是学术型法律人才的培养，在课程设置方面要突出研究性知识的安排，课程内容可涉及前沿问题与国外相关领域的发展动态。

2. 实务型法律人才

法学的特殊性表现在兼备了较强的政治性、社会性与实践性，它也属于一门应用型的学科。"应用类法律人才又称为法律实践者，主要指法官、律师、检察官以及立法人员、公证员等"，这些法律人才共同为法治社会服务，国家也确实需要大量的法律人才。所以，法学教育其中的一个功能是培养实务型的法律人才，为法律实务领域输送合格的法律人才。

对于实务型的法律人才培养需要与实践密切接触，因为社会对学术型与实务型人才的要求是不一样的。

培养实务型的法律人才一般放在本科阶段中，结合法律职业的特殊性，要求学生系统掌握国家现行的法律法规，对于相关的基础理论与基础知识也需要有所掌握，最重要的一点是，实务型的法律人才要熟练运用法律知识解决实践问题，所以在课程设置方面可以增加实务方面的知识。例如，法律文书写作。在教学方法上，改变传统的以教师为中心的讲授形式，换之以灵活的案例讲析、模拟法庭教育。

3. 跨专业的法律人才

斯坦福大学法学院认为：具有不同文化、阶层、民族、背景、工作及生活经验、兴趣、技能的学生所构成的群体，对法律教育是必要的。跨专业法律人才一般是指在学习法律之前已经取得了其他专业的学位，只是出于现实的需要，本身具备的专业知识不足以应对复杂的工作，所以学习法律成为必要。美国的法学教育实质上是跨专业的法学教育，当然同时属于职业教育。

这种类型的法律人才通常是多元化的，他们学习基础性的法律理论，又掌握经济、政治、计算机、外语等专业的知识，择业方向并不局限于法律共同体领域，可以有多种就业选择渠道，多数为经济发展服务。随着经济的发展，社会对人才的要求越来越高，跨专业的法律人才可能成为继学术型人才与实务型人才的培养之后的一大趋势，一专多才的人才更受社会欢迎。

（二）基层法律人才培养应选择恰当的培养模式

根据以上对现存的三种法律人才培养模式的分析，西部地区在某些特定区域，例如，经济发展的中心城市，也需要较高端的复合型、跨专业型的法律人才。但是需求量最大的还是应用型法律人才，划分得再细致一点就是基层法律人才。为此，在确定了法律人才需求类型的前提下，西部地区应当选择有别于以上三种法律人才的培养模式。

对于西部地区的基层法律人才培养，我们还需要立足于以下这些现实情况：西部地区的高等院校在培养法律人才时，多数采取"满堂灌"的方式，课堂以教师的讲授为中心，学生们不断地做笔记，有些学生几乎一节课下来都在埋头记笔记。并且，延续了多年的法学教育模式逐渐暴露出多种问题。例如，法学教育的体系庞杂：从办学主体来看，包括普通高校、行业培训机构（如司法、公安、法院、检察院等）、科研院所、党校、军事院校、民办学校等。它们开展的法律教育又分为普通高校全日制教育、在职培训、函授、自学考试，以及广播电视等学历教育或非学历教育形式。从受教育的程度上看，包括中专、大专、本科、硕士、博士五个学历层次。从满足社会不同需要的人才规格上看，又分学术型法律人才培养和职业型法律人才培养两种类型。在这一体系下，法学教育的培养目标越来越模糊，慢慢地演变为某些人获得文凭的方式而已，至于学没学到相关的法学知识一点也不重要。事实已经证明，有着复杂体系的法律人才培养模式是不科学的，建立分类培养的人才培养模式能有效地解决现实中的突出问题。那么在以上提及的三种类型的法律人才：学术型法律人才、实务型法律人才与跨专业型法律人才，只有实务型法律人才较为符合西部地区的现实情况。

从现实情况出发，正视西部地区在培养人才的过程中出现的问题，这样才能对症下药，探索出适合西部地区人才培养的模式。一是必须对西部地区的法学教育进行全面的了解，有针对性地培养法律人才；二是需要明确西部地区也分中心城区和边远地区，对于占多数的边远地区来说，需要大量的基层法律人才。根据实际情况，西部地区的法学教育应当明确人才培养目标，以培养实务型的基层法律人才为主，注重学生的实践能力，让学生深入基层、扎根基层。只有结合当地实际选择恰当的人才培养模式，才能解决西部地区法律人才稀缺的问题。

第二节 构筑基层法律人才培养模式

一、从树立正确的培养理念着手

理念指人们对于某一事物或现象的理性认识、理性追求及其所形成的观念体系。科学的理念在法学教育中能够发挥重要的指导作用,培养西部地区的基层法律人才需要树立正确的培养理念。

总的来说,这些重要的理念包括:服务社会的理念、素质教育的理念、培养法律思维的理念。

(一)服务社会的理念

服务社会的理念是从高校的角度来说的,不管是中东部地区还是西部地区,高等院校的责任都在于培养合格的法律人才,而所有这些法律人才的最终目的是回归社会、服务社会,尽管部分法学专业的人才并不从事与法律相关的工作,但这并不妨碍他们为社会服务的目的。这是因为,在社会与教育的关系中,二者之间的关系是相互影响的。一方面,社会对教育有制约作用,主要表现在社会的生产力与经济条件决定了教育权利、教育目标、教育的规模、培养人才的手段。政治体制决定了教育的管理体制,社会文化的发展方向决定着教育的价值取向。另一方面,教育对社会的发展能够产生能动的作用,好的教育制度使文化知识有效传播,提高社会成员的素质,带动经济的发展,促进政治的民主化建设。因此,培养人才以此来服务社会,已经成为高等院校的责任,西部高校在西部大开发急需人才的大背景下将承担更多的责任,培养足量的法律人才,以期实现西部社会的现代化。

西部地区的法学教育因为所处的社会经济发展水平与中东部地区有较明显的差异,在培养法律人才方面,应当注重与地方产业、行业相结合,深入当地社会生活的各个层面,根据社会的需求培养能够扎根西部、服务西部的基层法律人才。在西部地区还有一个特殊之处在于:我们应该怎样为少数民族提供法律服务,如何处理少数民族产生的纠纷。这就要求我们在少数民族聚居的西部,服务社会的时需要结合少数民族的特点,研究各民族法文化传统,增加民族法学的知识,尊重当地的习惯法,协调各方的关系,这样才能保证社会稳定。

(二)素质教育的理念

素质教育的产生在于纠正应试教育只注重分数而忽视学生全面发展的缺陷。20世纪末期的全国第三次教育工作会议提出全面推进素质教育,至此,素质教育成为教育界的培养理念之一。

素质教育的本质在于:必须面向全体受教育者、促进学生全面发展、促进学生创新和实践能力提高、促进学生个性的发展，并要在教学过程、学习过程、管理过程、评价过程等活动中，体现和贯穿素质教育的理念。西部地区的高等院校对于法律人才的培养必须坚持素质教育的理念，从培养目标和培养过程两方面落实素质教育。

第一，培养目标。西部地区的政治、经济、文化有自身的发展特点，客观上需要多层次的法律人才，但需求量最大的是实务型的基层法律人才。因此，应以实务型的基层法律人才作为西部地区高等院校的培养目标，较为理想的阶段应以本科阶段为起点。一是因为法学知识很大一部分都较为晦涩难懂，法言法语很多，理论性知识、规则性知识等比较抽象；二是因为在素质教育理念的指导下，法律人才应全面发展。除了具备专业性知识，对于民族文化的知识以及其他人文知识等也要有所涉猎。西部的发展不仅需要优秀的法律人才，更需要能够在这片土地上埋头苦干而且能长期坚持下去的基层法律人才。综合这些因素，不宜把法学定在低起点来培养。

第二，培养过程。素质教育如何体现在培养过程中，与学校的课程安排、教学方式存在相当密切的关系。实务型法律人才在掌握了体系的法学理论知识后需要在实践中不断学习。对于此类型的法律人才来说，实践教学比单纯地吸收书本的知识效果更好。而且必须承认的是，实践中处理的法律事件有时与书本上的理论知识并不一致，这就要求社会实践中往往要灵活地处理法律问题，加上西部地区有些案件的性质是案小影响大，在熟人社会中如果处理不当，则易产生严重的后果。所以基于地区生活的特殊性，让学生接受实践性教学很有必要性。再者，这也是素质教育的要求。

（三）培养法律思维的理念

法律思维是指按照法律的逻辑推理，运用法律的原则、规范和精神来分析和解决社会矛盾和纠纷的思维方式。法律思维的重要性在今天的法学实践中不言而喻，"法律人作为法律的实践主体，必须综合运用法律原理，理性解读法律规定，遵从逻辑，恪守并阐释社会公正，同时还要综合考察千变万化、复杂多样的案件事实，最终通过社会矛盾和社会纠纷的解决，实现对社会秩序进行合理的建构。因而法律思维必然是在一定理性主义指导下的思维活动，与法律人的哲学观、价值观等理性认识和思考密不可分"。在培养西部地区基层法律人才的过程中，要注重培养法律思维，类似于"授人以鱼，不如授人以渔"，大学的法学教育应该侧重训练学生的法律思维能力，不仅是因为法律思维是推理和论证主要内容，而且在于适用法律的时候，需要严谨的逻辑思维能力。可以说，法律思维贯穿于运用法律的整个过程。

如果法律职业家仅仅只懂得实体法，而缺乏法律思维和公平正义的理念，他们对法制文明进步是没有多少发言权的。因此，西部地区培养合格的基层法律人才，需要着重训练学生的法律思维，在掌握丰富的法学理论知识和理解法言法语的前提下，开设训练法律思维的课程，其中法律写作就是较为理想的选择。通过不同类型的写作，可以积极地、有针对性地提高学生运用法律原理的能力，对训练法律思维有极大的帮助。并且"这种写作也能够通过鼓励对法律文书更具批判性，用更具想象力的阅读和写作来整体提高作为律师所具备的阅读和写作能力。写作的广泛使用也会通过对学生个人提供更多的关注，通过协调当代法学院学生中的各种不同的学习风格、角度、背景和才干，而使法学教育更具有民主性"。

二、设立特色学科，了解少数民族的特殊需要

（一）设立特色学科的客观因素和内容

1.客观因素

西部地区是少数民族聚居的地方，基层法律人才的培养应当切实符合当地的实际，设立特色学科是必要性选择。从客观条件来分析，一是因为全国五个民族自治区都在西部，西部地区聚居着全国80%以上的少数民族。少数民族如此密集地分布在西部，对基层法律人才提出了新要求。也就是说，西部地区的基层法律人才由于地理的客观因素在很大程度上是为少数民族服务的。二是因为少数民族的文化有其特殊性，社会秩序以经验和实践发展而来的习惯法维持。保护民族的整体利益、促进民族区域经济和文化的繁荣发展都与民族习惯法有关。而且少数民族习惯法并不只是存在于历史中，它也属于未来的社会，已经根深蒂固的民族习惯法制约着当地人们的行为，是调解当地纠纷的重要规范。可以说，少数民族习惯法对和谐西部的构建和边疆的稳定乃至国家安全都是至关重要的。综合以上论及的地理因素与人文因素，培养为西部地区提供法律服务的人才，设立特殊学科，将是构筑培养模式不可绕开的话题。

2. 特色学科的内容

有学者对西部地区基层法律人才所需的学科专业知识与人文知识进行了调研，调查结果显示：西部地区基层法律人才需要特别掌握特色的人文社会知识、民族关系、经济社会发展、民族习惯法、村规民俗、民族语言、地方语言等。

第一，合理安排有关地理知识与民族文化知识的课程。地理知识与民族文化知识对基层法律人才的重要性是不言而喻的。这与入乡随俗有着同等的意义。培养基层法律人才，学生学习法律知识是必备要件，把国家规定的十六门法学核心课程作为必修课，这是毫无疑问的。只不过在学习法学核心课程的基础上，学校可根据实际情况安排地理知识和民族文化知识的课程。一方面，社会对法律人才的要求逐渐升高，法律人才是综合能力较强的人才，快速发展的经济社会往往需要多学科知识共同解决问题；另一方面，学习相关的地理知识与民族文化知识，有助于学生充分了解西部地区的地理环境与人文环境，对培养学生的西部情怀也是有所裨益的。

第二，开设民族语言课程。这一点主要是针对西部地区以外的生源来提出的，因为像西部地区的高校在法学专业招生方面，并不只是限于当地学生报考，大部分都是以全国统招的方式，所以学生来自全国各地，如果这部分的学生在毕业后服务于基层，那么语言沟通能力则是一大问题。如果在大学的课程中适当开设民族语言的课程，将是西部地区基层法律人才模式的一大亮点。高等院校，特别是以民族研究为主打特色的大学，应该在这方面下功夫，开设有关民族语言的课程，讲授少数民族语言的特性，让学生对少数民族的语言有个大致的了解，这样不至于因为早期个人的主观因素对民族语言产生抵触感。

（二）鼓励当地学生报考法学院系

在西部地区尤其在少数民族地区，可以鼓励学生报读法学院系，该提议的可行性在于：第一，从新中国成立到现今，西部地区的教育事业已经得到了蓬勃的发展，特别是少数民族的学生数量正不断地增长。21世纪初，由教育部、国家发改委、财政部等部门联合制订的《国家西部地区"两基"攻坚计划》已取得了实质性的成果，培养了一大批少数民族的高层次人才。第二，西部地区的教育中实行的双语教学是一大特色，以民族语言编写的教材正逐年上升，既保障了少数民族受教育的权利，又在民族语言之外学习了汉语。掌握汉语和汉字相当重要，一来可以促进不同文化的交流与融合；二来以汉字记载的文献十分丰富，对于积累知识与法学研究具有重要作用。

因此，鼓励当地的学生报读法学院系是具备基础的。如果吸收了优秀的学生学习法学，他们本身的乡土情结就会促使其回报家乡，较为重要的是"生于斯，长于斯"的学生对当地的自然气候环境与社会风土人情相当熟悉，语言沟通方面又无障碍。综合来说，学有所成，为家乡人民服务，也会获得相当大的满足感。当然也不排除学了三年或四年法学的学生毕业后到中东部城市发展。但是，所有事情都不能十分完美，我们只能在权衡利弊后尝试温和的试验，如果效果显著，则可以继续推行。

三、正确对待司法考试与课程学习

（一）西部地区的司法考试

1. 国家对西部地区司法考试政策的倾斜

在全国统一的司法考试中，中东部发达地区的考生一般不享受国家的优惠政策，合格分数线较西部地区为高。即便如此，在该地区每年的司法考试中，多数法学专业的学生仍然能以高分通过。相反，西部地区虽然在司法考试中有一定的优惠政策，但是学生的司法考试通过率仍旧与中东部发达地区存在较大差距。

根据《国家司法考试实施办法》规定：在民族自治地方组织国家司法考试，可以使用民族语言文字试卷进行考试。规定：国家司法考试的实施，可以在一定时期内，对民族自治地方和经济欠发达地区的考生，在报名学历条件、考试合格标准等方面，采取适当的优惠措施，具体办法由司法部商最高人民法院、最高人民检察院确定。这两条规定体现了国家对西部地区司法考试政策的倾斜，具体的优惠政策是降低分数线与放宽学历。

2. 以户籍地作为享受优惠政策的标准的不合理之处

统一的司法考试制度为提升全国司法队伍的素质做出了重要的贡献，提高了全国的司法水平。但是，行政法规不可避免的局限性，使司法考试制度在实践中显示出不合理性。其中表现在以考生的户籍地作为享受司法考试优惠政策的标准，也就是说，考生的户籍地如果是属于放宽报名学历条件的，才能享受国家的优惠政策。这方面《中华人民共和国司法部国家司法考试办公室公告》有具体要求：户籍在放宽报名学历条件地方的申请人，考试成绩达到放宽合格分数线的，须选择在本人户籍所在地的市（地、州、盟）司法行政机关办理申请授予法律职业资格事宜。申请人大学毕业后户口迁回原籍，且原籍为放宽报名学历条件地方的，比照上述规定办理。

3. 修正司法考试制度的不合理之处

第一，以分数作为划分法律职业资格证书 A、B、C 证的标准。每年就读于西部地区高等院校的学生不在少数，而且很大一部分学生的户籍并不享受司法考试政策的优惠，他们中的有些人如果想在当地进入法律职业，那么只能考取 A 证，如果分数达到了 C 证的合格线，也不能申请，这样就把那些想为西部基层效力的法学专业的学生挡在了门外。所以，可以尝试以分数线作为 A、B、C 证的划分标准，达到相关的合格线就能获取对应的证书。

第二，以地区作为使用 A、B、C 证的标准。法律职业资格证的 A 证可以全国通用，这是没有疑问的。但是，对于考取了 C 证的学生，我们可以限定使用的地区。例如，在东部沿海地区的发达城市、西部地区的中心城市、地级市要求相对较高，而特别落后的地方，尤其特别缺乏法律人才的县、乡和边牧地区，那么，C 证就可以使用。这样做的好处在于，可以吸引全国各地通过了 C 证的法学专业的学生到西部地区就业，以达到分流法律人才的目的。而且其他地区的学生到西部地区服务基层，也可促进信息与文化的传播，从长远来讲是较为理想的。

第三，适当提高法律职业资格证的合格分数。经过了十一年的司法考试，我国的法律人才已经储备了一定数量，法律的特殊性始终会走精英化路线。而且，司法考试越难，越体现法律职业资格证的价值。当然，"难"的程度不至于产生零通过率，反而会促使法学专业的学生学习更认真，为此在学生中形成共识，通过司法考试并不是因为"侥幸"，而是在于扎实的"法律功底"。

（二）如何处理司法考试与课程学习的关系

在西部地区基层法律人才培养中，学生同样应具备扎实的法学知识，通过司法考试意义重大。一是因为这是对自己学习的肯定，是学习成果之一；二是法律职业共同体要求通过司法考试，已经成为必然性规定。

第一，以课程学习为主，司法考试为辅。必须清醒地认识到，法学教育与司法考试既有联系又有区别，法学院并非是司法考试的培训场所。所以，在培养法律人才的过程中,要正确处理教学课程与司法考试内容的关系。目前,全国司法考试的内容是统一的,西部地区的考试内容与中东部发达地区的考试相一致。为此,西部地区的司法考试也以法学专业的核心课程为考核范围。一般基础理论课学得扎实的学生较容易通过司法考试。可是,大部分学生并没有意识到专业理论课的重要性,很少认真对待课堂上教师的讲授,反而情愿自己花更多的时间报名参加各种各样的培训班,这样有点本末倒置了。所以,在培养基层法律人才的过程中,要引导学生认真对待理论课,重视理论课程的学习,认真学好每一门专业课,以备为司法考试打好基础。

第二,司法考试应立足于法学教育。司法考试"是一个关系到法律职业人才的选拔制度,其主要是将法学教育培养出的'社会产品'选拔到法律职业家队伍中",具有筛选人才的功能。而法学教育既培养实务型人才,又培养学术型的法学家,无疑它的功能比司法考试要强大得多。为此,培养西部地区基层法律人才,要将司法考试作为法学教育与法律职业的桥梁,要遵循法学教育的规律,在考试科目、内容等方面要与法学教育相协调,避免成为法学教育的指挥棒。

第三,以法律思维为中心,实现课程理论学习与司法考试的良性互动。法律思维对于西部地区基层法律人才的重要性,对于法律人来讲,思维方式甚至比他们的专业知识更重要。因为他们的专业知识是有据可查的,而思维方式是决定他们认识和判断的基本因素,况且非经长期专门训练则无以养成。基于法律思维是法律职业的核心要素,司法考试应当侧重考察法律思维,以此实现课程理论学习与司法考试的衔接,提升基层法律人才的综合素质。

四、正确处理理论知识与基层实践的关系

(一)注意学好具有民族特色的课程

对大学使用"清一色"讲课方法的做法表示诋毁,这是有道理的。但是,全面诋毁大学使用的讲课方法,肯定是不合理的。中国大学课堂教师对学生进行理论的讲授,虽然这种方式已经被批判得"遍体鳞伤",但是"把法律当作一种科学和艺术来讲授",并非每个教师都可以做到。作为西部地区基层法律人才,只有在掌握扎实的法学理论的基础上,才能更好地为基层服务。由于区域的特殊性,西部地区多是少数民族聚居的地方,所以,还应当注意学好具有民族特色的理论课程。

这是因为，大学按其本意来说，传授理论知识是不可推卸的责任，西部地区的高等院校也一样。马克思说，"理论一经掌握，群众也会变成物质力量。理论只要说服人，就能掌握群众，理论只要彻底，就能说服人。所谓彻底，就是抓住事物的根本。但是，人的根本就是人本身"。亚里士多德说，"理论是能给人以最高福祉者，是有价值的事物中的最好者"。恩格斯说，一个民族要想登上科学的高峰，究竟是不能离开理论思维的。这些经典的话语无一例外地体现了理论的重要性。

法学教师应该是那种陪学生走过一条不熟悉的新路而教师本人熟悉并且原来曾经走过这条路的人。因此，有资格教法律的人不必要有在律师事务所工作、与人打交道、对案件进行讨论的经历。简而言之，不需要有运用法律的经验，但是要有学习法律的经验。

（二）在基层中实践中以正确的态度对待基层实践

"学生们所学习到的关于法律职业能力本质的看法是错误的，是一些废话。学生们认为，通过法律教育可获得从事律师工作可能性的看法，也是错误的，是毫无意义的"。这话有其合理性，培养合格的西部地区基层法律人才，不仅要求掌握理论知识，而且要为以后的基层服务打下基础，实践的内容自然必不可少。学校里所教授的那些执业技巧与实际的律师经验不同。所谓的法律推理与法律实践毫不相关，人们也不可能从中了解到真正实践的东西。这个过程使得学生面对将来的职责时，更显得无能，除非是在像法学院那样组织的律师事务所中当学徒，在一系列紧张的竞争和无所回报的状况下有年长的律师控制着内容和去政治化的技艺训练。学校恰恰不是对实践经验的介绍，而是传授理论知识的最佳场所。所以，培养合格的基层法律人才必定要求理论与实践相结合。

第一，让理论指导基层实践。法律的生命在于它们的适用与执行，适用法律的人必须使法律贯彻它的功用。对于法律人高尚品格要求自不待言，不过，仅有高尚品格以及对于正义的热诚态度，还是不够的，学识必须具备，这要从教育而来，从适用和解释法律的技术而来，并从裁判技术的经验中得来。学校与社会存在着明显的差别，西部地区更是有其特殊性，这就说明为什么要求西部地区基层法律人才应当具备某些特殊的品质。所以，培养西部地区基层法律人才，要在充分掌握理论知识的基础上，去实践、去基层、去感受基层群众的生活，这样才能真正践行服务基层的理念。

第二，让基层实践上升为理论。获取各种法律实务知识的最佳途径是积极参加到实践中去，并接受更有经验的专业人士的指导与反馈。在理论指导下进行实践并不是最终目的，一切实践的最终含义就是超越实践本身。培养西部地区基层法律人才，不仅仅在于教授学生理论知识，让他们下基层，而且要求他们在基层实践中善于发现问题，发现理论知识的不足，从而将过往实践的内容上升为新的理论，不断超越、不断进步。

（三）沟通理论知识与基层实践

西部地区基层法律人才的服务对象虽然是基层的老百姓，处理的案件较少涉及错综复杂的法律关系，但是并不能因为工作难度较低，而降低对法律人才的要求。相反，西部地区基层法律人才事关西部地区的法治建设，事关西部地区的民主发展，不管什么时候，都不能忽视对基层法律人才的培养，降低对他们的培养要求。尽管对于中东部与西部地区法律人才的培养途径很多，例如，被提及最多的是教学方法的改革，引进案例教学法、模拟法庭或者诊所法律教育等。

在目前的课程设置的基础上，要培养西部地区基层法律人才，重视法律文书写作，这是一个较为现实的办法。中东部地区与西部地区的多数法学院校都开设了有关法律文书的课程，但从来没有得到足够的重视。虽然课程的内容涉及很全面，关于民事诉讼与刑事诉讼的程序需要的法律文书都有介绍，也有写起诉书与答辩状的方法与格式，但是这么好的一门课程与其他课程一样，到期末考试时采取集中考核的方式，平时很少进行写作训练。似乎学校与学生共同忽略了写作能力对法律职业人才的重要性，都没有意识到写作教学是在主流教育中实现职业化改革理念的一个非常好的方法。写作提高或者说发展了思想，在一个无考试的环境下进行法律写作，能够向作者提供各种各样的机会去获得有关思想的反馈，而且这种写作在其成为习惯以后，将会是一种提高法学院学生掌握和运用理论知识和分析能力的很好方法。

培养西部地区基层法律人才，注重学生的写作训练，其中包括对本地区的一些特殊性法律现象进行思考，这本身就是一种学习，并且这一过程包括了对西部地区复杂的背景进行深思熟虑的选择。法律思维的提升都是建立在事实的思考与不厌其烦的重复训练中，西部地区基层法律人才通过对案例的分析、诉状与合同或其他形式的法律文件的起草，有利于提高分析与解释能力、运用法律的综合能力，并且积极的、有针对性的练习，有利于加强法律原理的学习与运用。这势必能够培养优秀的基层法律人才，西部地区法治建设的完善，也随之指日可待。

五、基层法律人才职业道德的培养

（一）法律职业道德的内涵

法律职业道德从广义来分析可以分解为两个层面。

第一个层面，是法律职业伦理，它也被称为法律职业道德规范。法律职业道德规范是在法律职业活动中形成的、反映法律职业伦理关系，并规制法律职业共同体的道德准则。不管是何种类型的职业，由于人们在特定的范围里长期从事有关专门业务与特定职责的社会活动，逐渐形成了独特的职业责任与纪律，从而产生了特殊的道德准则与规范，这对于西部地区基层法律人才也是同样的道理。所以，法律职业道德在法律活动中产生，并制约法律活动，而且法律职业要求法律职业者不受外部因素的干涉，保持自身的独立性与崇高的权威性。不过，这种独立性并不是说法律职业者可以凭借自己的兴趣爱好自由选择案件，西部地区基层法律人才也是其中之一，这必须要受一整套规范的制约，例如，法律职业道德准则。因此，西部地区基层法律人才毫无疑问，应具备法律职业伦理，并且这些法律职业规范在进行基层法律活动中形成服务基层群众的职业责任。

第二个层面，是法律职业者个人的道德品质，是在履行法律职责活动中内化了的法律职业道德准则，具体表现为个人的理念情操。西部地区基层法律人才选择为基层服务，本来就体现了个人的道德品性与道德选择，他们需要在毕业后抵制到大城市就业的诱惑，坚定自己的信念。

这些道德品质大致分为五个方面：道德认识、道德信念、道德情感、道德意志与道德行为。一般来说，道德认识是指人们处理个人与社会、个人与他人的关系，以及了解和掌握这种关系的理论、规范和原则；道德信念是指人们对某种人生观、价值观、行为准则和道德理想具有深刻的正义性的笃信；道德情感是指在一定道德认识的基础上，人们在现实中对道德关系与道德行为所产生的情绪态度，包括喜爱或厌恶、倾慕或鄙视；道德意志是指人们在履行道德义务的过程中，努力克服困难、障碍的坚持精神；道德行为是道德品质的外部表现形式，包括道德习惯、道德语言与具体的道德行动。因此，对于西部地区基层法律人才的职业道德培养，应当包括以上五个方面，使渗透道德的影响成为西部地区法学教育培养人才的必然趋势。

（二）课程与教学方法相结合

法学教育的目的不只是传授知识和法律技能，它的作用还在于必须培养学生的道德素质，这是因为"重塑道德感的希望主要在法学院"。

培养西部地区基层法律人才的职业道德，可以从以下这些方面着手：

1. 设置法律职业道德课程

设置法律职业道德课程似乎是一个老生常谈的话题。在统一的法学教育制度下，不管是中东部地区还是西部地区的法学院校，在课程安排中都没有遗忘法律职业道德。只是，这样一门与民法或刑法相比显得分量较轻的课程，在实际中基本成了摆设。培养西部地区基层法律人才，基于这类法律人本身就该要求较高的道德素质，那么该地区的高校不仅应当设置法律职业道德课程，并且应确保该课程的教授与考核。

我们应该有这样的意识：在道德滑坡的现实情况下，实现法律职业的目标有赖于法律职业道德教育。不论在中东部地区还是在西部地区，法律都是用以维护社会秩序，解决社会纠纷的，法律的至上性决定了人们把法律职业当成了保护权利、实现正义的最后防线，因此，法律职业道德则成为了实现司法公正的有力保障。在处理西部地区基层案件中，法官的判决不仅仅是对当事人的请求或犯罪嫌疑人依据法律所做的决定，更重要的是，所有判决都将对社会公平、正义产生较大的影响。公正的判决有利于实现法律的正义，维护社会的稳定；不公正的判决将会对社会成员的心理造成重大的打击。所以，法官的自由裁量权，必须建立在法律职业道德的基础上。

另一方面，在于法学教育本身是一种"使人向善"的教育，法律职业道德教育在于让学生形成对美德学习的自然性习惯。培养西部地区基层法律人才，也是要使学生具备高尚的品德，为此，设置法律职业道德的课程可以帮助学生掌握法律职业伦理知识的体系，理解善的含义。并且法律职业常常被认为是很少利己专门利人的职业，甚至千方百计掩盖自己受金钱驱动的程度，基本上让外界认为，法律职业追求的是一种天职，智力上会获得丰厚的回报，人格魅力也得以强化。所以，无论是法官还是律师，其内部早就酝酿着一种职业的荣辱感,进而发展为法律家的职业道德,它从集团内部维系着这个团体成员以及团体的社会地位和声誉。

2.寻求合适的教学方法

传统的理论知识在教授的形式上,主要是在课堂上以口头讲授的方式进行。而法律职业道德与传统的理论知识在内容上有很大的区别,这就决定了法律职业道德课程不能只是简单地采取讲授的方式,而要主动寻找出合适的教学方法。

首先应该确定的是,课堂讲授法是法律职业道德课程的教学方法组成部分。也就是说,我们这里所探讨的教学方法并不抛弃传统的口头讲述,目的在于让西部地区基层法律人才的培养对象——学生,掌握系统的职业伦理基础知识。然后在这个基础上增加其他的教学方法。例如,我们可以参考法律职业道德教育较为发达的美国。其教学方法包括渗透法、案例分析法、问题教学法、诊所式教学法等,不过以上列举的这些方法各有利弊得失,例如,渗透法。渗透法是将法律职业道德规范渗透到相关的课程,在其他课程的讲授中理解法律职业道德规则,这种教学方法的好处在于,可以促使各科教师对法律职业道德的关注,让更多的教师做正面的角色示范。但是,法律职业道德规范与特定的领域实体法存在多大的关系呢?况且,进行法律职业道德教育时,需以其他课程的安排来决定法律职业道德的课程,这样就难免影响了学生对法律职业道德的认知。因此,在培养西部地区基层法律人才的过程中,要善于借鉴各种教学方法。同时,可以大力促进中东部地区与西部地区在法律职业道德教学方法的交流。

西部地区与法律职业道德教育本身的特殊要求在培养基层法律人才中寻求合适的教学方法,而这样的教学方法肯定是多样性的,其目的不只是要求基层法律人才掌握系统的法律职业道德理论知识,最终是要促使道德规则的内化,促进道德人格的养成。

因此,根据道德教育的属性、态度性或情感性,较为理想的教学方法应该是讲授与示范、角色体验法的结合。这样,培养法律人才在体验法律职业者的角色时,面临实务中复杂的道德选择、两难的决定时,将会促使他们对职业道德的思考和反省,从而提供了积累情感经验的机会。长期进行的示范与角色体验式的教育方法,对于提高西部地区基层法律人才的职业道德水平具有不可估量的作用。

第三节 基于我国法律本科教育的应用型人才培养模式改进

一、实现本科法学教育理念的转变

(一)教育理念转变的现实意义和必要性

本科法律教育理念的转变,是深化法律本科教育改革的重要基础。教育理念的落后直接制约着我国本科教育的发展,如果教育理念不及时转变,那么提升我国法律本科教育就变成空谈。

1. 教育理念的转变为我国本科法律教育指明方向

我国的法学教育的理念从单纯的理论教学向注重实际应用转变,这种全新的理念是我们有效开展本科法律人才教育的出发点,一切工作都必须紧紧围绕这一中心,有效的组织和规划本科教育的理论教学和实践教学。一方面,加强对学生相关法律基础知识的理论教学;另一方面,加大对学生实践环节的投入,不断提高学生专业素质,运用法律知识解决实际问题的能力得到很大的加强,充分发挥学生的自主能力、实践能力、搜集资料处理各种信息的能力。

2. 教育理念的转变是我国本科法律教育的动力源泉

新的教育理念为我们进行本科教育指明了方向,也成为我们深化改革、提高本科法学教育水平的重要动力。

全新的教育理念就像是大海上的一盏明灯。有明灯的指引,就更加坚定了我们前进的步伐。教育理念的转变大大激发了学生和教师对法律本科教育的激情,教师的教学将会更加充满自信、更具有现实意义,学生的学习主动性和积极性也会在很大程度上得到提高。而学生学习主动性的增强,反过来也激发了教师教学的热情,如此形成了良性循环。那么,本科教育质量就会有质的飞跃。

(二)本科法学教育理念转变的内涵

1. 实现从纯理论教学向注重应用型转变

我国高等院校在法学课程的设置上,不应该仅注重法学理论知识的传授,而更应该重视实践教学环节。只有把法学专业与法学实践紧密联系在一起，才能达到法学教育所谓应用能力培养的真正目的。全新的教育理念就是要强调学生运用法律知识解决实际问题的能力，包括实践操作能力和分析问题、解决问题的能力。

2. 实现法学教育与法律职业教育的融合

法学教育和法律职业有着十分紧密的联系。一方面，法学教育为法律职业提供支撑，法学教育培养和提升了法律专业知识和法律职业素养；另一方面，法律职业决定着法学教育的培养和发展方向，并反过来丰富了法学教育的内容。两者相互影响，相辅相成。当采取合理的方式使得两者形成良性互动关系时，法学教育与法律职业化发展协调，加强法学教育与法律职业之间的血肉联系，使得法律职业教育获得法学教育的支持和涵养，使得法律职业走上职业分工专业化、队伍职业化的健康发展轨道。

二、实现本科法学教育理念的转变

（一）合理设置理论教学和实践教学的比重

当务之急就是要大力提高实践教学课程在教学当中的比重，要求全部的法律课程都必须有实践教学环节，实践教学、理论教学比重，分别大于该课程总教学时数的15%、10%。某些实务型课程的实践教学比重，将要提高到80%以上。只有这样，在课程安排上做硬性的规定，才能够从根本上解决目前在法律人才培养模式上存在的突出问题。

（二）拓展教学实践的途径

要大力拓展教学实践的途径，必须从以下两个方面着手。一方面，加强对现有的律师事务所、检察院、法院、法律援助机构或者其他法律实践部门有效的利用和管理，使这些现有的基地能够真正发挥其应有的作用，为法律人才应有能力的培养起到真正的作用。另一方面在暑假、寒假可以组织学生到相关的工作单位实习，亲身感受一下现场的工作氛围，感受一下职业法律人士思考问题、解决问题的方式和方法。最后，学校还可以成立社会法律无偿咨询机构，组织学生向社会提供相关的法律咨询，特别是社会弱者，向其提供法律维权的意识以及法律维权的方法。这样不仅能够提高学生应用现有知识解决实际问题的能力，而且还能够提高学生的人文素养。

（三）加大对教学实践环节的投入

高等院校在进行本科教育的同时，应该加大对应用型法律人才实践环节的投入力度，包括调集优秀的师资队伍，加大对实践环节的资金投入，以及设置相关部门对实践环节进行专门的管理。虽然高校的优秀师资是有限的，但是我们要把这部分资源由原来的理论教学领域向实践环节转移，确保实践教学质量的稳步提升。

实践环节需要大量的资金支持，一方面，学校应该加大在本科教育过程中实践环节的资金投入比重；另一方面，要积极争取国家和社会的资金支持，确保有足够的资金来开展实践环节的教学和工作。

做好学生的实验实训和日常管理工作，是实践教学环节课程成败的关键。实践教学要实行管理规范化，健全管理体制并完善规章制度，保证学生实践教学工作的正常运转；相关领导部门应制定完整的管理规则制度，确保实践教学高效有序；制定严格而有效的成绩考核方式，更好地调动学生的积极性和主观能动性。

三、加强教学资源的建设

（一）积极争取政府和企业的支持

加大教育力度，避免不了人力、物力、财力的大幅度支出。单靠高等学校院系自身的投入，显得不切实际。因此，需要积极争取政府和企业的支持，包括政策支持、资金支持。在政策方面，积极争取政府从法律上以及文件上加大投入。参考国外培养模式可以发现，法学教育发展成熟的国家都从法律上对法学教育做了相应规定，早在21世纪初，德国联邦议会公布了《法学教育改革法》，由此提出了"具有全方位工作能力的法律家"这一新概念，旨在使经德国法学教育培养出来的法律人才，在任何一个涉及法律的职业领域都具备开展法律工作的能力，且具备国际化专业能力和律师事务能力。此外，《德国法官法》还明确规定了学生需参加外国语和外国法的课程的学习，大学生必须参加以外国语言讲授的法学课程，或者以法律知识为主要内容的外语课程，并参加考试且成绩合格。从政府的文件规定来规范法学教育，明确法学教育的目标，加大法学教育的力度，具有可观的实际正面影响来促进法学教育的发展。但是同时，国家文件应该与实际发展同步，实时更新改进，同步适应教育事业的发展。

在资金方面，高等学校院系应当在积极申请教育部资金投入的同时，利用自身教学条件，积极与相关企业合作，利用企业资金培养合格的专业人才，使得企业招人、用人得心应手，从而达到双方互利的效果。在合作单位的选取方面，司法机关以及司法行政机关应当作为首选，尤其法院和检察院有丰富的案件学习资料，检察官和法官都有丰富的经验，学生能够有更多收获，能更多地接触到正规的案例操作流程。其次，也可选取律师事务所以及相关的法律事务咨询机构，很好地为法学学生提供实训机会，同时这些机构也是学生毕业以后重要的就业方向。最后，其他相关的企事业单位也应有所考虑。

（二）加强师资队伍的建设

师资队伍的水平关系着法学教育成果水准，工欲善其事，必先利其器。师资队伍建设不加强，一切提升法学教育的措施都是一纸空文。下面将从政府支持、高校管理以及教师自身三个方面阐述如何加强师资队伍的建设。

1. 高校师资力量建设应获得政府支持

国家相关部门在高校教学水平评估时，应将实践性师资队伍的建设情况纳入评估范围。教育部组织的高校教学水平的评估，引导着高校办学的方向，为了在评估中获得较好评价，许多高校不惜重金从各地引进高职称高学历的人才，却没有重视实践性人才的引进，因为实践型师资不是教育部评估的重点，因此对于实践性强的法学专业而言，这种引导并不合理。我国目前高校教学评估的评价标准单一、目标不明确，没有充分考虑不同类型高校和不同专业的区别，指导功能不强。如果教育部将实践型师资队伍的建设情况作为一个评价指标，纳入评价方位并做硬性要求，肯定能够促进各高校对于法学专业实践性师资的建设，从而提高法学专业的教育水平。

2. 高校应加强师资队伍的建设

壮大实践性师资队伍，把引进实践型人才列入人才引进计划。对于法学专业要引进实务部门有实践经验的人才，过去高校招聘法学教师，对应聘教师的要求主要是看学历、发表论文的情况和有无课题，现在应该再加上一条实践经验和专业实践能力的考评，通过现场表演辩论解决法律的实际问题。通过书写法律文书出具法律意见。通过模拟法庭等形式，考评应聘人员的实践能力。

加强对教师实践能力和业绩的考核。实践能力虽然相对科研和教学更难考核和操作，但实践能力是一种外在的能力，比科研和教学更为直观。比如，为社会提供了多少的法律援助，办理了多少起诉讼案件、非诉讼案件，发表了多少专业实践性的文章，与实务部门的交流情况，等等。当然这种考核并不够完美，有学者认为，上述这些都不能确切地反映教师的实践能力。其实，任何考核方式都有误差，只有在考核中不断地完善考核办法。建立有效的实践型教师队伍考核激励机制，把考核的结果与晋升要求、津贴、奖金等联系在一起，充分调动教师工作的积极性和主动性，引导教师队伍增强实践能力，以达到改善法学实践性教育的水平。

开展与实践部门的交流活动。加强与实践部门的联系，高校可以建立与实务部门的交流途径，派教师到实务部门交流学习，在高校之间的研究探讨和学术交流的同时，应兼顾高校与各个实务部门的交流。

建立充分发挥实践部门兼职教师的机制。制定实践部门兼职教师管理和考核办法，把兼职教师的工作纳入工作计划内。做好兼职教师的对接工作，保障兼职教师适当的经济待遇，制定相应的考评机制，把兼职教师的待遇、是否续聘与兼职教师的工作量、工作表现联系起来，采取合理措施，充分调动兼职教师的积极性。

鼓励法学专业教师到实务部门挂职锻炼。鼓励具备法律职业资格的专业教师担任兼职律师，有些地方，比如，北京的检察院系统，就聘任法学专业教师为兼职检察官，法院从高校聘任兼职法官的情况比检察院要少。但其他诸如政府法律顾问、仲裁员、企业法律顾问、专家咨询委员会委员等，这些实务部门主动吸收高校法学教师兼职，为教师提供了实践学习的机会。另外，作为学校也应该鼓励这种挂职锻炼，有些学校领导对此仍然存在偏见，认为一线教师这种能够提高实践能力的兼职是不务正业，这种观念是不正确的。当然适度的监控是必要的，首先，所在高校要审查教师兼职的内容是不是属于专业实践的范畴，如果不是应该禁止。其次，兼职工作绝对不能影响教师本职工作的安排；同时，兼职的实践成果必须纳入教师年度考核内容之中。

3.法学专业教师自身的素质需要提高

通过参与服务社会的实践提高自身实践能力。法学专业教师应该主动走与实践相结合的教学和科研的道路，结合自身的基础和条件，找到合理的实践渠道。教师们应该多到实务部门调研，加强与实务部门的联系与学习，取长补短。通过实践感悟，多发表一些在实践中能解决问题的实践型文章。

高校法律教师在科研创作中提高自身专业实践能力。在科研创作中，不仅要有充分的理论基础和理论研究，更重要的是有自己的实践，看相关的文献只能保证自己不做重复研究，但是自己有没有原创的理论成就，还要看有没有作者自己的实践和实地调查，实践出真知，如果没有实践，写出的文章也只是别人的理论成就，不可能有创新成果。如果法学专业教师能走真正的实践的科研之路，不仅会提高院校的科研水平，而且会提高教师自身的专业实践能力。实际上，有价值的科研成果往往是为解决某个或几个阴暗问题的方法，如果教师能将自己的科研成果付诸实践，就可以获得别人不具备的创新实践能力，也会促进形成一个良好的教学氛围。

在培养学生的实践能力的同时，不断提升自己的实践能力。目前，学生的实践性课程基本为理论课教师教学，因为学校缺少实践型的教师，同时，校外兼职教师的指导也极其有限。在这样一种矛盾的情况下，如果教师能够在指导学生锻炼实践能力的同时，利用教学环境和教学资料，不断地加强自己的实践能力，不仅有利于实践教学，而且有利于学校的创新实践基地建设。

（三）加强校内实践平台的建设

实践平台的建设应当以培养学生的实践能力和创新精神为根本出发点，质量建设是实践平台建设的中心任务，共建、共享、共赢是校内实践平台建设的基本方针。在建设校内实践平台的过程中，要坚持教学需要的原则、贴合实际的原则、学生创新的原则。

校内实践平台的建设根本思想是，建设成一个由学校直接领导，学生自由参与的平台，学校提供场地以及师资队伍、教学设备，学生自己组织选拔人员、确定分工、进行管理。定期组织模拟法庭，开办案例分析比赛，实习参观事业企业单位等能够切实提高学生创新性与积极性的活动。在保证学生自主性的同时，学校应分配专业的教师，提供全程的专业知识参考援助。

在管理层设置方面，学校应该只确定指导教师，确定明确的工作方向，而具体的日常管理事宜，应该全权下放给学生，提高学生的积极性。

在实践平台日常活动方面，要定期举办模拟法庭，自主选取相关分析案例，自由创新。同时，案例的选取应该更加具有现实意义。例如，社会发生的诸多热点问题，比如，征地强拆问题、消费者维权维权问题等。很好的案例应该具有以下几个特点：没有所谓的标准答案，能体现学生思维的发散性。如果分析的案例过于死板，有所谓的"标准答案"，那么学生的思维很容易僵化，分析问题、解决问题的能力就很难有真正意义上的提高，更谈不上所谓的创新能力了。贴近实际，紧跟社会热点，所选择的案例必须具有很强的现实意义，过于脱离现实实际的案例，很多都没有具有太大的现实意义。在实际教学过程中，很多时候是某些教师为了教学而教学，没有起到很好的教育效果。但是在实践平台中，学生完全可以抛开教条主义，选择更新颖、更加贴近现实生活的、感兴趣的案例进行教学，能够激发学生讨论的兴趣。较好地分析案例，要能够激发学生的讨论兴趣，上面所说的过于陈旧的话题、脱离现实的话题，大多都不能够很好地激发学生的参与热情，学生讨论的兴趣降低，其学习的效果自然会大打折扣。学生在选择案例的时候，应该兼顾案例所考察知识的覆盖面，尽量照顾到各板块的相关知识，案例内容应该涵盖到经济、军事、民生等多方面的议题，既要有国内的也要有国外的。只有这样，学生才能够全面掌握和运用所分析的案例，熟练使用法律知识，这对其今后解决各种法律问题时能具有较强的指导作用。

参考文献

[1] 肖北庚.行政法学研讨教学论纲[M].广州:广东世界图书出版有限公司,2017.

[2] 黄捷.刑事诉讼法学研讨教学论纲[M].广州:广东世界图书出版有限公司,2017.

[3] 李显冬.法学概论[M].北京:首都经济贸易大学出版社,2017.

[4] 张东晔,谢晓星.高校法学教学改革实践与研究[M].北京:现代出版社,2017.

[5] 黄进.中国法学教育研究2017年第1辑[M].北京:中国政法大学出版社,2017.

[6] 黄明友.教育法学[M].成都:西南交通大学出版社,2017.

[7] 冷传莉.全面法治时代的法学教育[M].北京:法律出版社,2017.

[8] 曹明睿.高等法学教育"十三五"规划教材卓越法律人才教育培养系列教材劳动法与社会保障法[M].郑州:郑州大学出版社,2017.

[9] 张卫平.法学研究与教育方法论[M].北京:法律出版社,2017.

[10] 邓蕊.法学本科教育的反思、改革与创新[M].昆明:云南科技出版社,2017.

[11] 单晓华.法学创新创业教育理论与实践[M].沈阳:辽宁大学出版社,2017.

[12] 韩大元.法学教育的人文精神[M].北京:知识产权出版社,2018.

[13] 张莉莉,王伟伟.高校法学教育改革与法律人才培养模式研究[M].北京:世界图书出版公司,2018.

[14] 唐波.法学实践教育模式研究与创新[M].上海:上海人民出版社,2018.

[15] 冯宪芬.普通高等教育法学专业核心课程系列教材经济法第 4 版 [M].西安:西安交通大学出版社, 2018.

[16] 马航东.法学教育及人才培养研究 [M].石家庄:河北人民出版社, 2018.

[17] 潘锦华.法学教育改革与法律人才培养研究 [M].北京:北京工业大学出版社, 2018.

[18] 王海霞.法学教育与人才培养研究 [M].西安:西安交通大学出版社, 2018.

[19] 刘锋,宋瑞兰.我国法学教育发展创新研究 [M].成都:四川大学出版社, 2018.

[20] 赵雪洁,刘军.法学教学模式研究 [M].长春:东北师范大学出版社, 2018.

[21] 陈淑芬,肖良平.高校法学教育与人才培养研究 [M].石家庄:河北人民出版社, 2018.

[22] 李和平.地方高校法学教育与教学实践模式研究 [M].长春:吉林人民出版社, 2019.

[23] 商文江.新时代法学继续教育拓展研究 [M].成都:四川大学出版社, 2019.

[24] 李勇.大学生法学常识与法治素养教育研究 [M].北京:原子能出版社, 2019.

[25] 李树忠.中国法学教育研究 [M].北京:中国政法大学出版社, 2019.

[26] 刘蓓.中外法学教育比较研究 [M].长春:吉林出版集团股份有限公司, 2019.

[27] 石佑启.新时代法学教育变革 [M].广州:广东教育出版社, 2019.

[28] 郭晓岚.法学教育改革与人才培养模式创新 [M].延吉:延边大学出版社, 2019.

[29] 黄明友.现代教育法学理论与实践 [M].长春:吉林文史出版社, 2019.

[30] 代娟.法学概论新编 [M].西安:陕西科学技术出版社, 2019.